EDITORIAL
UNIVERSIDAD DE SEVILLA

INSTITUTO UNIVERSITARIO
ARQUITECTURA Y CIENCIAS DE LA CONSTRUCCIÓN

Editorial   UNIVERSIDAD DE SEVILLA

Sevilla, 2025

Instituto Universitario
de Arquitectura y
Ciencias de la Construcción

ARQUITECTURA

MIRADOR DEL REINO
**TRANSFERENCIAS ENTRE
PAISAJE Y ESPACIO
ARQUITECTÓNICO EN LA
ALHAMBRA Y EL GENERALIFE**

Marta Rodríguez Iturriaga

COLECCIÓN ARQUITECTURA
TEXTOS DE DOCTORADO DEL IUACC
Número: 63

Colección dirigida por
Antonio Tejedor Cabrera y
Marta Molina Huelva

COMITÉ CIENTÍFICO: Darío Álvarez Álvarez, Pilar Chías Navarro, Helena Coch Roura, Fernando Espuelas, José Fariña Tojo, Alberto Ferlenga, Carmen Jordá Such, Paulo B. Lourenço, Luis Martínez Santa-María, Víctor Pérez Escolano, Mercedes del Río Merino, Santiago Sánchez Beitia, Ricardo Sánchez Lampreave, Jorge Torres Cueco.

CONSEJO DE REDACCIÓN: José Manuel Aladro Pietro, Enrique Domingo Fernández Nieto, Rafael García-Tenorio García-Balmaseda, Pedro Górgolas Martín, Félix de la Iglesia Salgado, Mercedes Linares Gómez del Pulgar, Esteban de Manuel Jerez, Marta Molina Huelva, Paloma Rubio de Hita, Domingo Sánchez Fuertes, José Sánchez Sánchez, Carlos Tapia Martín, Antonio Tejedor Cabrera.

Colección con Sello de Calidad en Edición Académica CEA-APQ avalado por la Agencia Nacional de Evaluación de la Calidad y Acreditación (ANECA) y la Fundación Española para la Ciencia y la Tecnología (FECYT), promovido por la Unión de Editoriales Universitarias Españolas (UNE)

Colección con Sello de Calidad en Edición Académica CEA-APQ avalado por la Agencia Nacional de Evaluación de la Calidad y Acreditación (ANECA) y la Fundación Española para la Ciencia y la Tecnología (FECYT), promovido por la Unión de Editoriales Universitarias Españolas (UNE).

© Editorial Universidad de Sevilla 2025
C/ Porvenir, 27
Tel. (+34) 95 448 74 47 y (+34) 95 448 74 44
Correo electrónico: info-eus@us.es
Web: https://editorial.us.es

© Instituto Universitario de Arquitectura y Ciencias de la Construcción (IUACC) 2025
Avda. Reina Mercedes, 2
Tel. (+34) 95 455 16 30
Fax (+34) 95 455 70 24
Correo electrónico: iuacc@us.es
Web: http://www.iucc.us.es

IUACC
Directora: María del Pilar Mercader Moyano
Secretario: Miguel Ángel Campano Laborda

© Marta Rodríguez Iturriaga 2025
miturriaga@ugr.es

Diseño: Restituto Bravo-Remis y Gestion de Diseño, S.L
Maquetación: Marta Rodríguez Iturriaga
Impresión: Masquelibros
Impreso en papel ecológico

ISBN: 978-84-472-2790-7
Depósito Legal: SE 714-2025

A mi madre

Índice

Prólogo

Juan Calatrava

La noción de 'paisaje', su historia, sus retos contemporáneos y su conceptualización misma constituyen hoy día uno de los puntos nodales de un
amplio debate que es a un tiempo arquitectónico, artístico, urbanístico,
territorial, ecológico, identitario y, en última instancia, también político.
Podría decirse que en las últimas décadas el paisaje ha desbordado sus
marcos tradicionales, asociados por un lado a la pintura y por otro a los
parques y jardines, para investir, de una manera mucho más global, todos
los ámbitos y disciplinas que tienen que ver con las concepciones del
hombre sobre las relaciones con su entorno a lo largo de la historia y en
la contemporaneidad. De hecho, aunque no podamos olvidar el origen
pictórico del término, hoy tratamos de evitar, al mismo tiempo, la tentación
de vincular la idea de paisaje de manera exclusiva al terreno del arte o el
sentimiento estético.

Actualmente, el pensamiento sobre el paisaje, en su sentido más amplio,
es omnipresente y se le dedican, desde puntos de vista y disciplinas muy
diversas, infinidad de investigaciones individuales y colectivas, congresos,
libros, revistas especializadas, plataformas y sitios web, iniciativas institu-
cionales, etc. Y de todo este cúmulo de reflexiones emergen al menos
dos ideas ya profundamente asentadas. La primera es que el paisaje es un

constructo cultural, que no tiene existencia *per se*, aunque se fundamente en una realidad física, son la mirada y el pensamiento los que lo crean. Y la segunda es, por supuesto, que esta mirada no es única desde el principio al fin, sino rotundamente histórica y variable, analizable solo desde su evolución en el tiempo.

Es en esa doble conciencia de artificialidad e historicidad donde reside la extraordinaria riqueza de un concepto tan poliédrico como el de 'paisaje', pero también, como resultado de esa misma riqueza, se alza la dificultad de aprehenderlo, con el riesgo muy presente de que se convierta en un tópico o en una palabra vacía de sentido. Esta reflexión fue, entre otras cosas, lo que nos llevó, desde el Área de Composición Arquitectónica de la ETSA de Granada y el Grupo de Investigación 'Arquitectura y Cultura Contemporánea', a convocar el Congreso Internacional *Arquitectura y paisaje. Transferencias históricas, retos contemporáneos,* que se celebró en Granada del 26 al 28 de enero de 2022 y en cuya organización la autora de este libro desempeñó un papel fundamental.

Es en este marco teórico de gran complejidad en el que se inserta la extraordinaria aportación de Marta Rodríguez Iturriaga sobre una ciudad de tanta densidad histórica como Granada. Este libro recoge y reelabora parte de los resultados de su tesis doctoral (que incluía además otros capítulos que aquí no están presentes y que es de desear que constituyan en el futuro publicaciones independientes), los que se centran en el análisis de la visión paisajística en la Alhambra nazarí y en los momentos inmediatamente posteriores a la (re)conquista cristiana de 1492.

El punto de partida de la autora era el interrogante sobre la existencia o no de un sentimiento paisajístico en la Granada de esos siglos que constituyen la bisagra entre la Edad Media y el mundo moderno. Un tópico asentado proclamaba el nacimiento de la mirada paisajística en el Renacimiento, mientras que lo cuestionaba para el mundo islámico y para la cultura cristiana bajomedieval. La investigación desprejuiciada de Marta nos conduce, sin embargo, a la constatación de la complejidad de una realidad histórica que se resiste a dejarse encuadrar en clichés.

Comenzando por la Granada islámica, a la que se dedican dos terceras partes del libro, hay que decir que revisitar la Alhambra es, ante todo, una tarea que exige osadía intelectual, en el mejor sentido de la palabra. Existe, como es bien sabido, un gran número de estudios sobre el gran palacio-ciudad nazarí, pero son escasos los que abordan su estudio desde un punto de vista paisajístico tozudamente negado a la cultura musulmana.

La detección de esta laguna de conocimiento es lo que fundamenta la hipótesis contraria, que se encuentra en el origen de este trabajo. Su desarrollo se basa, ante todo, en un exhaustivo conocimiento del estado de la cuestión, con una lectura atenta y crítica de la bibliografía y de las fuentes disponibles, que incluye, en especial, un documentado repaso por el sentimiento islámico del territorio, en el que la autora va de la mano de ilustres precedentes como José Miguel Puerta Vílchez y José Tito.

Hay un tema crucial en la historia de la Alhambra que no ha sido suficientemente destacado por los estudios previos y al que Marta otorga toda su importancia: el cambio de ubicación de los palacios desde una situación central en la colina, en los primeros momentos de la dinastía nazarí, hasta una situación liminal, pegada a la muralla, creando una nueva relación frontal con la ciudad y haciendo posible ya una mirada lejana. Es a partir de este nuevo asentamiento de los espacios áulicos cuando se plantea ya en toda su complejidad la relación entre la arquitectura estable, anclada en el lugar, y la mirada –cercana o lejana– que se establece desde ella.

Esta mirada puede establecerse, por supuesto, desde el retiro íntimo, y aquí hay que pensar no solo en algunas estancias cortesanas claramente vinculadas a la contemplación, sino también en el giro radical que supone introducir una mirada al exterior en los oratorios privados, como los del Partal y el Mexuar. Pero es esencial comprender igualmente, como desarrolla con lucidez la autora, que no se trata solo de contemplación entendida desde el goce privado, sino también en muchas ocasiones de celebración triunfal: es decir, de una vinculación simbólica y política del soberano con el territorio que se despliega a su alrededor, como ocurre en el caso del Mirador de la Victoria.

Pensar los espacios desde una renovada mirada sobre la idea de paisaje es algo que nos aporta, así, nuevas claves complementarias para la comprensión plena de la arquitectura de la Alhambra y de todos sus refinamientos compositivos, constructivos y ornamentales. Hay que recordar que en las historias del paisaje raramente aparece el mundo islámico, aunque sí en cambio en las del jardín: una constatación que impulsa –y no es el menor de los méritos de este libro– a repensar la relación entre estos dos términos, jardín y paisaje, a menudo objeto de confusión.

Este libro podría haberse limitado a presentarnos la investigación sobre el paisajismo en la Alhambra nazarí, pero hay que saludar la acertada decisión –muy coherente con el sentido último de su trabajo– de no quedarnos en los límites de la Granada islámica sino llevarnos al terreno de las profundas y complejas relaciones existentes entre el mundo nazarí y la cultura cristiana inmediata a 1492, primero con parámetros claramente bajomedievales y solo décadas más tarde renacentistas.

La recepción de lo islámico por la cultura cristiana es ambivalente y se sitúa en un territorio fronterizo entre la condena y la fascinación. Pero, en cualquier caso, resulta ya incuestionable después de la presente investigación la existencia de una mirada paisajística cristiana que se nutre en buena medida de una herencia islámica críticamente recibida. Entre otros aspectos, la autora analiza el surgimiento de un cierto paisajismo escénico, entendiendo la nueva Granada como un teatro de la memoria en el que los palacios nazaríes transformados o los nuevamente creados actúan como palcos o como 'aposentos-tribuna' (incluyendo espacios desaparecidos como el Mirador sobre el Darro). Y dedica igualmente un esclarecedor capítulo a los 'recorridos, secuencias y panoramas', aportando nuevas claves a espacios como la galería del Patio de la Acequia o los corredores de los aposentos de Carlos V. Este estudio viene así a completar de manera significativa nuestro conocimiento de la compleja situación que sucede a la conquista cristiana de 1492, una situación llena tanto de tensiones como de hibridaciones culturales y que por fortuna ya hace mucho que hemos dejado de ver en términos maniqueos.

Hay, sin embargo, un último aspecto que me gustaría destacar de manera muy especial: el extraordinario trabajo gráfico realizado por la autora. Toda la investigación se nos presenta jalonada por planimetrías y dibujos realizados personalmente por ella. Como arquitecta que es, comprende muy bien que el conocimiento en Arquitectura se elabora y se transmite en grandísima medida mediante la expresión gráfica. Y así sus planos y sus dibujos no pueden entenderse como meras ilustraciones del discurso escrito, sino como parte esencial de la propia investigación. Texto e imagen se interrelacionan en pie de igualdad y este diálogo nos permite avances de conocimiento insospechados.

No quisiera terminar este prólogo sin añadir que, como director de la tesis doctoral de Marta, ha sido para mí un verdadero privilegio poder acompañarla en este recorrido, aprender de ella y confirmar de manera fehaciente lo que ya intuíamos desde hace años: que nos encontramos ante una investigadora de primerísimo nivel de la que cabe esperar numerosas e importantes aportaciones futuras. En las Escuelas de Arquitectura es frecuente el debate sobre qué características específicas debería de reunir la investigación universitaria en el ámbito de la Arquitectura. A partir de ahora, cuando me hagan esa pregunta, podré condensar la respuesta diciendo simplemente: 'mírate el libro de Marta Rodríguez Iturriaga'.

Introducción

Mucho se ha escrito sobre el paisaje desde que el Convenio Europeo (CEP)[1] se valiese de una formulación de este concepto como interpretación cultural del territorio experimentado (Consejo de Europa 2000, art. 1a). De un tiempo a esta parte el debate académico ha asimilado aquella definición, por su carácter integrador, por ser consecuencia lógica de la evolución del concepto de patrimonio, por recuperar el contenido ético del paisaje y poner el foco en las personas y por su potencial para dirigir el desarrollo futuro desde premisas identitarias (Scazzosi 2004; Olwig y Mitchell 2009; Cruz Pérez y Español Echániz 2009; Zoido Naranjo 2012; Antrop y Van Eetvelde 2017). En el campo de la Arquitectura, la propuesta conceptual del CEP vino a abrir un territorio de investigación todavía apenas explorado. Y es que si, como sugiere el CEP, el paisaje emerge de la experiencia directa del entorno, resulta evidente que en dicha experiencia la arquitectura juega cotidianamente un papel decisivo (Solà-Morales 2002; Tuan 2001, 100-102). No solo eso, sino que, además, se encuentra habitualmente emplazada y proyectada atendiendo a valoraciones implícitas o explícitas del medio circundante y a las relaciones que con el mismo se desea establecer (Norberg-Schulz 1979, 17; Rapoport 1969, 47-49). A través del estudio de la experiencia del entorno asociada a la arquitectura, por tanto, es posible alcanzar una más completa comprensión de los paisajes como constructos culturales.

Fig. 0.1 - Mirada filtrada al territorio de Granada. Fot. Autora del libro, 2019.

Una indagación de estas características no se encuentra, como pudiera parecer, necesariamente restringida al momento presente: mientras existan evidencias materiales y documentales suficientes no hay inconveniente en extenderla a tiempos pretéritos. Ahora bien, la concepción del entorno en sociedades anteriores a la nuestra exige aproximaciones específicas a cada época y territorio concreto, que establezcan una distancia prudencial con la premisa 'artealizadora'[2] según la cual una cultura carecería de paisaje si no evalúa y modela los parajes que habita atendiendo a modelos artísticos[3]. A raíz de la conceptualización del CEP, la existencia de paisaje puede entenderse como la capacidad de un pueblo de integrar la suma de percepciones parciales del entorno en una idea coherente del sitio dotada de atributos culturales[4], que no han de ser necesaria ni exclusivamente estéticos. Dicha capacidad es posible reconocerla de manera expresa en descripciones, valoraciones, representaciones gráficas o en el propio vocabulario, pero también, y quizás de modo menos evidente, en la intervención directa sobre el territorio, ocupándolo, transformándolo y habitándolo.

Partiendo de esta base, parece posible abrir 'ventanas' al pasado desde el 'mirador de la contemporaneidad' (Terán Troyano 2009, 28) para examinar la historia del paisaje y de los acercamientos a un enclave desde el acto de construir. Divisaremos, entonces, arquitecturas dibujadas o edificadas, conservadas, transformadas o desaparecidas, que componen un registro elocuente de deseos e intenciones asociados a la experiencia de un territorio en particular. Dicho registro, aunque limitado a los indicios que han llegado hasta nosotros e inevitablemente influido por la lente cultural del momento desde el que se efectúa la indagación, ha de rehuir en lo posible tópicos repetidos pero infundados, identificaciones con situaciones extemporáneas o culturalmente ajenas al episodio analizado y afirmaciones aparentemente obvias pero carentes de respaldo. La historicidad –y, añadiríamos, *topicidad*– inherente a todo paisaje ha de tenerse permanentemente presente (Cosgrove 1998, 15). Para la reconstrucción de situaciones pasadas y la generación de hipótesis, la revisión documental y bibliográfica, la experiencia directa tanto del entorno construido como de las permanencias edilicias y el dibujo arquitectónico resultan herramientas útiles y combinables, asumiendo que una porción de conocimiento siempre permanecerá inaccesible debido a la distancia temporal y cultural (Hall 2003, 102; Tuan 2007, 166-167). No es, desde luego, una tarea fácil, pero sí apasionante la de tratar de desentrañar cuáles eran las relaciones con el entorno modeladas por la arquitectura en tiempos pasados, especialmente en aquellos que dejaron un legado arquitectónico notable.

Conocer mejor estas interacciones no solo se traduce en una más completa comprensión de las construcciones históricas, sino también de la evolución cultural del paisaje como representación mental del entorno.

Este libro, derivado de la tesis doctoral de la autora defendida en 2022 en la Universidad de Granada y dirigida por Juan Calatrava, se ocupa de las conexiones y transferencias entre paisaje y espacio arquitectónico implícitas en la resolución de diversos ambientes palaciegos de la Alhambra y el Generalife entre los siglos XIII y XVI. Se analiza una serie de casos de estudio especialmente destacados por su permeabilidad y apertura al panorama, evidenciando las diferencias de criterio y de prioridades en lo que a la concepción y experiencia de este entorno se refiere; experiencias que, con toda lógica, reforzaban las interpretaciones del lugar que compartían aquellos colectivos promotores y coincidentes con el poder, en cada caso. La investigación vino motivada por el deseo de comprender unas arquitecturas masivamente celebradas y estudiadas desde múltiples puntos de vista pero aún no confrontadas con las principales teorías sobre la génesis del paisaje en Europa, ni tampoco con la conceptualización del CEP. Poner en relación estas arquitecturas, cercanas y accesibles, con el marco teórico de las últimas décadas prometía abrir nuevas perspectivas de estudio sobre la historia del paisaje y enriquecer el conocimiento de este patrimonio construido. Asomarse a estas 'ventanas' ha sido, en efecto, una labor exigente pero gratificante. En este libro se presenta una síntesis actualizada y revisada de dicha exploración, que por su amplitud y complejidad puede considerarse solamente iniciada.

La primera parte, 'Presentación del territorio y representación del entorno ideal en el espacio áulico nazarí', se inicia exponiendo los antecedentes y algunos de los factores más influyentes en la interpretación del entorno por parte de los musulmanes andalusíes, señalando la traslación natural de dichos referentes a decisiones arquitectónicas de emplazamiento, apertura y permeabilidad y ejemplificando con construcciones precedentes. Tras una aproximación a la visión islámica de Granada como 'jardín dichoso', se desgranan las peculiaridades de la implantación de los palacios nazaríes en la Sabika y el cerro del Sol y se examinan 11 casos de estudio, agrupados según su propósito principal en relación con la experiencia del entorno. De todos ellos se aportan hipótesis gráficas y fotografías propias que sirven de apoyo visual al discurso.

La segunda parte, 'Asimilación e interpretación de la herencia nazarí: la dimensión paisajística de las obras reales', comienza igualmente recordando las coordenadas entre las que basculó la mentalidad hispanocristiana en lo que se refiere a la valoración y experiencia del entorno, así como el lento proceso de apertura o 'exteriorización' de las construcciones más notables hacia el final de la Edad Media. Se compara la visión de Granada por los conquistadores con la de la corte nazarí, proponiendo su lectura en clave histórico-político-religiosa como 'teatro de la memoria'. Tras ello, se examinan las operaciones, casi quirúrgicas, de intervención en los palacios nazaríes de propiedad y uso real en el primer siglo tras la conquista. Se individualizan, con este propósito, siete casos de estudio, similarmente agrupados según el tipo de experiencia del lugar que proporcionaban. Se ilustran asimismo los análisis con fotografías y planimetrías, actuales e hipotéticas, así como con documentos históricos.

Aparte de las conclusiones específicas, tanto arquitectónicas como culturales, que se derivan de esta exposición, y que se sintetizan en el último capítulo, si algo demuestra este registro preliminar y geográficamente acotado es la continuidad de un interés de la clase gobernante por experimentar este paraje desde la arquitectura de los palacios de la Sabika y el cerro del Sol. Aunque las formas, los materiales, los usos, los destinatarios y los conceptos espaciales fuesen manifiestamente diferentes –no podía ser de otro modo, siendo distintos los valores y referentes proyectados sobre el territorio–, a través de estas páginas se pone de manifiesto que Granada, como enclave físico y como encrucijada mental, ejerció una ininterrumpida y poderosa fascinación, capaz de impulsar innovaciones arquitectónicas, de inducir a la transgresión de esquemas consolidados y de engendrar un fértil catálogo de soluciones, transposiciones e hibridaciones como las que se examinan en este trabajo.

Notas

[1] En este libro se utiliza la denominación original y más extendida, Convenio Europeo del Paisaje (CEP), aunque en 2021 el Consejo de Europa decidió renombrarlo como Convenio del Paisaje del Consejo de Europa para abrirlo a su adopción y firma por estados no europeos.

[2] Alain Roger (2007) recupera el término 'artealización' de Charles Lalo, quien a su vez lo tomó de Montaigne. Roger sostiene la tesis de que el paisaje surge por 'artealización' del territorio, sea esta *in situ* (actuando sobre el mismo para acercarlo a un ideal) o *in visu* (interpretándolo en términos estéticos por mediación de la mirada de los artistas).

[3] El origen pictórico del término 'paisaje' ha llevado tradicionalmente a identificar la historia del paisaje con la de la representación visual del territorio sin otra finalidad que la estética. En este sentido, son numerosos los autores que han identificado el 'nacimiento' o la 'invención' del paisaje con la aparición del género y su correspondiente designación (Gombrich 2000, 107-121; Burckhardt 1992, 260-268; Berque 1997; Cauquelin 1989; Maderuelo 2007; 2020; Roger 2007). Con anterioridad a los siglos XV-XVII, según esta postura, no podría hablarse de paisaje en Europa, pues se estaría incurriendo en etnocentrismo y/o anacronismo.

[4] Numerosos autores han apuntado la necesaria condición unitaria de la concepción del entorno como paisaje, que trasciende la suma de impresiones aisladas (Maderuelo 2007, 33-35; Martínez de Pisón 2002; Simmel 2013, 8-9, 18-22; Dardel 2013, 90-92).

Parte 1

Presentación del territorio y representación del entorno ideal en el espacio áulico nazarí

En esta primera parte se aborda el estudio de las relaciones con el entorno en diversos espacios palaciegos liminales de la Alhambra y el Generalife nazaríes. Esta indagación se inició al constatar la casi total ausencia de la cultura islámica medieval del sur del continente en los relatos más extendidos sobre la génesis del paisaje en Europa, de planteamiento esencialmente artístico. Dicho enfoque, justificable por el origen pictórico del término 'paisaje', ha tendido a privilegiar unos pocos focos culturales de especial relieve en este arte. Javier Maderuelo (2002; 2007, 108-117) advirtió hace años algo ya sugerido antes por otros autores (Scully 1962; Crandell 1993): que la consideración del entorno no solo se ha expresado históricamente por medio de la pintura, la literatura o la toponimia, sino también de la arquitectura; idea que aceptó e incorporó Augustin Berque (2009, 60), completando sus famosas condiciones *sine qua non* para poder hablar de paisaje respecto de una civilización. Alain Roger (2007, 57-61) ha cuestionado, a su vez, la posible rigidez de estos puntos y señalado que las formas de expresión de la conciencia del entorno no han de ser necesariamente homologables en todos los pueblos. A pesar de estos y otros importantes avances, los discursos sobre la historia del paisaje se han mantenido por lo general en un plano artístico y estetizante, sin llegar a asumir por completo la conceptualización del CEP e incidiendo casi siempre en unos mismos contextos. Los palacios nazaríes granadinos, con su inusitada apertura y permeabilidad, representan una casuística en la historia del paisaje que pocas investigaciones han tratado de explicar.

Fig. 1.0 - La Alhambra en el s. XV. Detalle del fresco de la batalla de la Higueruela (1431). Granello, Tavaron, Castello y Cambiasso, 1584-1591.

Génesis de un paisaje

La escasez de representaciones figurativas del territorio en la cultura islámica medieval ha sido un motivo frecuente para eludir el debate paisajístico en lo concerniente a esta civilización. Sin embargo, se conservan datos
y producción cultural suficiente para dilucidar algunos de los rasgos más
representativos de su aproximación al entorno característica. En particular,
la literatura, el vocabulario y, sobre todo, las manifestaciones *in situ* de la
consideración del medio ofrecen evidencias significativas, apoyadas en la
memoria territorial y los arquetipos ambientales de referencia.

Memoria territorial y arquetipos ambientales

La memoria territorial y los modelos de 'entorno ideal' (Tuan 2007) forjados a partir de ella parecen haber jugado un papel clave en el juicio, por
comparación, de parajes reales. El hecho de que el islam surgiera en la
región del Ḥijāz en la península arábiga, donde las hostiles condiciones
naturales dificultaban la subsistencia (Ibn Jaldun 2008, 143), impregnó el
credo islámico de los modelos y criterios valorativos allí preexistentes. Así,
sabemos que el desierto *(al-ṣaḥrā')* inspiraba sentimientos encontrados:
de un lado, la propia etimología del término árabe pone de manifiesto la
adversidad percibida en el medio como consecuencia de las condiciones

Fig. 1.1.1 - Granada en el s. XV. Detalle del fresco de la batalla de la Higueruela (1431).
Granello, Tavaron, Castello y Cambiasso, 1584-1591.

23

vitales que imponía; de otro, los poemas de la Ŷāhiliyya –época preis-lámica– permiten entrever una admiración de su inmensidad y espectáculos naturales (Ramírez del Río 2004; Bejarano Escanilla 2004).

Por oposición, los oasis excepcionalmente presentes en la naturaleza encarnaban el modelo de 'entorno ideal' por excelencia, como es sabido (Tuan 2007, 155, 336); es decir, el prototipo de ambiente considerado idó-neo para habitar. Origen y razón de ser de algunas de las más importantes ciudades de la geografía arábiga, así como ubicación tradicional de los encuentros amorosos de historias y leyendas (Roldán Castro 1999, 56; 2004, 25), estos vergeles naturales implicaban la disponibilidad de agua y, por ello, eran sinónimo de vida, bienestar y fecundidad. Dichas connotaciones deseables indujeron, con toda lógica, la construcción de jardines o vergeles artificiales, que compartían los mismos atributos ambientales del oasis pero racionalizados y sometidos al control humano y a sus preferencias estéticas (Roldán Castro 2004, 25; Vidal Castro 2004). El origen de estas prácticas jardineras, culturalmente sincréticas, se pierde en la noche de los tiem-pos (Faghih 1983; Rubiera Mata 1988; Tito Rojo 2004; Tito Rojo y Casares Porcel 2011, 31-32).

A su vez, el imaginario del oasis y la cultura jardinera dieron lugar a una desarrollada poética preislámica alusiva a los lugares, con o sin presen-cia de arquitecturas (Puerta Vílchez 2011a, 12), y permearon la creación místico-ambiental proverbial del mundo islámico: el Paraíso coránico, *yanna* o *yannat,* caracterizado, como se sabe, como una 'hipérbole del oasis' (Añón Feliú 1995; Rubiera Mata 1988):

> *Y, a aquellos que creen y obran rectamente, pronto les haremos entrar en un Jardín de cuyas profundidades brotan los ríos, en el que estarán eternamente. En ellos tendrán parejas purificadas y les colocaremos bajo densas sombras* (Corán 4, 57).

> *En él estarán reclinados sobre cojines y no verán Sol ni frío extremos. Sobre ellos una sombra amplia y frutos fáciles de alcanzar* (Corán 76, 13-14).

Sombras generosas, ríos cristalinos, vegetación exuberante y olorosos fru-tos son elementos recurrentes en la imagen coránica del Paraíso celestial (fig. 1.1.2). El *yannat* es, por tanto, el lugar de la abundancia y el libre goce de los sentidos con la aquiescencia divina. La tradición profética del Ḥadīth dignificó la *fruición estética del vergel, los cursos de agua, las flores, además de los bellos colores, figuras y formas armónicas* con la atribución de esta actividad al propio Mahoma (Puerta Vílchez 2011a, 29). En el relato del *Mi'rāŷ* –ascenso de Mahoma al cielo–, se enfatizan especialmente los tonos verdes, las construcciones de piedras y metales preciosos, la claridad o luz cegadora –signo de santidad–, los aromas fragantes y las aguas corrientes. Las arquitecturas del Paraíso se describen invariablemente luminosas, materialmente suntuosas y visualmente permeables, con especial predilección por los pabellones en riberas acuáticas cerrados con tejidos semitransparentes (Muñoz Sendino 1949; Bonaventura de Senis 1996).

Estos referentes ambientales –reales y utópicos, naturales y culturales– viajaron con la religión islámica durante su proceso de expansión medieval, difundiéndose incluso en aquellas regiones cuya fisonomía y condiciones climáticas distaban notablemente del desierto originario, como Siria o la misma península ibérica. Ello dio lugar a no pocas perplejidades, entre ellas, la competencia igualada entre arquetipos ideales y lugares reales o la conveniencia de transgredir esquemas arquitectónicos ancestrales, introvertidos y herméticos, ante la amenidad y benignidad del entorno circundante.

Particularmente en el territorio ibérico, la ubicación más septentrional proporcionaba temperaturas más rebajadas y confortables que las de los entornos áridos de Arabia y el Magreb –de donde procedía la mayor parte de los musulmanes que aquí se establecieron–, así como mayor cantidad de precipitaciones, lo que se traducía en suelos más fértiles, corrientes de agua permanentes y mayor presencia de vegetación, sin perjudicar a la intensa luz tan similar a la de aquellas regiones. Muchas de las características extremas e indeseables del medio desértico no sólo se atenuaban, sino que llegaban a desaparecer:

> *Cuando alguien emprende un viaje a través del país no precisa hacer provisión de agua. ¿Por qué motivo? Por su abundancia de ríos, manantiales y pozos. Con frecuencia, el viajero, en un solo día de camino, puede toparse hasta con cuatro ciudades e innumerables fortalezas y alquerías, hallará verdes valles, blancos alcázares y ramas frondosas en las que pájaros empollan sus huevos y crían. Las sombras que dan los árboles son tan abundantes que evitan tener que protegerse de él con las jaimas* (Isa al-Gāfiqī, s. XII, cit. en Roldán Castro y Hervás Jávega 2001, 135).

En efecto, si los modelos de 'entorno ideal' de referencia se habían forjado por oposición al medio adverso de desiertos y estepas, la Península no ofrecía un cuadro desalentador, sino ameno a los sentidos y lleno de vida. Aunque en el momento de la invasión musulmana acusaría un importante grado de abandono y decadencia (Salvatierra y Cano 2008, 25-26; Creswell 1979, ap. de Jiménez Martín), en conjunto las condiciones naturales debieron de parecer de sorprendente potencial a los nuevos moradores. Tal vez vieron en estas tierras la posibilidad de replicación de algunos entornos verdes añorados, como los jardines de Siria y Yemen; tal vez, un inmenso y providencial oasis o un anticipo tangible del Paraíso descrito en el Libro Sagrado. No se conocen impresiones de este territorio anteriores al s. X, pero unos siglos de trabajo esforzado bastarían para elevarlo de forma recurrente a la categoría de paraíso terrenal (Pérès 1983, 123):

> *¡Oh, gentes de al-Andalus! De Dios benditos sois*
> *con vuestra agua, sombra, ríos y árboles.*
> *No existe el Jardín del Paraíso*
> *sino en vuestras moradas*
> *si yo tuviese que elegir, con éste me quedaría;*
> *no penséis que mañana entraréis en el fuego eterno:*
> *no se entra en el infierno tras vivir en el Paraíso* (Ibn Jafāŷa, s. XII,
> cit. en Añón Feliú, Luengo, y Sierra 2003, 18).

> *Valencia –dice Abū Ŷaʿfar Ibn Masʿada el Granadino– es el*
> *paraíso* (firdaws) *de este mundo por su belleza* (al-Maqqarī,
> s. XVI-XVII, cit. en Pérès 1983, 123).

Que este tipo de panegíricos –en algunos casos, atrevidamente rayanos en la blasfemia– estuviesen posiblemente teñidos de amor patrio, nostalgia o intereses políticos (Viguera Molins 2004; Puerta Vílchez 2018b) no varía su condición de testimonios de la proyección de valores y referentes culturales sobre el territorio ibérico, es decir, de una elaboración paisajística del mismo. A la luz de los testimonios históricos, resulta indudable que al-Andalus recibió insólitas atenciones y una persistente admiración, ya fuera por su identificación con los principales modelos de 'entorno ideal', por el predominio urbano de esta sociedad –que pudo favorecer la idealización del territorio como jardín–, por su permanente disputa política o por una combinación de estas y otras razones (Bejarano Escanilla 2004; Tito Rojo y Casares Porcel 2011, 122-123). Esta fascinación se transmitiría desde la primera generación de musulmanes invasores hacia las sucesivas, en una

Fig. 1.1.2 - El Paraíso visitado por Mahoma. Manuscrito *Mira'j-nameh*, f. 49r. Ferid ed-Din ʿAttar, 1436.

cultura cambiante y en constante proceso de mestizaje cuya identidad territorial se hallaba dividida entre la memoria del legendario Oriente islámico y el inestable presente peninsular.

Arquitectura para un paraíso

Las implicaciones arquitectónicas de esta valoración positiva del territorio no se hicieron esperar. Su reflejo fue especialmente patente en la arquitectura palaciega, aquella construida con mayores recursos y capaz de satisfacer las aspiraciones más ambiciosas. Hay que destacar, en este sentido, la reanudación de la preferencia, ya existente entre las élites omeyas orientales, por los complejos palatinos en entornos periurbanos (Torres Balbás 1962; Creswell 1979; López Cuevas 2013). Si bien los primeros emires y califas de al-Andalus ocuparon los palacios urbanos visigóticos (Navarro Palazón y Jiménez Castillo 2007, 52), casi desde el inicio de su establecimiento en la Península seleccionaron emplazamientos fuera de las poblaciones para la construcción de alcázares *(qaṣr,* pl. *quṣur),* almunias *(munya,* pl. *munān)* y fincas de recreo. Estas localizaciones periféricas permitían evadir los problemas inherentes a las multiétnicas, saturadas e insalubres urbes medievales y desplazarse solo puntualmente a ellas con ocasión de recepciones y audiencias[1]. Pero, además, estos palacios y almunias brindaban la posibilidad de una iniciativa edilicia no coartada por la presencia y actividad de extraños y permitían disponer de amplias superficies de jardines y cultivos, que crecían admirablemente gracias a la feracidad del entorno y al cuidado de sus hortelanos. La separación respecto de los núcleos urbanos era, por otro lado, garante no solo de una mayor seguridad, sino también de una superior intimidad, teniendo presente el sentido obsceno y casi ofensivo que adquiere la mirada sobre la vida ajena en el Corán y la ley islámica (Hakim 2010, 33-39). Mediante el asentamiento en zonas rurales próximas a las capitales, por tanto, los dirigentes y aristócratas musulmanes no solo tenían la posibilidad de crear, con esfuerzo inconcebiblemente reducido, vastos jardines y exuberantes huertas coincidentes con los ideales, sino que además adquirían una amplia libertad para el disfrute de los mismos. La variedad orográfica de la Península favoreció, finalmente, la selección de emplazamientos en ladera o ligera pendiente, en los que al control territorial se uniesen la irrigación por gravedad y la expansión de la mirada sobre el vergel privado o los propios dominios.

Los vestigios arquitectónicos que han llegado hasta nosotros apuntan a una desigual hibridación entre atávicos esquemas axiales y centrípetos, en torno a jardines o 'paraísos' interiores[2], y aperturas aventajadas al panorama circundante. Así, por ejemplo, los restos almohades de los Alcázares de Sevilla (ss. XI-XII), a pesar de su originaria situación extramuros, parecen haber presentado configuraciones introspectivas, que ponían en relación las estancias vivideras con los jardines interiores y devolvían al exterior una imagen impenetrable. Una situación similar se daba en la almunia de la Aljafería (s. XI), fortificación de planta cuadrangular jalonada de torres muy semejante a los 'palacios del desierto' omeyas (Cabañero Subiza 2007; Almagro Gorbea 2008, 41) que encerraba en su interior un sofisticado palacio inmerso entre jardines completamente aislado de su entorno territorial. También los llamados Cuartos de Granada en la Alcazaba de Málaga (s. XI) se erigieron retranqueados respecto a la muralla y el circuito de ronda, propiciando la apertura interior, con la posible excepción de un reducido mirador en el flanco sur (Ruggles 2001, 153).

En cambio, un deseo inequívoco de fundir experiencia del espacio arquitectónico y percepción del panorama exterior parece haber dado forma a los miradores del Castillejo de Monteagudo en Murcia (s. XII), abierto a la campiña en las cuatro orientaciones, y motivado la transformación de la llamada Torre de la Odalisca (s. XIII) en la Alcazaba de Almería. También Madīnat al-Zahrāʾ (ss. X-XI) pudo haber incorporado, además de jardines y patios estratégicamente compuestos para ofrecer perspectivas axiales asociadas a los espacios arquitectónicos adyacentes (Ruggles 1990), áreas y puntos aventajados para el oteo del territorio –al-Maqqarī (ss. XVI-XVII) resaltó las 'hermosas vistas' de la ciudad palatina (Puerta Vílchez 2011a, 51)–. Se considera, por ejemplo, que la Dār al-Mulk o residencia privada del califa se ubicó en la zona más alta del complejo por su dominio de la ciudad y del valle del Guadalquivir (Almagro Gorbea 2012; Arnold 2017, 68)[3]; se ha especulado igualmente con la posible presencia de una torre-mirador entre los jardines Alto y Bajo, dispositivo singular en unos recintos por lo demás cercados por una muralla lo suficientemente alta como para imposibilitar toda visión del exterior (Hernández Giménez 1985, 62). Estas sugestiones espaciales se complementan con las famosas leyendas transmitidas por Ibn ʿArabī (s. XII) y al-Nuwayrī (ss. XIII-XIV), que, al margen de su discutible veracidad histórica, ponen de manifiesto la existencia de una mirada ociosa al territorio y la aplicación al mismo de criterios estéticos. La primera describe el disgusto de la favorita Azahara por lo 'negro' del monte en comparación con la blanca ciudad, motivo por el cual el califa, deseoso de complacerla, *ordenó entonces que se talaran los árboles que allí había y se plantaran, en su lugar, higueras y almendros* (Marín 2000, 80); la segunda refiere la construcción, por el califa al-Ḥakam, de un mirador *(manẓara,* pl. *manāẓir,* de la raíz *naẓara,* 'mirar')[4] rodeado de jardines en las inmediaciones de la población (Ruggles 2000, 57, 68). En la también cordobesa al-Rummanīyya (s. X), gracias al aterrazamiento topográfico, vistas hacia un patio presidido por el agua y hacia jardines y panorama territorial pudieron coexistir en el salón occidental (Arnold 2017, 106-108; Arnold, Canto y Vallejo 2018). Poco se conoce de al-Madīna al-Zāhira (s. X), pero las fuentes escritas indican que desde los jardines del palacio se veían los meandros del Guadalquivir *extenderse como una serpiente* (Torres Balbás 1956). La almunia de al-Nāʾūra (ss. IX-X) pudo contar asimismo con un salón elevado desde el que se divisase el panorama circundante (López Cuevas 2013). Interesa recordar que, para Ibn Haẓm –cordobés y contemporáneo a estas construcciones–, Dios había creado las almas de modo que pudiesen disfrutar, entre otras cosas, de la contemplación de 'bellos panoramas' *(al-manāẓir al-ḥasana)* (Puerta Vílchez 2011a, 28). Como puede apreciarse, las manifestaciones de la elaboración paisajística del entorno rastreables en el vocabulario o en la producción escrita adquieren dimensión tangible al relacionarlas con las permanencias arquitectónicas.

Resulta obligado mencionar en este punto dos documentos históricos por la luz que, indirectamente, arrojan sobre este particular. El primero es el enigmático *Ḥadīth Bayāḍ wa Riyāḍ* (s. XIII), manuscrito que narra la historia de dos amantes ambientada en un entorno periurbano a orillas del río Tharthār (actual Iraq)[5]. El cuento, de procedencia abasí, parece haber sido conscientemente alterado y adaptado a las exigencias de un público influenciado por la cultura occidental del amor cortés (Robinson 2007). Lo más relevante para el tema que nos ocupa son las 14 ilustraciones figurativas que incorpora, que representan pasajes del relato con vergeles y construcciones (fig. 1.1.3). Especialmente significativo es el hecho de que el 'alcázar' donde sirve como esclava Riyāḍ –literalmente, 'jardines'[6]– aparezca insistentemente caracterizado mediante un alto muro protector –el Paraíso descrito en el *Miʿrāŷ* también se esconde tras un colosal muro– por encima del cual descuellan árboles y torreones perforados por balcones y ventanas con celosías o vidrios coloreados; atalayas, por tanto, sin ninguna función militar. Aparte de las conexiones que puedan establecerse con aquella arquitectura celestial idealizada por su transparencia y claridad, lo reiterado de estos motivos sugiere que, en el contexto andalusí que, según las últimas investigaciones, alumbró el manuscrito[7], podría haberse consolidado una suerte de asociación biunívoca entre palacio periurbano

y mirada ociosa al territorio; asociación que haría posibles estas múltiples correspondencias entre arquetipos y realidad.

El segundo documento no es otro que el famoso *Tratado de agricultura* de Ibn Luyūn (s. XIV), particularmente, su capítulo 157, que, como se sabe, es un compendio de directrices para la óptima construcción de almunias. Destacan las recomendaciones de dispositivos y configuraciones espaciales que resulten gratos a los sentidos, especialmente, al de la vista –el predilecto por su alcance, inmaterialidad y lucidez (Puerta Vílchez 1999; Necipoglu 2015)–, protegiendo, al mismo tiempo, celosamente la privacidad:

> *Y en el centro de la zona ajardinada* (bustān) *habrá un pabellón* (qubba) *para reunirse con vistas a todas partes*
> *De forma que los que entren* [en el pabellón] *no escuchen las conversaciones que hay en él, y quien se dirija a él no pase inadvertido*
> *Y pegados* [al pabellón] *se plantarán rosales y arrayanes, así como todo lo que embellezca el espacio de la almunia* (arḍ al-bustān)
> *Esta* [almunia/zona ajardinada][8] *será más larga que ancha para que la vista pueda explayarse en su contemplación*
> *En la parte más baja de la almunia* (bustān) *habrá una casa y una puerta para huéspedes o amigos*

Fig. 1.1.3 - Torres-mirador asociadas a la arquitectura del palacio periurbano. Una de las miniaturas del *Ḥadīth Bayāḍ wa Riyāḍ*, f. 19r. Anónimo, s. XIII.

31

[La casa] *contará con un zafariche y estará rodeada de árboles que la oculten de la vista de los que están arriba* [en las partes más altas del *bustān*]
Y todas las viviendas se construirán en uno o dos espacios libres y ocultos a la vista
Si se añade a esto un palomar (burŷ li-l-ḥamām) *y una torre residencial* (burŷ suknà) *no habrá más que pedir*
Toda la almunia (bustān) *estará rodeada por un alto muro que la proteja y la oculte* (Akef y Almela 2021).

Todo indica que, ante la benignidad del medio natural, debió de advertirse que la experiencia del entorno asociada a la arquitectura más noble no había necesariamente de circunscribirse al vergel privado y separado del mundo exterior, sino que podía traspasar los límites de la propiedad y alcanzar unas proporciones territoriales. Era posible divisar el panorama desde espacios destacados de la fábrica manteniendo la privacidad y la seguridad[9] y sugiriendo la ilusión de que la propiedad –el 'paraíso'– se extendía hasta los confines del horizonte, pues, salvando el muro que encerraba sus contornos, no existía una diferenciación nítida entre los jardines, las tierras cultivadas y el resto del territorio: los límites entre ellos se desdibujaban, o se hacía lo posible por desdibujarlos. Así, la experiencia aventajada del territorio desde el espacio construido pasaría de ser una actividad meramente operativa, con fines de vigilancia y control, a adquirir connotaciones suntuosas (Ruggles 2012). La misma actitud de satisfacción tradicionalmente adoptada con respecto al vergel interior se hubo de trasladar paulatinamente a los jardines y huertas exteriores y al conjunto del territorio divisable, aunque, por las diferencias perceptivas que impone la distancia, en estas últimas situaciones adquiriese clara primacía el sentido de la vista.

La apropiación visual del territorio ibérico produciría una satisfacción con varias componentes. Por un lado, lo admirable del panorama podía ser interpretado como un don o regalo divino: Allāh se hacía presente en los elementos de un medio tan apacible deslumbrando a sus fieles, aprobando sus actos y recompensándoles con este 'paraíso' en vida. Hay que tener en cuenta que el Corán presenta la percepción sensorial como mecanismo para *entender la palabra de Dios y el orden de su universo* (Puerta Vílchez 1999; 2018a, 98), repitiendo constantemente la identificación entre contemplar el mundo y contemplar a la divinidad. Los elementos visibles en el territorio se interpretan como símbolos que permiten intuir Su presencia y Su mensaje (Akkach 2005, 30-32; Necipoglu 2015):

Dijo Él: '¡Jamás Me verás! Pero mira la montaña y si ésta permanece firme en su sitio Me verás' (Corán 7, 143).

¿Acaso no has visto cómo Dios hace descender agua del cielo y la conduce bajo tierra y crea fuentes y luego hace surgir con ella cosechas de variados colores, que después se marchitan y ves cómo se tornan amarillas y las hace quebradizas? En verdad, en ello hay un motivo de reflexión para los dotados de entendimiento (Corán 39, 21).

No verás discordancias en la creación del Misericordioso. Vuelve tu vista: ¿has visto algún fallo? Luego, haz regresar tu vista una segunda vez. Tu vista regresará a ti cansada y derrotada (Corán 67, 3-4).

Pero a este misticismo, en cierto modo intrínseco a la imaginación medieval, debieron de solaparse también otras componentes seculares. Así, parece claro que el poder acumulado por algunos mandatarios condujo a entender el territorio como un bien propio que se deseaba ordenar, controlar, disfrutar y exhibir con regocijo: quien contempla ya no es Allāh supervisando su Creación, ni tampoco los seres sobrenaturales que habitan las etéreas moradas del Paraíso, sino el humano señor del palacio, replicando –y explicando– aquellas situaciones sublimes.

Granada como jardín dichoso

Si al-Andalus mereció las más encendidas apreciaciones, Granada acabó perfilándose como el paradigma urbano-ambiental por excelencia de la cultura islámica occidental. En ello concurrieron circunstancias particulares. En primer lugar, la división del territorio en las circunscripciones militares sirias, hacia el año 740, se tradujo en el asentamiento de la colonia de Damasco en la comarca, hecho que favoreció desde entonces continuas comparaciones y equiparaciones con el territorio sirio y la emblemática capital omeya –de donde procedía, no se olvide, la estirpe de los primeros califas cordobeses– (Ibn al-Jatib 2010, 107). Estos musulmanes, de predominio árabe (Álvarez de Morales 2001), se establecieron en un principio al pie de Sierra Elvira, a unos 14 km de las ruinas de la antigua ciudad de Iliberri; a partir del s. XI, y tras el pacto con la tribu beréber de los Sinhaya, la inseguridad de aquel enclave desprotegido en la vega de Granada motivó el traslado de la población a los restos de Iliberri, sobre la colina del Albaicín (Lévi-Provençal y García Gómez 1980, 84-87).

A las resonancias simbólicas y de prestigio infundidas por la vinculación damascena se unió la apreciación de la peculiar orografía de este territorio, de acusados contrastes entre el cerco de altas montañas y la vega llana e irrigada por diversos ríos; configuración que, además, guardaba notables paralelismos con los del emplazamiento de la capital siria, reforzando las asociaciones (Ibn al-Jatib 2010, 102-103; Torres Balbás 1941; Espinar Moreno 2000, 143). La fertilidad de la tierra, la abundancia de aguas, la variedad de materias primas –destacando los yacimientos de minerales preciosos en Sierra Elvira y el aurífero Darro[10]– y el clima moderado tanto en invierno como en verano, con aires considerados puros y saludables (Roldán Castro 2003, 128), fueron aspectos en alto grado estimados. Granada, por tanto, concordaba plenamente con los modelos de 'entorno ideal' tipificados, hasta el punto de que el Paraíso descrito en el *Mi'ráy*[11] puede evocar una idealización de su marco geográfico:

> *A una y otra orilla de estos ríos se elevan las montañas del paraíso, todas ellas del zafiro más hermoso del mundo. En las faldas de las montañas aparecen unas minas de oro, plata y piedras preciosas de todas las clases posibles. [...] La arena del río no es otra cosa que piedras preciosas. El zafiro, que forma las montañas, es tan transparente que cualquiera puede ver desde el exterior lo que hay dentro, mirando hacia la parte del río. Además, hay otros pasos en las montañas que dan acceso a los jardines, que se encuentran detrás de estas* (Bonaventura de Senis 1996, 98).

Estas virtudes naturales fueron, por otra parte, acrecentadas o explotadas con ingenio, como es sabido. Así, la captación y distribución de aguas, tanto en el casco urbano como en los alrededores, permitió la proliferación de jardines de recreo y el desarrollo de una floreciente economía agraria basada en el policultivo y la fragmentación de la propiedad de la tierra (Trillo San José 2004; Glick 2007, 180); prosperidad que, unida a las inmigraciones derivadas del avance de las tropas cristianas, dio como resultado un crecimiento continuo de la ciudad hasta convertirla en una metrópolis populosa, culta y avanzada, provista de todo tipo de servicios y de las más lujosas sofisticaciones. La identificación metonímica de Granada con su vega y de esta con un inagotable jardín, como si su prodigalidad fuese prodigiosamente espontánea (Ladero Quesada 2022, 26)[12], es constante en las alusiones a este paraje, desde relaciones de viajeros musulmanes a poemas de autóctonos:

Los ojos de los hombres se vuelven hacia Granada, pues ella es el jardín que despliega sus flores como las de un manto estriado (Ibn Jaqan, s. XI, cit. en Espinar Moreno 2000, 146).

Granada es el Damasco de al-Andalus, pasto de los ojos, elevación de las almas. [...] Dios la ha adornado colocándola en lo alto de su extensa vega, donde los lingotes de plata de los arroyos se ramifican entre la esmeralda de los árboles (Al-Saqundi, s. XIII, cit. en García Gómez 1934, 108-109).

Después continué la marcha hasta Granada, capital del país de al-Andalus, novia de sus ciudades. Sus alrededores no tienen igual entre las comarcas de la tierra toda, abarcando una extensión de cuarenta millas, cruzada por el famoso río Genil y por otros muchos cauces más. Huertos, jardines, pastos, quintas y viñas abrazan a la ciudad por todas partes (Ibn Baṭṭūṭa, s. XIV, cit. en Fanjul y Arbós 2005, 793).

—Nada hay como Granada en civilización, agua, dicha y verdor. —Sus habitantes han habitado un Paraíso, y en Granada lograron esplendor (diálogo entre Ibn al-Jaṭīb y su maestro, cit. en Puerta Vílchez 2011a, 105-106).

Esta valoración entusiasta de Granada concurrió, por último, con el carácter parcialmente montuoso de la capital y sus inmediaciones, que naturalmente privilegiaba unos lugares sobre otros desde el punto de vista óptico y propiciaba el reconocimiento visual del entorno. Si los palacios y almunias de la clase dirigente habían perseguido, siempre que la geografía lo permitiese, emplazamientos elevados, por motivos defensivos y de independencia con respecto al pueblo (Torres Balbás 1953a), serían precisamente estas construcciones las mejor dispuestas para la experiencia del panorama y progresivamente imitadas por aristócratas, funcionarios y literatos. Desde sus salas más distinguidas, se desearía apreciar los propios jardines y huertas y, por extensión y sin solución de continuidad, el territorio circundante. Los fundamentos utilitarios de control y vigilancia irían cediendo el protagonismo a las motivaciones de deleite del propietario y asombro de sus visitas.

De ello se conocen ejemplos urbanos y periurbanos como el palacio y huerta de la Almanxarra (Ŷannat al-Manŷara al-Kubrà) (s. XIII)[13] –Cuarto Real de Santo Domingo–, el antiguo palacio del Marqués del Zenete (s. XV) –después Hospital de la Tiña–, el palacio de Dār al-Horra (s. XV), las almunias de Ibn al-Jaṭīb o los palacios reales de Alijares (s. XIV)[14] y Dār al-ʿArūsa[15] en el cerro del Sol; residencias que fueron incrementando progresivamente su altitud y aislamiento, posiblemente en busca de privacidad y de más dilatadas perspectivas (Puerta Vílchez 2011a, 118). Pero, sin duda, donde se concentran más y mejor conservadas evidencias arquitectónicas de esta valoración del entorno es en el Conjunto Monumental de la Alhambra y Generalife; de ello nos ocuparemos en el capítulo siguiente.

Notas

[1] Es lo que ocurrió con el palacio del Aljarafe sevillano, que dejó deshabitado el alcázar de la capital; con Madīnat al-Zahrāʾ o al-Ruṣāfa respecto a la Córdoba califal, o con la Aljafería zaragozana, mucho más renombrada que la residencia áulica intramuros, el palacio de la Zuda.

[2] El término 'paraíso' procede del persa antiguo *pairidaeza*, que significa 'cercado', de *pairi*, 'alrededor' y *daeza*, 'muralla' (Roger 2007, 38).

[3] Resultan de gran interés las recreaciones virtuales elaboradas por la Escuela de Estudios Árabes (EEA-CSIC). Disponibles en: https://www.eea.csic.es/laac/divulgacion-laac/reconstruccion-virtual-del-alcazar-y-la-mezquita/.

[4] Información facilitada personalmente por José Miguel Puerta Vílchez, a quien agradezco su ayuda con el vocabulario árabe. Según el autor, *manẓar* era la palabra más empleada para referirse a la vista de huertos, campos y ciudades.

[5] Biblioteca Apostólica Vaticana (BAV), Vat.ar.368. El manuscrito se encuentra incompleto, pues carece de inicio y de fin y faltan pasajes intermedios. La cronología es la aceptada por las últimas investigaciones.

[6] La asociación del vergel con la arquitectura excelsa y la belleza femenina es una constante en la literatura islámica medieval: los tres compartían la condición de objeto de deseo.

[7] Si bien en un principio se asumió su procedencia oriental, las investigaciones más recientes apuntan a su origen andalusí, a partir del análisis de la caligrafía, la arquitectura y la jardinería representadas, la vestimenta de los personajes o los paralelismos con la

cultura del amor cortés (Nykl 1941; Torres Balbás 1950; Dodds 1992, 312-313; Ruggles 2008; Robinson 2007; 2010; D'Ottone 2010).

[8] Para Walid Akef e Iñigo Almela, el término *bustān* elíptico en este verso se refiere a la almunia en su conjunto, mientras que para Joaquina Eguaras (Ibn Luyūn al-Tujībī 2014, 272-274) aludía exclusivamente a la zona ajardinada, a lo que vemos más sentido en el contexto del pasaje y considerando la disposición del Generalife.

[9] Situación fenomenológica teorizada como *prospect-refuge* (Appleton 1975, 71).

[10] Al-Himyari (ss. XIII-XIV) señaló que *en Elvira hay yacimientos de minerales preciosos como oro, plata, azufre, hierro, plomo y atutía* (Espinar Moreno 2000, 144).

[11] La difusión de los tratados de Mahoma en territorio peninsular fue muy intensa desde el siglo IX (El-Fahti 2003, 47-48; Asín Palacios 1919, 310-311).

[12] Augustin Berque vería aquí un caso claro de 'forclusión' del trabajo agrícola (Berque 2009, 77-79).

[13] La datación es la propuesta por Manuel Gómez-Moreno González y aceptada por Leopoldo Torres Balbás.

[14] Luis José García Pulido (2008, 646-648) ha proporcionado una reconstrucción gráfica hipotética.

[15] Excavada por Torres Balbás entre 1933 y 1936. Antonio Orihuela (1996, 222-223) realizó una reconstrucción gráfica hipotética.

La búsqueda de una utopía ambiental

Hasta el siglo XIII, los palacios de los dirigentes granadinos se ubicaron en la Alcazaba Qadima, en el solar de la antigua Iliberri, donde fue posible reutilizar materiales y estructuras. Fue con Muḥammad ibn Yūsuf ibn Nasr (Alhamar), autoproclamado primer sultán del Reino Nazarí, con el que se emprendió la ocupación palatina de la cercana colina de la Sabika a partir de 1238. La decisión de colonizar esta loma pudo venir propiciada por la existencia en ella de una fortificación, Ḥisn al-Ḥamrāʾ, y por la saturación de la primitiva Alcazaba Qadima, que habría dejado los palacios inmersos en el aglomerado urbano, sin posibilidades de expansión y rodeados por el pueblo. Así, según Luis del Mármol, a pesar de preservar

> ... *palacios en la Alcaçaua, con jardines y guertas a la parte de la vega, no morauan en ellos, por quitarse del trafago y comunicacion del pueblo, escandaloso y amigo de nouedades, y por esto començaron y acauaron aquella fortaleza fuera de los muros de la ciudad, y cerca della, a imitacion de los Reyes de Fez* (Mármol Carvajal 1600, f. 7v).

Ibn ʿIḏārī (1954, 125) afirma que Muḥammad I subió al lugar y lo inspeccionó, *marcó los cimientos del Castillo, señaló en él quien los excavase y*

Fig. 1.2.1 - La Alhambra dominando la ciudad desde la Sabika. Fot. Autora del libro, 2019.

no terminó el año sin que el castillo tuviese unas elevadas construcciones de defensa. Le llevó agua del río, levantando un azud y excavando una acequia exclusiva para ello; Ibn al-Jaṭīb (2010, 131) coincide en que el monarca *construyó la fortaleza de la Alhambra, condujo a ella las aguas y la habitó.* Este primer amurallamiento pudo ser ampliado y completado por su hijo y sucesor Muḥammad II (r. 1273-1302). Desde entonces, la ciudad palatina quedó estructurada aproximadamente en dos franjas longitudinales desiguales, separadas por la calle Real Alta y enlazadas en sentido transversal por vías secundarias en pendiente. El camino de ronda, que ha sido calificado como la auténtica calle principal del recinto, lo circunvalaba por la cara interior de la muralla (Bermúdez López 2002).

Los primeros palacios de la Alhambra se emplazaron en su zona central, cercana a la cumbrera y más protegida: se trata de la residencia del Partal Alto construida por Muḥammad I o Muḥammad II, posteriormente remodelada por Yūsuf III y más tarde habitada por el conde de Tendilla (Fernández Puertas 1982; Vílchez Vílchez 2001; Orihuela Uzal 2011; Tito Rojo 2023), y del llamado Palacio de los Infantes, atribuido a Muḥammad II, después Convento de San Francisco y actual Parador de Turismo. Muḥammad III edificó, en este mismo sector central, la Mezquita Real, un baño público y una vivienda (Ibn al-Jatib 2010, 159; Rubiera Mata 1994, 127-128). Estas construcciones, pese a su ubicación en el área más interna del amurallamiento, disponían en dirección norte de vistas descendentes sobre sus propios jardines y el valle del Darro[1]. Otro tanto ocurría con el palacio del Generalife, que se levantó coronando sus amplias huertas aterrazadas y adyacente, al norte, a una abrupta caída topográfica. Sin embargo, resulta intrigante que, a partir de Muḥammad III, las nuevas construcciones áulicas de la Alhambra comenzasen a descender paulatinamente de cota hasta adosarse y encabalgarse a las propias murallas. Este hecho tuvo consecuencias directas en el funcionamiento de la ciudad palatina, pues las funciones militares del perímetro se vieron necesariamente mermadas: el emplazamiento de los nuevos palacios y pabellones reales vino a interrumpir en numerosas ocasiones los circuitos perimetrales de guardia, tanto del adarve como del camino de ronda[2], y varias de las torres que antaño fueran puestos de vigilancia experimentaron radicales transformaciones, viéndose 'invadidas' por espacios palatinos.

A este fenómeno se han propuesto distintas explicaciones: la relativa seguridad frente a ataques que ofrecía la caída topográfica hacia el Darro –única ladera de la Sabika que ya contaba con arbolado en tiempos nazaríes

(Salmerón Escobar 1997), siendo incluso escenario de actividades cinegé-
ticas (Hagen y de la Cruz Márquez 2010; Vilar Sánchez 2016, 203)–; la posible escasez de espacio libre en la zona interior del recinto, donde existirían
ya varios palacios, jardines y otras construcciones que fuera conveniente
preservar (Manzano Martos 1992, 75); la disminución del riesgo de amenazas por parte del enemigo exterior; la posibilidad de huida en caso de
conspiraciones cortesanas que brindaba una situación liminal (Vilar Sánchez
2016, 10)[3], o la condición más popular que se iba adueñando de la zona al
sur de la actual calle Real Alta, con viviendas y talleres que aprovechaban
el caudal de la Acequia Real y entre los cuales resultaría socialmente inade-
cuada la aparición de nuevas construcciones áulicas[4]. Todas estas explicaciones son factibles y no excluyentes entre sí, siendo más que probable
una superposición de varias de ellas, pero conviene igualmente prestar
atención a la resolución arquitectónica de estas construcciones liminales,
que explicita y radicaliza el deseo de contacto estrecho con el entorno ya
presente desde antes.

En efecto, como comprobaremos en las próximas páginas, en estas dependencias liminales era frecuente la 'presentación' del territorio mediante la
perforación de las envolventes por múltiples huecos de escala humana,
decorados y compuestos atendiendo a la experiencia interior. Los vanos,
direccionados hacia cambios de nivel o caídas topográficas, evitaban interferencias visuales con construcciones cercanas y minimizaban su accesibilidad desde el exterior. Aunque decoraciones, cromatismo y elementos de
cierre han desaparecido en muchos casos y varios de los huecos han sido
completamente reconstruidos, la posición y proporción de estos tras las
restauraciones es, salvo evidencia contraria, razonablemente fiable, lo que
permite el análisis de sus relaciones con el entorno. Esta integración perceptiva del panorama circundante se complementaba, por otra parte, con lo
que podríamos llamar la 'representación' del 'entorno ideal' en el espacio
arquitectónico; sugestión que adquiría carácter literal en el caso de los jardines y patios adyacentes. La combinación recurrente de ambas pautas de
diseño apunta a la aspiración de una utopía ambiental donde arquitectura y
naturaleza se fundiesen y metamorfoseasen armónicamente y sin solución
de continuidad. Existen, de hecho, testimonios históricos e inscripciones
epigráficas que aportan datos sobre estos espacios y sugieren que debieron
de ser ambientes estrechamente ligados al sultán, que acogían actividades
de tipo representativo, ocioso o contemplativo y en los que trató de alcan-
zarse un alto grado de compromiso estético.

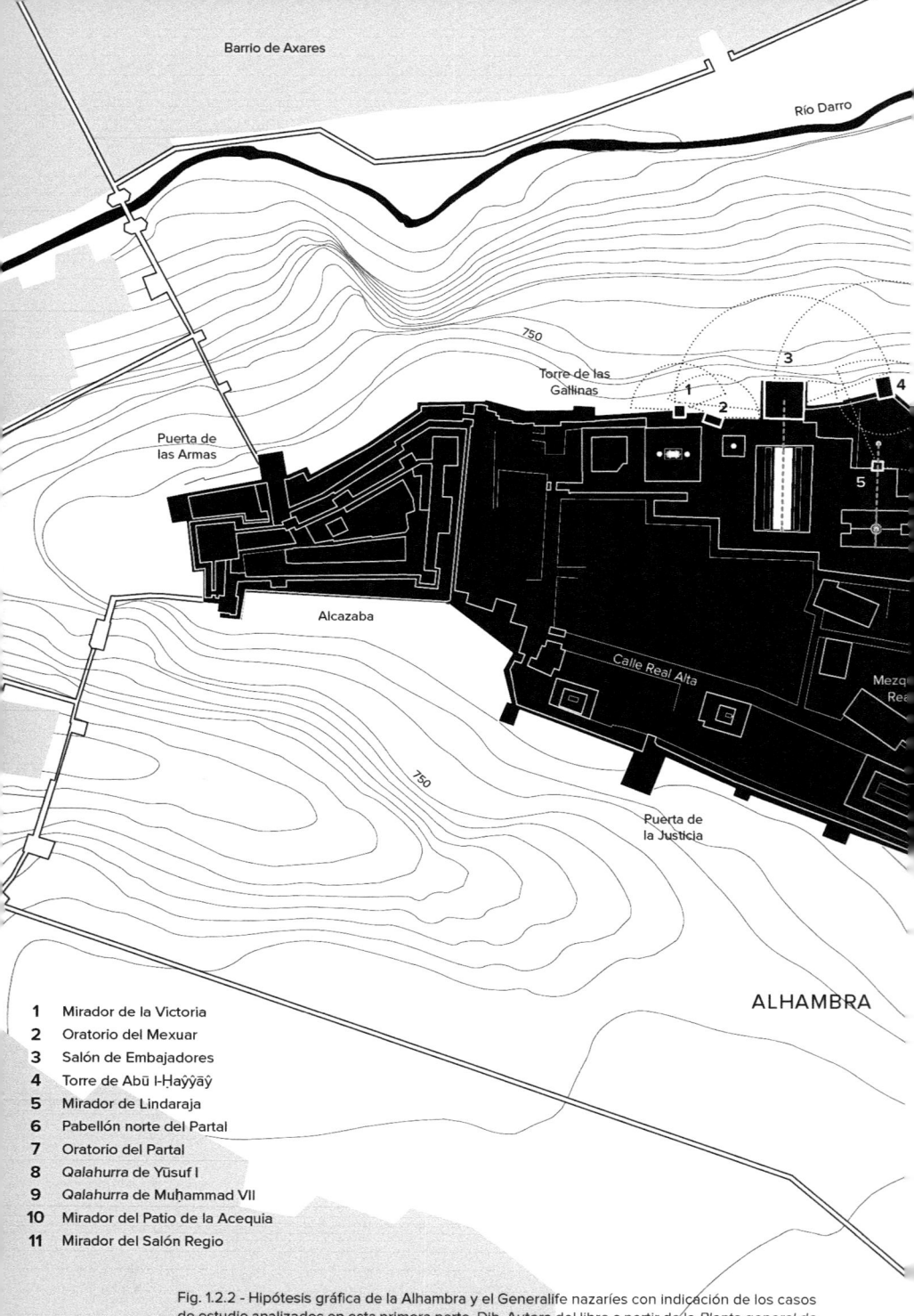

Barrio de Axares

Río Darro

750

Torre de las
Gallinas

Puerta de
las Armas

Alcazaba

Calle Real Alta

Mezq
Rea

750

Puerta de
la Justicia

ALHAMBRA

1   Mirador de la Victoria
2   Oratorio del Mexuar
3   Salón de Embajadores
4   Torre de Abū l-Ḥaŷŷāŷ
5   Mirador de Lindaraja
6   Pabellón norte del Partal
7   Oratorio del Partal
8   Qalahurra de Yūsuf I
9   Qalahurra de Muḥammad VII
10 Mirador del Patio de la Acequia
11 Mirador del Salón Regio

Fig. 1.2.2 - Hipótesis gráfica de la Alhambra y el Generalife nazaríes con indicación de los casos
de estudio analizados en esta primera parte. Dib. Autora del libro a partir de la *Planta general de
estructuras nazaríes* de Almagro (EEA-CSIC) y los croquis parciales de Bermúdez López 2002.

11

10

Cuesta de
los Chinos
750

6

7

Torre de los
Picos

Puerta del
Arrabal

8

GENERALIFE

Palacio del
Partal Alto

Palacio de
los Infantes

9

Puerta de los
Siete Suelos

800

750

800

0   20   50   100   200   3C

Estas situaciones cobran todo el sentido a la luz de las anteriores consideraciones sobre la concepción del entorno en al-Andalus y la especial apreciación del territorio granadino. El panorama divisable sería significativa muestra del próspero estado regido por el emir, extenso jardín de la dicha en el que se leerían el apoyo divino y la excelente gestión del gobernante; mientras que su analogía sensorial y su continuidad visual con el espacio arquitectónico y con los patios y jardines anejos remitiría a la unidad de la Creación y a su transparencia y disfrute sin límites para los virtuosos. La cronología terminal de estas realizaciones en el contexto andalusí podría explicar la mayor radicalidad de las decisiones adoptadas y la exuberancia sensorial de las soluciones conseguidas. No hay que olvidar tampoco que *en el momento en que la Alhambra inicia su desarrollo se está produciendo un cambio sustancial en la humanidad, el tránsito de la Edad Media al Renacimiento, con todo lo que eso significa de modificaciones sustanciales en conceptos sociales, ideológicos, estéticos...* (Bermúdez López 2002), aunque los estudios sobre la génesis del paisaje en Europa hayan tendido a pasar por alto este particular contexto[5]. Y es que la expresión de poder, arrojo constructor, religiosidad ejemplar y refinamiento estético podría haber hallado en esta arquitectura palaciega liminal y permeable una de sus más elocuentes manifestaciones, al margen de que inquietudes de tipo funcional pudiesen haber coadyuvado como desencadenantes.

A continuación se relacionan las casuísticas más relevantes detectadas, ejemplificadas con casos de estudio tanto en la Alhambra como en el Generalife que se presentan, dentro de cada epígrafe, en aproximado orden cronológico –atendiendo a las últimas o más aceptadas propuestas de datación–. Abordaremos los 'retiros íntimos' de miembros de la corte, la 'mirada triunfal' al territorio y la 'proyección de la plegaria' al mundo exterior, en lo que ha de entenderse siempre como una clasificación provisional y abierta a nuevos hallazgos y matizaciones.

Retiros íntimos

Uno de los propósitos a los que más claramente parece responder la construcción de espacios permeables al entorno en la Alhambra y el Generalife es el retiro íntimo y seguro del sultán o sus allegados. Hablamos de retiro o refugio como evasión temporal del tráfago cortesano; evasión que inicialmente no implicaba residencia ni estancias prolongadas pero que parece haber ido aumentando en frecuencia e importancia, traduciéndose en un gradual incremento de superficie y complejidad. Se trata de espacios arquitectónicos de acceso no inmediato, alejados de los circuitos públicos y de las salas de aparato, que presentan dimensiones contenidas y carecen, en la mayoría de casos, tanto de letrina como de alhanías para el descanso. Apenas podrían dar cabida con comodidad a unas pocas personas, lo que da idea de su condición íntima, subrayada por las omnipresentes hojas de puerta, los previsibles tamices en los huecos y la ubicación estudiada de estos, tanto en planta como en alzado, tratando de evitar intrusiones físicas e interferencias visuales. Las ventanas bajas, la presencia de tacas para jarros de agua o de alacenas para la colocación de enseres son indicativos del carácter estancial de los espacios. En ellos, la mirada se proyecta al exterior en todas direcciones, sin esquemas espaciales predeterminados: son el lugar, sus preexistencias y condiciones de contorno los que determinan la solución arquitectónica, en unos ambientes privados destinados a ser 'vividos' desde dentro más que 'leídos' desde fuera[6] y que, en situación de emergencia, facilitaban un escape discreto o la petición de auxilio a través de sus huecos.

Mirador del Patio de la Acequia. El Patio de la Acequia en el Generalife (Ŷinan al-ʿArīf, 'Jardín del Alarife' o 'del Arquitecto'[7]) es, como es sabido, uno de los pocos jardines medievales occidentales que han mantenido su uso hasta nuestros días (Tito Rojo y Casares Porcel 2011, 225). De planta rectangular aunque con visibles descuadres, presenta unas dimensiones medias de 12,80 × 48,60 m; siendo, por tanto, claramente *más largo que ancho para que la vista pueda explayarse en su contemplación* (Ibn Luyūn al-Tujībī 2014, 272-274). Cuenta con estructura en crucero que se tensiona dando preeminencia al eje mayor, recorrido por la Acequia Real. En los parterres laterales rehundidos crecían especies ornamentales y aromáticas de pequeño tamaño (arrayanes, cipreses, cítricos, laureles, rosas y otras), que daban a la superficie horizontal del patio la apariencia de un 'tapiz viviente' (Tito Rojo y Casares Porcel 2011, 61, 230, 304-312; Bermúdez Pareja 1965, 30). En el centro, sobre el crucero, todo indica que existió un cenador o pabellón abierto de material ligero (Bermúdez Pareja 1965, 29), similar tanto al grafiado en el folio 12v del Ḥadīth Bayāḍ wa Riyāḍ como al recomendado por Ibn Luyūn, posiblemente dotado de una fuente que se surtía de la propia acequia[8].

Sobre la arquitectura que circunda el patio existe aún cierta controversia. En general, se acepta que el pabellón norte contaba inicialmente solo con planta baja, siendo los dos niveles superiores (entreplanta y azotea) adiciones acaecidas tras la conquista cristiana. Un torreón pudo existir en el lugar del actual, en la esquina noroeste, aunque con diferente altura y resolución formal. El pabellón sur, por su parte, habría sido una vivienda completa de varios niveles, que permitiría atisbar, sobre las cubiertas del volumen frontero, el panorama del cerro de San Miguel en el valle del Darro (Torres Balbás 1939; Gallego Burín 1995, 150-151). La crujía oriental, de predominio masivo, habría albergado espacios domésticos en sus dos plantas, estableciendo comunicación con un baño situado a sus espaldas (Vílchez Vílchez 1991, 59). Esta pieza actualmente no ocupa la longitud completa del lienzo sino poco más de la mitad, desconociéndose si habría clausurado enteramente el patio por este lado. Por último, el lienzo occidental es el que ha suscitado mayor debate: hacia el centro de su longitud se abre un mirador saliente de planta cuadrada, inscrito en el interior de una minúscula torre sin utilidad militar que se asoma sobre las huertas aterrazadas inferiores. Se asume mayoritariamente que este habría sido, en origen, el único punto de apertura del patio hacia el sugestivo panorama que se abre al oeste; el resto del lienzo, hoy perforado por 17 arcos apuntados, habría estado ocupado por una tapia ciega rematada por un alero, con la misma altura (5,72 m) y apariencia que el tramo conservado en el extremo norte (Torres Balbás 1953b, 144; Bermúdez Pareja 1965; Vílchez Vílchez 1991, 3-37, 65). Otros posibles huecos en este frente habrían sido fingidos, como una falsa fachada interior en reflejo de la opuesta. Las vistas del entorno, en consecuencia, se habrían concentrado en el mirador y descubierto solo por decisión consciente del paseante, garantizando el efecto sorpresa.

El propósito de una tapia de estas características plantea, sin embargo, algunas incógnitas. La justificación defensiva parece, en principio, descartable, por la ubicación protegida del edificio en el interior de la heredad y la acusada topografía[9]. Lo mismo puede decirse de la necesidad de privacidad, aquí garantizada por la ubicación alejada de toda construcción y rodeada de extensas huertas de su propiedad. Se puede comprobar que, si bien desde la Alhambra se alcanza a divisar a los transeúntes en el Patio de la Acequia, resulta imposible la identificación de los mismos. En todo caso, para la consecución de protección visual al nivel del patio, no parece imprescindible un muro de 80 cm de espesor y casi 6 m de altura. Otros debieron de ser los móviles de una construcción de estas características.

Por otra parte, si bien no se puede descartar la posibilidad de que los 17 arcos apuntados que perforan el muro sean islámicos (Orihuela Uzal 1996, 214; Tito Rojo y Casares Porcel 2011, 277-280; Valladar y Serrano 1911, 867)[10], lo cierto es que este esquema de cierre calado con mirador central saliente, presente en otros espacios nazaríes como el Partal o la Sala de los Ajimeces, exhibe en este caso una concatenación de huecos de número absolutamente inédito –por lo general nunca se superan los tres consecutivos–, que no respeta el principio de simetría –hay ocho vanos a un lado del mirador y nueve al otro– ni tampoco la previsible jerarquía métrica del vano central. Al mismo tiempo, la construcción *ex novo* de una simple tapia de casi 50 m de longitud con la citada sección y más proporción de hueco que de macizo no parece demasiado razonable desde el punto de vista constructivo.

La búsqueda de una impresión de regularidad y cierre en el interior del patio podría explicar, en parte, estas perplejidades. El grueso del muro, innecesario para una tapia con la altura actual (unos 3,70 m), cobra sentido con un desarrollo vertical mayor como el que sugiere el tramo de 5,72 m conservado. Sin embargo, los 17 arcos que horadan su fábrica parecen poco compatibles con la estabilidad del lienzo de haber presentado aquellas proporciones, pues habría quedado seriamente debilitado en su parte baja, teniendo que soportar, además, la masa ciega superior, y todo ello sin apenas arriostramiento transversal. Ello conduce a pensar que el rebaje de altura debió de coincidir cronológicamente con la operación de perforación y el consiguiente debilitamiento estructural del muro, lo que a su vez sugiere que, en su estado inicial, este pudo ser mayoritariamente opaco y

Acceso al Mirador del
Patio de la Acequia

49.22 m

Porcentaje de huecos actual: 68 %

Huecos superiores fingidos
Posibles huecos inferiores fingidos o perforados

Fig. 1.2.3 - Alzado interior del muro oeste del Patio de la Acequia, estado actual (arriba) e hipotético a finales del s. XV (abajo). Dib. Autora del libro a partir de APAG, Colección de Planos, P-000301, P-005494 y P-001697 y la base cartográfica de Orihuela (EEA-CSIC, 1994).

de altura superior (fig. 1.2.3). Aunque no deja de ser una hipótesis, esta pretensión de regularidad y cierre tropieza, de todos modos, con la escasez de evidencias sobre la longitud de la crujía oriental del palacio, con la acusada proporción longitudinal del patio y con los descuadres en planta presumiblemente ocasionados por la reutilización de preexistencias y el condicionamiento topográfico. Aun así, parece más probable que el lienzo occidental fuese elevado y poco permeable que que se edificase desde un principio con la actual perforación, y es en estas coordenadas que analizaremos el papel del Mirador del Patio de la Acequia.

Este espacio presenta planta aproximadamente cuadrada, de cerca de 4 m de lado, y sus tres muros exteriores, de unos 35 cm de espesor, cuentan con siete huecos de ventana. En un principio, tres de ellas horadaban cada frente, quedando, tras la conquista cristiana, las dos más próximas al patio interceptadas por la construcción de la galería del Patio de la Acequia, como se verá en la segunda parte. Los paramentos interiores estaban revestidos de yeserías policromadas en tonos azules, rojos, verdes y dorados a partir de la cota de arranque de los arcos de las ventanas, de lo que se conservan fragmentos en el Museo de la Alhambra, datables en el

Fig. 1.2.4 - Interior del Mirador del Patio de la Acequia, ventanas del muro occidental.
Fot. Autora del libro, 2017.

reinado de Muḥammad II o Muḥammad III. La actual cubrición mediante un artesonado de madera se debe a la restauración efectuada por Torres Balbás, siendo probable una altura libre original ligeramente superior[11]. Las excavaciones arqueológicas revelaron la presencia de una conducción que conectaba la glorieta del crucero con el mirador, lo que podría ser indicio de que también en el interior de este espacio pudo existir una taza rehundida (Bermúdez Pareja 1965; Ruggles 2000, 170)[12]. Se trata de un esquema que no sorprende demasiado, por su semejanza con otros trazados de agua integrados en las composiciones arquitectónicas, pero que llama la atención por lo reducido de la estancia en cuestión, que no llega a los 15 m².

No está claro si el mirador era un espacio interior, esto es, aislable de los agentes meteorológicos, o si, por el contrario, se trataba de un recinto exterior permeable. De una parte, dispone de rastras-gorroneras en el umbral que sugieren la existencia de una puerta de cierre (López Pertíñez 2011). Este capialzado ha sido datado en el reinado de Ismāʿīl I (1314-1325) (López Pertíñez 2006, 340) –sultán que renovó el palacio– y se encuentra centrado y dimensionado en relación con el arco exterior de comunicación con el Patio de la Acequia, del que cabe presumir, en consecuencia, una realización simultánea. También en los paramentos del umbral hay marcas de lo que parecen clavos de puerta y una hendidura que pudo alojar una barra de atranque. En cambio, el arco interno, hacia el mirador, pertenece con toda probabilidad a una fase anterior, pues el desfase y desalineamiento entre las claves es evidente en una inspección visual; también en las cotas de arranque de los arcos existen ligeras pero sensibles diferencias. El mirador en época de Ismāʿīl I debió de contar, por tanto, con una puerta que garantizase la privacidad y la seguridad, cuyo abatimiento quedaba recogido en la profundidad del umbral[13], aunque nada puede asegurarse sobre el acceso con anterioridad a su reinado. La puerta debió de perderse con el tiempo, pues, sobre las yeserías de la portada, hacia el patio, existen dos toscos orificios que remiten con toda probabilidad a un cierre posterior superpuesto. Estas yeserías, desafortunadamente, no aportan datos relevantes, pues constan de reposiciones irregularmente ejecutadas del lema nazarí *(No hay vencedor sino Dios)* y recuadros con la palabra *Baraka* ('bendición') (Puerta Vílchez 2011b, 332).

Menos certezas se tienen con respecto a los cierres de las ventanas: desde el punto de vista de la privacidad ya se ha dicho que no habrían sido imprescindibles, aunque parece probable que existiesen a haces exteriores, pues, desde fuera, los arcos se presentan rehundidos y con su cara externa lisa, sin restos de decoración. Los huecos se hallan situados a unos

30 cm del pavimento y presentan en torno a 1,35 m de altura y unos 85 cm de anchura. La baja altura de los antepechos indica que el habitáculo estaba concebido para la ocupación en posición sentada o recostada; sería, por tanto, un lugar para la estancia sedentaria. La presencia de alacenas a ambos lados de la puerta –aunque no de tacas– redunda en el carácter estancial del espacio. No se trataba, sin embargo, de un ambiente residencial ni, evidentemente, para el descanso nocturno, dada su apertura al exterior e inexistencia de alcobas. La epigrafía interior tampoco resulta aclaratoria, porque repite motivos piadosos y lemas presentes en muchos otros espacios (Puerta Vílchez 2011b, 332-334) y consta de reposiciones y copias de restos originales (Torres Balbás 1970). Solo hay un poema que recorre la parte superior de los huecos, de carácter religioso –es conocido que la posible ostentación de la arquitectura áulica podría haberse tratado de soslayar con la dedicación divina de las construcciones (Juez Juarros 2000, 62; Puerta Vílchez 1990, 127, 176)–. Al haber sido convertido en capilla tras la conquista, como se verá también en la segunda parte, muchos lo supusieron un oratorio islámico –de orientación absolutamente equivocada– (Vílchez Vílchez 1991, 121). Fue Gómez-Moreno González (1892) quien puso de manifiesto su condición de mirador, sin precedentes comparables en cuanto a su transparencia arquitectónica (Arnold 2017, 254).

Las moderadas dimensiones de los huecos favorecen la mirada individual a través de cada uno de ellos. En primer plano, por los tres frentes, resalta el jardín de la terraza inferior, que fue descrito por Andrea Navagero en 1526 como un 'prado' verde y rugoso de crecido arrayán (Navagero 1563, f. 19v). El porte de los arrayanes referido por el embajador veneciano sugiere que esta configuración habría sido heredada de tiempos nazaríes (Casares Porcel y Tito Rojo 2010, 449). Domina, al frente, la Alhambra, protagonista indiscutible del panorama. Los elementos más visibles dentro de ella son la Torre del Cadí, la Torre de los Picos, el Partal con su Oratorio, el campanario de Santa María de la Alhambra –entonces lo visible sería el alminar de la Mezquita Real–, el Parador de San Francisco –en su lugar se levantaría el llamado Palacio de los Infantes–, la Torre de Comares y la Torre del Peinador o de Abū l-Ḥayyāȳ. La vista de la ciudadela permite distinguir a los ocupantes del recinto pero sin identificarlos, al igual que, a la inversa, ocurre con el Generalife.

Por el frente derecho se divisa la silueta del Albaicín, cuya imagen en tiempos nazaríes sería la de un barrio densamente poblado y con escasos espacios verdes hasta las proximidades de la muralla. Tras esta colina, se intuye

Fig. 1.2.5 - Planta y sección del Mirador del Patio de la Acequia, estado actual (izquierda) e hipotético a finales del s. XV (derecha). Dib. Autora del libro a partir de los planos de Torres Balbás (APAG, Colección de Planos, P-000025) y Orihuela (EEA-CSIC, 1994).

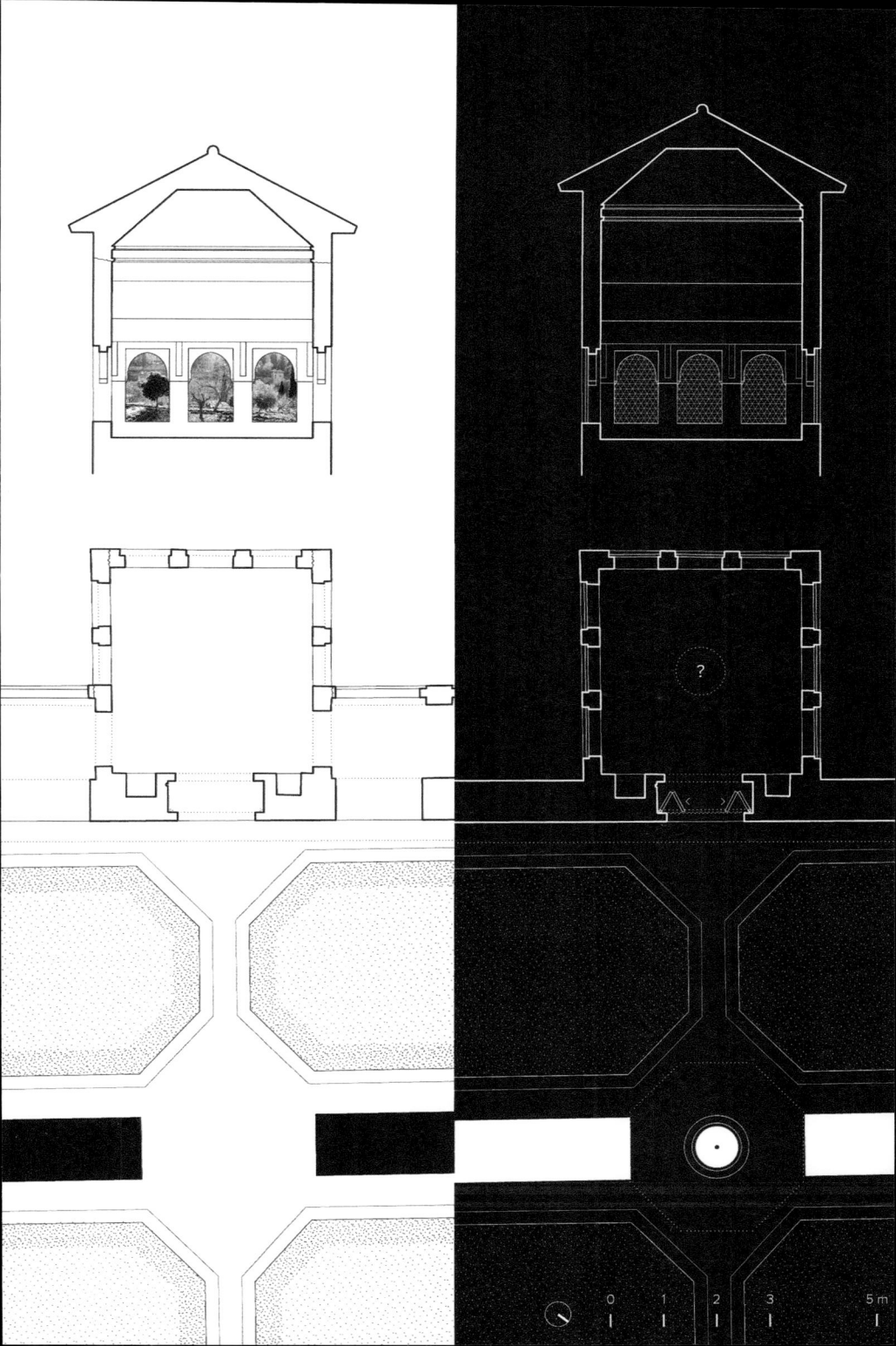

la vega noroccidental, aquella de mayor riqueza en la Edad Media, a juzgar por sus almunias (Ibn al-Jatib 2010, 104). Las ventanas de la izquierda, por su parte, muestran la tupida masa de arbolado de los Jardines Altos del Generalife, que oculta la elevación topográfica del cerro del Sol y la silueta de Sierra Nevada, cuya presencia se intuye aún sin verse[14]. El horizonte difuso de las sierras occidentales cierra el panorama: la orientación de esta pieza permitiría, como hoy, contemplar el atardecer y la aparición de las primeras estrellas.

Pabellón norte del Partal. Atribuido mayoritariamente al reinado de Muḥammad III (1302-1309), representa el primer caso conocido en la Alhambra de descenso de la arquitectura áulica a cotas inferiores, ocupando la muralla. Para ello se reutilizó, probablemente, una torre defensiva anterior (Gallego Burín 1963, 157-158, n. 281)[15], se interrumpió el adarve y se rellenó en su práctica totalidad el foso del camino de ronda, que reaparece en la Torre de los Picos (Vílchez Vílchez 1985; Cabrera Orti y Vílchez Vílchez 2005). Con esta decisión se demostró anteponer la liminalidad de la nueva construcción a las consideraciones defensivas o a la funcionalidad urbana. El Partal marcó, así, una pauta decisiva que repetirían otras edificaciones posteriores.

Fig. 1.2.6 - Panorama al que se asoma el Mirador del Patio de la Acequia. Fot. Autora del libro, 2021.

En general, se asume que Partal procede del árabe *barṭal* ('pórtico'), a su vez derivado del castellano 'portal' (Dozy 1881, 1: 73; Puerta Vílchez 2011b, 252), aunque investigaciones recientes han propuesto otros posibles orígenes, como el del término *al-burṭula* ('remanso veraniego' o 'belvedere') (Malpica Cuello 2002, 173). Ambos resultan ajustados al carácter de la construcción, que no constituyó, a todas luces, un palacio completo con crujías habitables en torno a un patio central. Se cree que formaba pareja con otro volumen situado al sur, sobre las terrazas ajardinadas, y axialmente relacionado con él, aunque no necesariamente contemporáneo (Almagro Vidal 2005, 337; Orihuela Uzal 1996, 59). Los dos habrían constituido refugios o pabellones de recreo en el seno de un jardín cortesano de límites imprecisos (Tito Rojo 2023). No hay que olvidar que, en dirección sur, se levantaban los palacios edificados por los primeros reyes de la dinastía, con los que hubieron de establecerse directas comunicaciones.

Del desaparecido pabellón sur del Partal apenas queda su huella arqueológica. De planta rectangular de unos 3,80 × 5,75 m interiores, se adosa por la espalda al muro de contención de la terraza superior. Por los otros tres frentes, los arranques de muros reconstruidos sugieren que se abría mediante amplios vanos de puerta centrados en sus respectivos lienzos. El grosor, de

unos 40 cm, de estos arranques hace pensar que no hubo de tener más de un nivel. Se ha conservado un recuadro de pavimento interior inmediato al vano central, a base de piezas cerámicas cuadradas blancas y negras dispuestas a 45° respecto a la fábrica y con encintado verde perimetral. Una alberca en U rodeaba el pabellón exteriormente, atravesada por un puente que subrayaba el eje visual (Tito Rojo 2023, 49).

Este eje coincide con un canal de agua que brota de una fuente rehundida a los pies del pabellón y que desciende por los jardines aterrazados hasta verter a la alberca del Partal. La gran superficie acuática (25,25 × 13,40 m y 1,20 m de profundidad) mantiene expedita la vista (Orihuela Uzal 1996, 31) y duplica la arquitectura del pabellón norte situado detrás –interesa recordar que Ḥāzim al-Qarṭāyannī (s. XIII) calificó los reflejos en aguas mansas

Fig. 1.2.7 - El pabellón norte del Partal desde los restos arqueológicos del pabellón sur. Fot. Autora del libro, 2018.

como uno de los espectáculos más hermosos de contemplar (Puerta Vílchez 2004; 2011a, 44)–. Este segundo pabellón se abre a los jardines palaciegos mediante un pórtico de cinco arcos angrelados sustentados por columnas de mármol, de las cuales solo debieron serlo originalmente los apoyos centrales, estando los extremos constituidos por pilares de ladrillo[16]. El intercolumnio central se encuentra invadido por una fuente rehundida, repuesta por Torres Balbás (1969, 95) y reemplazada posteriormente por otra de mayor tamaño (Orihuela Uzal 1996, 62)[17].

El pórtico, de unos 3,40 m de fondo, se edificó sobre el adarve y el camino de ronda. Se cubrió con un alfarje con cupulillas octogonales y una cúpula central que enfatiza el acceso a la Torre de las Damas, a la cual se adosa. El muro exterior, de 80 cm de espesor y cerca de 7 m de altura, se horada por tres huecos consecutivos, de cerca de 1,10 m de anchura y 2 m de alto, a cada lado del vano de entrada a la torre[18]. Estos parten del mismo suelo y presentan perfil superior apuntado y angrelado. Esta disposición puede sugerir asociaciones con el lienzo oeste del Patio de la Acequia; no obstante, las diferencias son importantes: aquí el muro que se abre al panorama forma parte de un espacio lineal cubierto y generoso en dimensiones, en el que la permeabilidad del cerramiento se corresponde con la posibilidad real de permanecer en pie ante los huecos y a cobijo, incluso en compañía de varias personas; los balcones, por su parte, se distribuyen simétricamente a ambos lados del acceso a la torre, dejando clara la jerarquía de este a nivel compositivo y dimensional, y son tres y tres, muy lejos de aquellos 17. En lo que sí se aprecian correspondencias reveladoras es en la proporción entre espesor, altura y longitud del muro, reforzando la hipótesis planteada para el caso anterior.

Aparte, en ambos testeros del pórtico existieron sendos balcones idénticos a los del frente norte (Almagro Vidal 2005; Orihuela Uzal 1996, 61), el occidental reaprovechado como puerta de acceso a un cuerpo vertical de escalera añadido en esta dirección, como en breve veremos, y posteriormente tapiado[19]. De este modo, el pórtico originalmente se abría al panorama nada menos que por ocho balcones: los septentrionales se asomaban al barrio de Axares y el curso del Darro al fondo de la hondonada; el oriental descubría las huertas aterrazadas del Generalife, ya existente cuando se erigió este pabellón, mientras que, al oeste, el hueco se abría sobre el foso del camino de ronda, evitando cualquier comunicación con el adarve y ofreciendo una vista de la parte occidental de la ciudad palatina. Al sur, finalmente, la apertura a los jardines era total a través de la arcada: la visual axial interior, pautada por los puntos y superficies de agua, establecería comunicación con el pequeño pabellón frontero y tendría como fondo las siluetas de los palacios próximos a la cumbrera de la Alhambra.

Tras el pórtico, la Torre de las Damas que centra la composición sale hacia el bosque. Este esquema de torre con pórtico interior adosado se conoce como 'T invertida' y cuenta con precedentes en Samarra (Creswell 1979, 400; Marçais 1991, 51) o el Magreb (Marçais 1952; Golvin 1966), aunque con el volumen saliente ciego al exterior (Orihuela Uzal 1996, 33). En al-Andalus, sin embargo, el patrón se modificó para introducir las vistas de los alrededores, de lo que son buenos ejemplos el Castillejo de Monteagudo o el Cuarto Real de Santo Domingo, este último antecedente directo del Partal (Grabar 1980, 161-163; Navarro Palazón y Jiménez Castillo 1995; Almagro Vidal 2005, 349). En la Torre de las Damas, en continuidad con aquellos ensayos, se operó una intensa apertura al valle del Darro que convirtió a la arquitectura en filtro mediador entre la ciudad palatina y el panorama exterior. La voluntad de introducir la experiencia del entorno en el espacio arquitectónico, por tanto, no solo interrumpió y debilitó las defensas en este punto, en una pública demostración de confianza en la propia seguridad, sino que supuso también la alteración de tipos espaciales consolidados.

La torre presenta la misma altura que el pórtico previo, por lo que no sobresale tras él, si se observa desde los jardines aterrazados[20]. El arco de acceso, de unos 2,60 m de luz, posee perfil semicircular e intradós y albanegas decorados con motivos vegetales; contaba también con decoración mural en sus contornos exteriores, de la que se ha perdido gran parte. Las jambas del vano albergan tacas, indicativas de la condición estancial del espacio al que se accede, con inscripciones epigráficas alusivas al agua disponible y que instaban a dar gracias a Allāh. Podría tratarse del primer caso de ubicación de tacas en torres (Pavón Maldonado 1975, 1: 117-118, 133), lo que hablaría también de una creativa adaptación local de este tipo de construcciones, de origen militar, al uso palatino. En coherencia con dicha condición estancial, el vano presenta quicialeras labradas encastradas en el suelo de mármol, confirmando la anterior presencia de grandes hojas de puerta con abatimiento exterior, que permitirían aislar y dotar de intimidad al espacio. Un escalón en el umbral avisa, a su vez, de su carácter más noble.

Fig. 1.2.8 - Planta y sección del pabellón norte del Partal, estado actual (izquierda) e hipotético en el s. XIV (derecha). Dib. Autora del libro a partir de la planimetría de Orihuela y Almagro (EEA-CSIC).

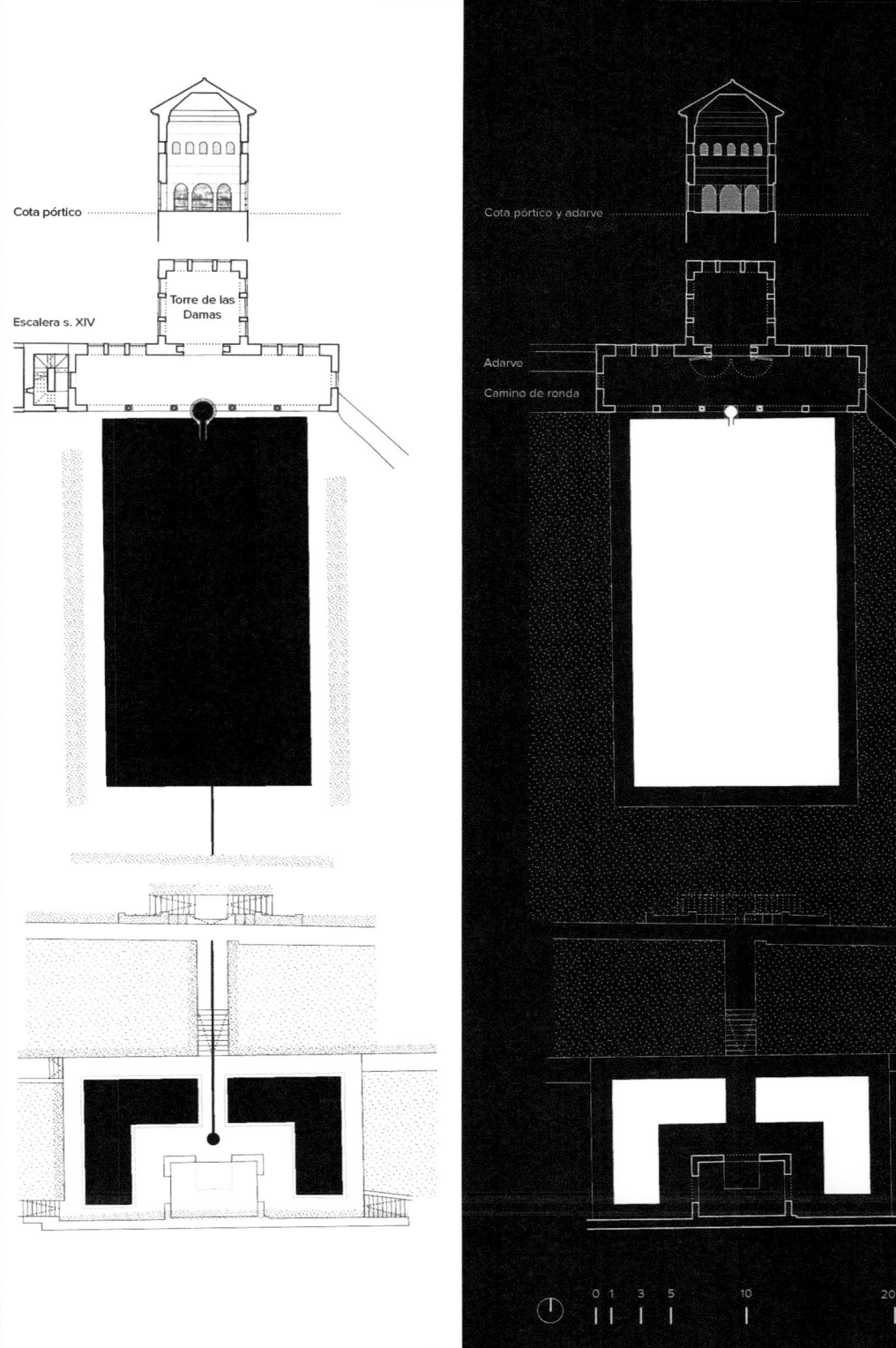

Cota pórtico

Torre de las Damas

Escalera s. XIV

Cota pórtico y adarve

Adarve

Camino de ronda

0 1 3 5   10   20

Con planta cuadrada de unos 5 m de lado y cerca de 8 m de altura libre, el interior de la torre asume la configuración de *qubba:* espacio arquitectónico de proporción vertical y composición central, cerrado, en este caso, por una armadura en forma de artesa (fig. 1.2.9). Cada uno de los tres lienzos exteriores –de unos 80 cm de espesor, el muro norte, y 50 cm, los laterales– se halla perforado por tres huecos que arrancan del suelo, el central de mayor anchura. No hay indicios de que poseyeran cierre alguno, aunque es probable que algún tipo de carpintería practicable o celosía los matizase, dada su exposición frontal al barrio de Axares. De ese modo, cerrando la puerta y provistos de agua, los ocupantes quedarían en íntimo aislamiento, suspendidos sobre el panorama e inaudibles sus conversaciones. La permeabilidad con jardines palaciegos y entorno territorial se graduaría a voluntad y en función de las necesidades.

Sobre los balcones se alternan dos poemas atribuibles a Ibn al-Yayyāb, de los cuales los dispuestos en recuadros rectangulares apelan al propio espacio, subrayando la gozosa experiencia de los días y las noches en este lugar. Los versos explicitan que el resultado final de la construcción satisfizo enteramente los deseos que la motivaron (Puerta Vílchez 2011b, 259). Crear un resguardo para fiestas, veladas, conversaciones privadas o descanso en los jardines debió de ser esa motivación: un pabellón traspasable a la vista e inmediato a la alberca, que permite imaginar actividades recreativas en relación con el agua[21] y junto o a la sombra de la vegetación, recordando las descripciones paradisíacas.

Por encima de cada grupo de balcones, se abren cinco ventanas altas tamizadas con celosías de yeso de trazados estrellados. Estas introducen luminosidad en la parte superior de la *qubba,* permitiendo apreciar sus decoraciones, y proyectan motas de sol sobre las texturas interiores. Existe, por tanto, una correspondencia entre los motivos decorativos de las celosías y su función iluminadora. De haber permanecido abiertas y permeables al aire, estas ventanas altas habrían jugado también un papel fundamental en la ventilación del recinto[22], pues no existen celosías que permitan realizar tal función sobre la puerta de acceso.

Por lo demás, la sala presenta zócalos fragmentarios de alicatado en colores fríos: verdes y azules junto al blanco y el negro; tonos cuya combinación remite a cierta idea de fresca espesura –explicitada por Ibn Jaldun (2008, 740-741)[23]–, aunque los motivos estrellados –destellos petrificados–, reiteran la alusión a los focos luminosos, asociados con la virtud y la perfección

(De la Torre Bravo 2015). Las yeserías conservadas por encima de los alicatados, desprovistas de su brillante coloración original (Bush 2018, 17-58), sugieren una naturaleza geometrizada y mineralizada, con grandes estrellas entrelazadas y recuadros de ataurique. Las probables decoraciones pintadas de la armadura contribuirían a desmaterializarla y hacerla levitar.

La torre ofrece un barrido panorámico de todo el valle del Darro, desde las laderas silvestres por donde amanece hasta la ocultación del río en la ciudad. El bosque de la Alhambra actúa como diafragma, separando la ciudad palatina del resto del panorama y creando un ambiente de naturaleza tranquila a sus pies que permite concentrarse en la visión lejana. Este panorama se encuentra, a su vez, filtrado y segmentado por el 'entorno ideal'

Fig. 1.2.9 - Interior de la Torre de las Damas en el pabellón norte del Partal.
Fot. Autora del libro, 2018.

recreado en el espacio arquitectónico y centrado en torno a la figura del monarca[24]. Cuando las puertas se hallasen abiertas, se establecería, además, comunicación visual a través del pórtico con el 'paraíso' interior presidido por la alberca, los jardines aterrazados, el pabellón frontero y los palacios altos. Más que un lugar habitable, por tanto, el pabellón norte del Partal puede entenderse como un palio o umbral construido que subraya el límite entre el mundo palaciego intramuros y el entorno circundante.

Terminada la construcción de este volumen, originalmente simétrico, se decidió alzar sobre su extremo occidental un torreón, popularmente conocido como el Observatorio; denominación que podría derivar de la supuesta afición a la astronomía de alguno de los sultanes[25], aunque en Granada se ha utilizado este término para referirse a los *miradores que permiten una visión extensa o penetrante sin que el observador sea visto, pero sin relación alguna con los observatorios astronómicos* (Bermúdez Pareja 1965). Todo apunta a que el torreón fue añadido por el mismo Muḥammad III o alguno de sus inmediatos sucesores (Naṣr o Ismāʿīl I) (Torres Balbás 1953b, 119-120; Orihuela Uzal 1996, 63; Puerta Vílchez 2011b, 258-261). Para ello, se dispuso un cuerpo de escalera al oeste del pórtico, accesible a través del balcón existente en el testero –en la junta entre ambos volúmenes se aprecia con claridad la falta de trabazón de las fábricas–. La escalera, estrecha y empinada, se desarrolla en torno a un machón central e incluye pinturas murales y algunas cupulillas. Alcanza, en primer lugar, la cota del alfarje del pórtico –donde se creó una cámara de servicio de escasa altura libre– y, después, el nivel de la cumbrera de su tejado, donde se dispuso una planta noble perforada y sin obstáculos a la vista, de anchura igual al primer intercolumnio.

El aposento superior consta de un único espacio indiviso matizado en tres ámbitos (fig. 1.2.10). El principal, en el que desembarca el tiro de escalera, presenta planta aproximadamente cuadrada de unos 3,40 m de lado, con tres huecos de ventanas bajas en cada uno de sus tres frentes exteriores (norte, este, sur). El espesor de los cerramientos, de apenas 35 cm, se encuentra en correlación con su desarrollo vertical, de una sola planta. La anchura de las ventanas oscila entre los 70 y los 75 cm y su altura supera el 1,40 m. Todas ellas debieron de estar dotadas de carpinterías o celosías a haces exteriores. Sus bajos antepechos sugieren una utilización estancial, en posición sentada o recostada.

Los paramentos han perdido el zócalo alicatado, que hubo de presentar la trama de cuadrados blancos y negros a 45° conservada en la esquina suroriental. Por encima de este desaparecido zócalo, se despliegan las yeserías, con motivos epigráficos y de ataurique salvo en la banda superior, recorrida por un entramado geométrico de estrellas de seis puntas. Estas decoraciones, de menudo trazado, han perdido su cromatismo original. El pavimento de cerámica vidriada, a base de cuadrados blancos y negros a 45° con encintado verde en el perímetro, fue colocado por Torres Balbás siguiendo los indicios existentes (Torres Balbás 1967, 125). La cubrición de este primer ambiente la conformaba una soberbia cúpula de madera de la que hoy se muestra una réplica[26].

El segundo ambiente, separado del anterior por un arco angrelado sobre columnas de mármol[27], dispone de un nivel ligeramente más elevado, salvado por un escalón moderno[28], y una planta también cuadrada aunque de más reducidas dimensiones (2,40 m de lado). Cuenta con dos huecos de ventanas bajas en sus dos frentes exteriores (norte, oeste), de las mismas medidas y aspecto que los anteriores. El pavimento y el tratamiento de los paramentos –aunque no las tramas decorativas– dan continuidad al ámbito previo, mientras que el techo es un alfarje plano de factura reciente (Orihuela Uzal 1996, 64)[29]. El arco interior sugiere la posible presencia de un cortinaje divisorio o, en todo caso, un cambio en la cualidad o función del espacio.

El tercer ámbito es un curioso habitáculo situado a 1 m de altura respecto al anterior y construido sobre el tiro de escalera. Conforma una suerte de habitación en miniatura o repisa elevada que se abre por un arco angrelado en cada uno de sus frentes exteriores (sur y oeste). Hay indicios de que su superficie horizontal estaba terminada en la misma cerámica vidriada de los pavimentos anteriores, con ajedrezado blanco y negro a 45°. Los paramentos han perdido buena parte de sus yeserías originales, mientras que la cubrición, una diminuta cúpula de mocárabes con restos de pigmento azul, se mantiene en su lugar. Los huecos es previsible que estuviesen también cubiertos con celosías o carpinterías practicables para permitir la ventilación, mientras que hacia el interior de la estancia no parecen haber existido puertas de cierre, pues la totalidad del paramento se encuentra revestida por yeserías.

En conjunto, el Observatorio destaca por su multiplicidad de huecos abiertos a las cuatro orientaciones; huecos, además, desjerarquizados y dispuestos

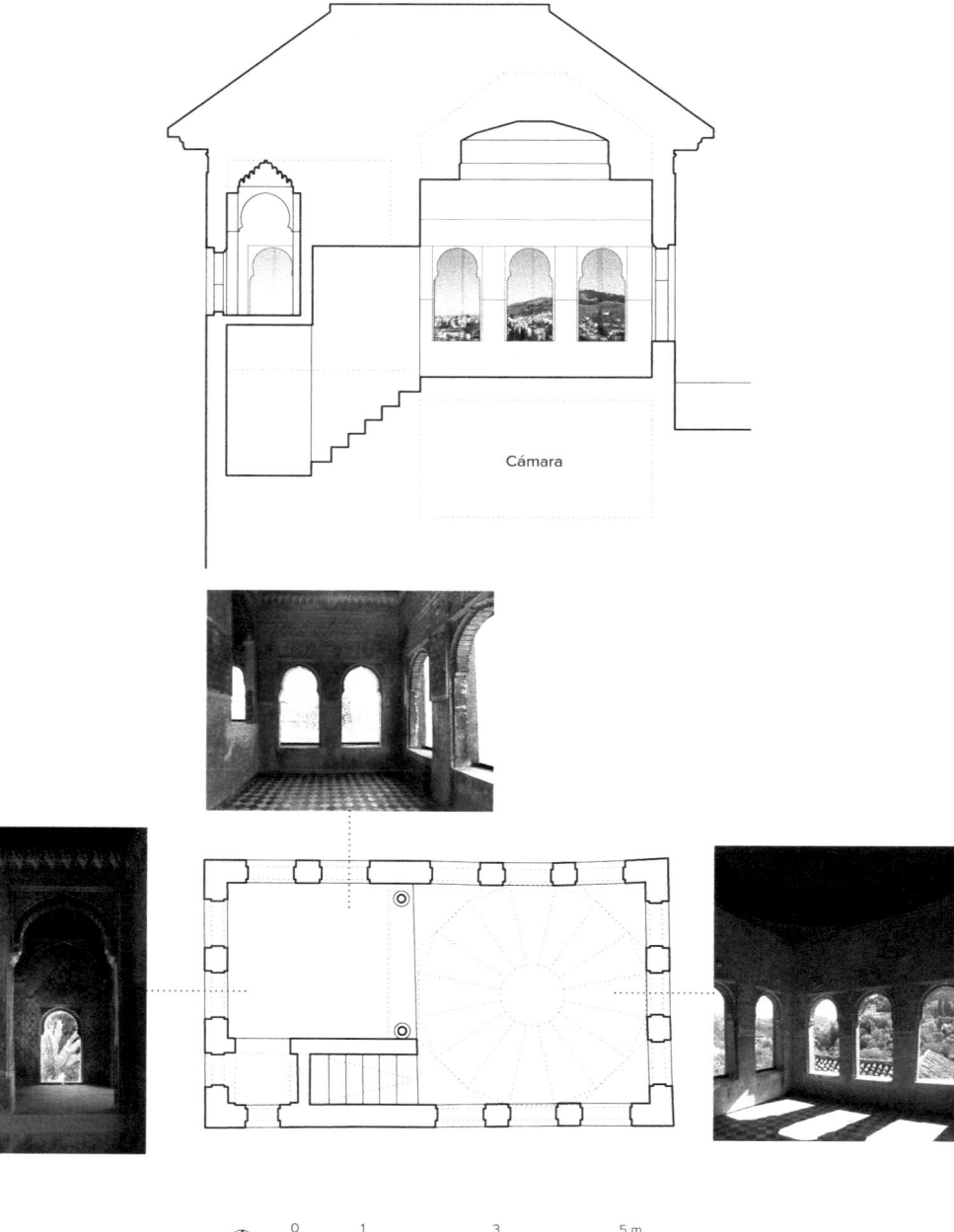

Cámara

0   1   3   5 m

Fig. 1.2.10 - Planta, sección y fotografías interiores del Observatorio del Partal, estado actual. Dib. Autora del libro a partir de la planimetría de Orihuela y Almagro (EEA-CSIC), Pavón 1975 y APAG, Colección de planos, P-000113, P-000620, P-001352, P-005772 y P-005851.

para una situación de reposo de los ocupantes, que introducirían vistas variadas y una abundante luminosidad. Se trataba de un espacio claramente palaciego, como ponen de manifiesto las techumbres y yeserías, de notable desarrollo formal y decorativo, aunque de carácter indudablemente privado e íntimo, por lo reducido de la escala y la situación en planta alta. No debe olvidarse que funcionalmente vino a complementar al primitivo pabellón norte del Partal. Podría tratarse de un torreón de retiro personal para la meditación, el descanso u otras actividades ociosas para las que la experiencia protegida y dominante del entorno fuera condición indispensable. En él, la visión del exterior se enriquecía con la materialidad de las superficies interiores, que sugería una naturaleza geometrizada, abstracta y estratificada como en los casos precedentes. Los desaparecidos alicatados unirían su tacto y colores fríos a los del pavimento, definiendo un estrato inferior que enfatizaría una línea virtual del horizonte. Por encima de esta franja, la textura rugosa y menuda de las yeserías semejaría una fronda geometrizada y purificada por las jaculatorias piadosas (Puerta Vílchez 2011b, 261-262). Su brillante cromatismo intensificaría los relieves, haciendo estallar la masividad de los cerramientos en una superposición de tramas coloreadas[30]. La proporción horizontal del espacio fomentaría la expansión de la mirada hacia el exterior bajo unas techumbres aparentemente ingrávidas.

Por el frente oriental, opuesto al acceso, preside la vista el valle del Darro y, sobre todo, el Generalife con sus huertas, almunia solo algo anterior al Partal. Esta visión, por tanto, debió de acaparar gran parte de las atenciones en origen. Casi a los pies del pabellón, se observa el pequeño oratorio privado erigido por Yūsuf I, que no existiría en el momento de la elevación del Observatorio. Al sur, la vista se abre sobre los jardines palaciegos ascendentes hacia la zona central de la Sabika, donde emergerían los palacios de los primeros reyes de la dinastía. Algo más abajo, destacaría axialmente el pequeño pabellón sur del Partal y, a sus pies, los jardines compartidos entre ambos con la gran superficie de la alberca. Ligeramente hacia el oeste, se alzaría la Mezquita Real de la Alhambra con su correspondiente alminar, ordenada edificar asimismo por Muḥammad III al final de su reinado y cuyo lugar hoy lo ocupa la Iglesia de Santa María de la Alhambra. Esta perspectiva, en consecuencia, permitiría establecer conexiones visuales con otras arquitecturas entonces en uso o en pleno proceso de construcción. Al norte, la perspectiva muestra el Albaicín oriental y el barrio del Sacromonte sobre el cerro de San Miguel. Al oeste, por último, domina hoy lo edificado: se aprecia el cierre del Patio de Lindaraja por la crujía del s. XVI, la linterna octogonal de la Sala de Dos Hermanas y la capilla también ochavada del

Palacio de Carlos V, así como el cuerpo completo de la Torre del Peinador avanzando respecto de la línea de muralla y la Torre de Comares. De todo lo visible en esta dirección, únicamente las primitivas torres defensivas del límite amurallado estarían presentes en el momento de la construcción de este torreón, sobre un fondo mucho más despejado en el que se alcanzarían a divisar la ciudad baja, la vega y las sierras occidentales.

***Qalaḥurra* de Yūsuf I.** Ensartada en la muralla oriental de la Alhambra y ortogonal a ella se alza la conocida como Torre de la Cautiva, denominación romántica[31] que hace referencia a la *qalaḥurra* ordenada construir por Yūsuf I (r. 1333-1354). Este término significa literalmente 'torre defensiva', aunque en este caso –como en el de la *qalaḥurra* de Muḥammad VII, de la que más adelante nos ocuparemos– se utilizó para enfatizar la dualidad de la imagen castrense con lo palatino y excelso del espacio interior. En este punto de la muralla pudo existir una primitiva torre militar que Yūsuf I –como hiciese con la de Comares y posiblemente con la de la Victoria, de las que en breve hablaremos– decidiese engrandecer y colonizar con funciones áulicas (Pavón Maldonado 1977, 2: 21, 29). De hecho, la operación comparte con aquellas la coexistencia con los circuitos defensivos, diferenciando en sección las distintas actividades. Así, el camino de ronda discurre con normalidad, rehundido, descubierto y tangente a la cara interior de la torre, y la conexión de la planta noble con el recinto intramuros se efectúa mediante un amplio puente de mampostería y fábrica de ladrillo. Por su parte, el adarve atraviesa el cuerpo prismático de la *qalaḥurra* a una cota inferior a la de su planta noble y sin interferir con su actividad.

La torre presenta dimensiones exteriores de 7,50 × 15 m y apenas delata su condición áulica. Su apariencia es de una sencillez y austeridad implacables. Solo las tres ventanas geminadas que horadan los frentes exteriores rompen el mutismo de su desnuda superficie, carente de cualquier tipo de decoración (fig. 1.2.11). Esta imagen defensiva la integra con naturalidad en el circuito amurallado, consiguiendo que pase desapercibida. Hay que tener presente que este lienzo de muralla lindaba con la relativamente accesible cuesta de los Chinos y no con un barranco pronunciado que asegurase la protección frente a incursiones y ataques. El mimetismo y la sobriedad parecen haber representado, por ello, la mejor apuesta.

Interiormente, sin embargo, la torre alberga un espacio de marcado carácter palatino, dualidad que sería explícitamente celebrada en las decoraciones epigráficas. Por qué Yūsuf I decidió erigir un salón noble alejado de todo

núcleo residencial y expuesto sobre la muralla es algo que se desconoce, pero las cualidades del espacio lo relacionan directamente con los retiros íntimos estudiados en páginas anteriores, en los que parece haberse perseguido una intensa conexión con los alrededores al tiempo que una posibilidad de escape frente a eventuales amenazas procedentes del interior.

El acceso a la torre se produce, una vez atravesado el puente que salva el camino de ronda, mediante una pequeña escalera de ladrillo. El alzado se horada por una puerta adintelada sin rastro de decoraciones; sobre ella, un hueco cuadrado junto a una saetera facilitaría la vigilancia del entorno de aproximación (Pavón Maldonado 1977, 2: 23). La puerta presenta dos hojas y apertura interior, recogida en el espesor del muro (1,10 m) y con sus cantos protegidos por las mochetas, disposición que facilita la protección. Traspasada la puerta, un muro bloquea la visión frontal y obliga a escoger entre la escalera comunicante con las habitaciones superiores de la guardia y la azotea, a la derecha, y un quebrado pasaje, a la izquierda, que conduce al núcleo principal. La privacidad, por tanto, se encuentra celosamente custodiada y la intimidad viene reforzada por la escasa anchura del pasaje (1 m). El pavimento de este tramo era de baldosas hexagonales de barro cocido, de las que se conservan algunos ejemplares (Pavón Maldonado 1977, 2: 24).

Figs. 1.2.11 y 1.2.12 - Exterior (izquierda) y acceso (derecha) a la *qalahurra* de Yūsuf I (Torre de la Cautiva). Fot. Autora del libro, 2018.

Este recorrido quebrado deposita al visitante en un reducido patio interior, originalmente descubierto. En él se elevan cuatro pilares cuadrados decorados con yeserías que sostienen arcos de medio punto, rodeados por tres ánditos perimetrales de 1,20 m de fondo. Estos paramentos estaban dotados de zócalos de alicatado en su mitad inferior; por encima se despliega una cenefa con yeserías, que también recubren parte de las superficies interiores de la linterna. En los extremos de los corredores laterales, a ambos lados del acceso, existen sendas alacenas delimitadas por arcos agallonados y provistas de repisa de mocárabes, posiblemente utilizadas para el almacenamiento de enseres. Al fondo y a eje del patio, se abre el ingreso a la pieza principal, con un arco peraltado de abundante decoración y tacas en el umbral. Este dato, así como la presencia de tres ventanas con celosías caladas sobre el vano, hacen pensar en la existencia de hojas de puerta con apertura hacia el patio, para mantener condiciones de habitabilidad; no queda, sin embargo, rastro de quicialeras o gorroneras.

La sala principal es una *qubba* de 4,60 m de lado y 7,80 m de altura libre, que se abre al entorno por un profundo hueco geminado en el centro de cada uno de los frentes exteriores (noreste, sureste y noroeste). La profundidad de los nichos o camarillas previas viene determinada por el espesor de los muros (1,40 m los laterales y 1,70 m el frontal); no existen sobreelevaciones en el pavimento que los resalten. Los tres huecos de ventana son iguales: con 1,40 m de luz y reducidos antepechos –de apenas 33 cm–, resultan aptos tanto para la observación en posición erguida como sentada o recostada. Los techos de estos nichos son planos con labores de lazo, solución similar a la de los del Salón de Embajadores, que más adelante veremos. Por lo demás, la sala carece de alhanías y alacenas, estando también ausente la letrina en el cuerpo de la torre (Orihuela Uzal 1996, 129); todo lo cual permite pensar en un salón de retiro convenientemente aislado como los anteriores (Ruiz Souza 2013a), más que en una vivienda, como tradicionalmente se ha supuesto. El destino palatino está fuera de toda duda y queda explícito en las decoraciones, de exquisita yesería sobre zócalos de alicatado de brillantes colores y complicado trazado. Con motivos de ruedas estrelladas, estos alicatados incorporan por primera vez el púrpura junto a los tonos tradicionales de reminiscencias jardineras. Por encima del entramado geométrico, y también en cerámica vidriada, corren fragmentos coránicos (Puerta Vílchez 2011b, 307). En la zona de yeserías, cuatro poemas ocupan las esquinas interiores de la sala, alabando la fábrica y al sultán su promotor.

Fig. 1.2.13 - Planta y sección de la *qalahurra* de Yūsuf I (Torre de la Cautiva), estado actual (izquierda) e hipotético en el s. XIV (derecha). Dib. Autora del libro a partir de la planimetría de Orihuela (EEA-CSIC) y APAG, Colección de planos, P-001158 y P-001349.

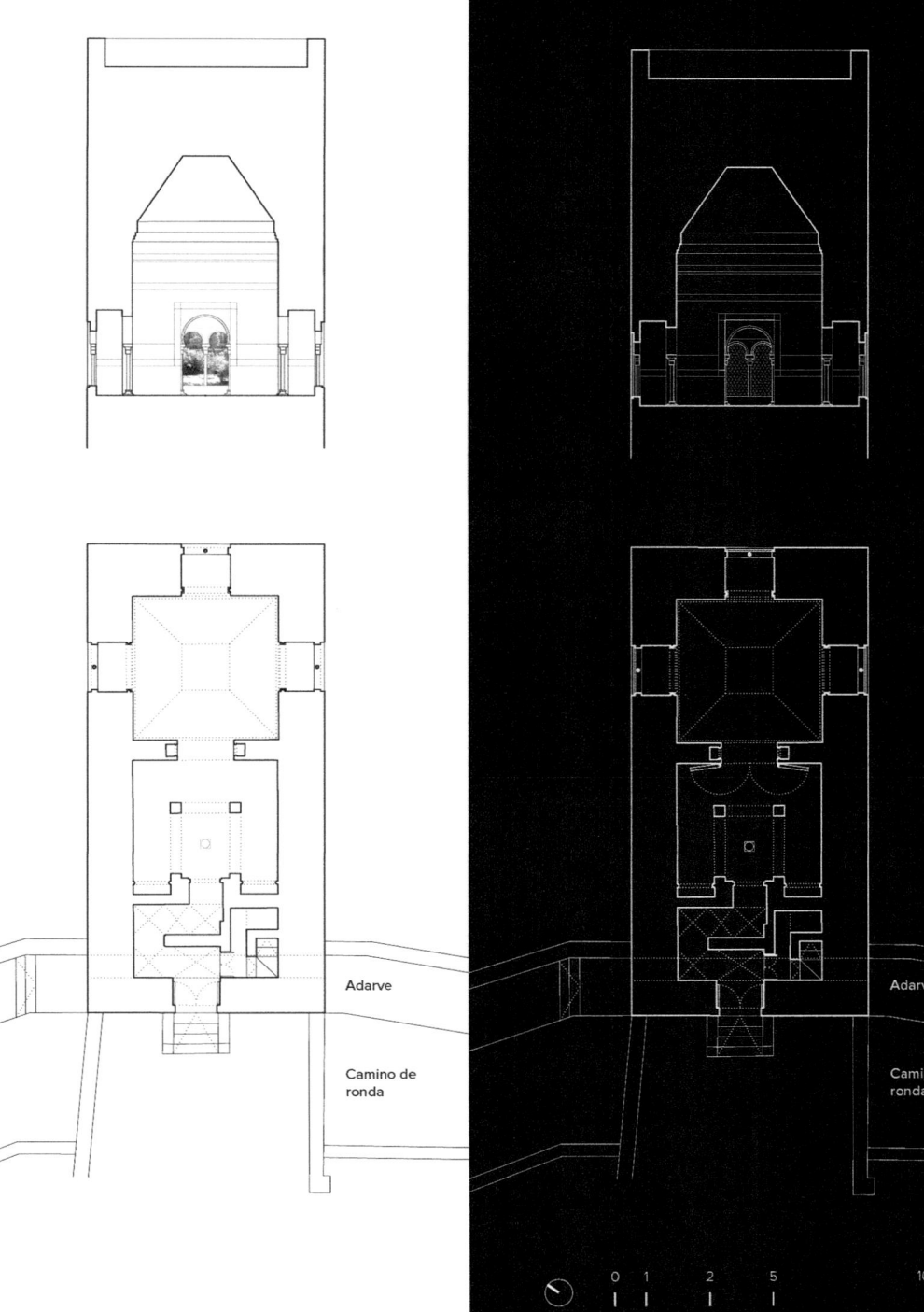

Adarve

Camino de
ronda

Adarve

Camino
ronda

0   1   2   5   10

Los poemas, de la pluma de Ibn al-Ŷayyāb, inciden repetidamente en la apariencia defensiva de la *qalahurra* y en la sorpresa del 'luminoso palacio' que encierra en su interior (Puerta Vílchez 2011b, 309-312). Una vez más, las referencias lumínicas vinculan la arquitectura con su virtuoso constructor y recuerdan el favor divino de que goza. Los poemas también son una ocasión magnífica para glosar las labores decorativas del espacio ('maravillosos brocados', 'bordados de honor') y presentar la construcción como deslumbrante 'retrato' o representación pública del sultán Yūsuf, libre de toda acusación de ostentación y apego a las posesiones terrenales *(Es de la familia de Naṣr: ¡que feliz y triunfante permanezca / y que construya lo que quiera y como quiera!).* Por lo demás, se vuelve a operar una 'cosmización' del espacio (Eliade 1998, 43) situando a la *qalahurra*, por su excelsitud, como 'vecina de Piscis y de Pléyades'. El pavimento de cerámica coloreada mencionado en uno de los poemas se ha perdido, así como la armadura de cubierta ensalzada en otro de ellos, rehecha por Rafael Contreras con discutida fidelidad (Contreras 1878, 179; Gómez-Moreno González 1892, 144; Pavón Maldonado 1977, 2: 25, n. 5). Otras inscripciones epigráficas acuden al tópico piadoso, infundiendo al espacio la familiar –y exculpatoria– atmósfera de religiosidad (Grabar 1980, 135).

En conjunto, la experiencia es de una exultante plenitud sensorial, que concuerda con el largo y próspero reinado de Yūsuf I. Los huecos, con sus bajos antepechos y los acogedores nichos que los anteceden –'verdaderas

Figs. 1.2.14 y 1.2.15 - Acceso a la sala principal de la *qalahurra* de Yūsuf I (izquierda) y ventana frontal a dicho acceso (derecha). Fot. Autora del libro, 2017.

habitaciones', al decir de Basilio Pavón (1977, 2: 25)–, reiteran la condición estancial del espacio ya apuntada por las tacas. Estas ventanas, para cuya apertura se operó una 'desmaterialización telescópica' de los muros (Aparicio Guisado 2006, 84) solo en sentido vertical, estarían dotadas de carpinterías y/o celosías a haces exteriores, que permitirían aislar el espacio cuando la climatología lo requiriese y completar su privacidad. Ante ellas descansarían los ocupantes, aislados del tumulto palaciego y protegidos por el cuerpo de guardia que hace de filtro en la cara occidental de la torre.

La ventana frontal se abre al sol matinal y a las terrazas cultivadas de la huerta Grande del Generalife; desde ella se aprecia también dicho palacio y los restos de la construcción militar de la Silla del Moro (fig. 1.2.15). A los pies discurre la cuesta de los Chinos, barranquera que sería obligado cruzar para acceder a la almunia desde la ciudadela. Podría ser precisamente esta sala la 'alcoba' desde la que Muley Hacén asistió al alarde militar que discurrió por la cuesta, según la crónica de Hernando de Baeza (1868, 17), siendo desde la ventana occidental desde donde mejor se habría observado dicho trasiego. Esta última, salvo cuando el crecimiento del arbolado lo impide, muestra una estampa protagonizada por la Torre del Cadí y la entrada a la almunia real. Al fondo se recorta la silueta del Albaicín, en la que destacan los campanarios de El Salvador, San Bartolomé y San Luis. Por último, la ventana derecha presenta en primer plano la conocida como Torre de las Infantas, *qalahurra* de Muḥammad VII. El hueco comparte con el anterior la problemática del arbolado, que cuando crece tiende a apantallar la visión. No obstante, es evidente que esta vegetación no existiría en tiempos nazaríes, por lo que desde la sala se podría establecer fácil comunicación visual con cualquiera de las torres vecinas.

Torre de Abū l-Ḥayyāy. Otro espacio arquitectónico destacado por su apertura al entorno y probable función de retiro es la Torre de Abū l-Ḥayyāy, popularmente conocida como Torre del Peinador. Esta atalaya se levanta en el vértice de un saliente triangular de la muralla norte de la Alhambra, posiblemente añadido como ampliación del recinto primigenio. Para algunos autores, la geometría angulosa de este quiebro y la amplia exposición de la torre, con sus lados mayores ortogonales a uno de los lienzos, hacen pensar en una operación tardía con propósitos áulicos (Pavón Maldonado 1975, 1: 67; 1980)[32]. En ello redunda el hecho de que el cuerpo inferior, en lugar de ser macizo, albergue una escalera secreta de escape[33]. Funcionalmente, la torre estableció conexión con los sótanos de Comares a través del adarve (Gallego Burín 1963, 105), aunque la cota pisable se elevó hasta la de coronación de las almenas, seguramente para conseguir una visión del exterior sin obstáculos y proteger el interior de intrusiones o miradas ajenas.

Las últimas investigaciones adscriben la operación a a finales del segundo reinado de Muḥammad V (1362-1391), a partir de la tipología arquitectónica y las trazas decorativas (Gómez-Moreno Calera 2007)[34]. No hay que olvidar que a este mismo monarca se debe la construcción del inmediato Palacio de los Leones, cuyo Jardín de Lindaraja se extendía hasta la muralla norte de la Alhambra. Es posible que el primitivo jardín –porción remanente del terreno sobre el que se edificó el palacio– se entendiese insuficiente por dejar la Sala de los Ajimeces y el Mirador de Lindaraja en exceso próximos al inicial circuito de guardia, o que las ambiciones constructoras del sultán –gran aficionado a la arquitectura, como criticaría Ibn al-Jaṭīb (García Gómez 1988, 236)– no se hubiesen visto aún satisfechas y se buscase desesperadamente espacio para ensayar nuevos conceptos y complementar las estancias de Leones. Sea como fuere, se optó por emprender una operación de gran envergadura y coste como la ampliación del recinto amurallado en este punto y la edificación *ex novo* de una torre palaciega.

A la torre se le dio acceso mediante una escalera lineal sobre el adarve, integrada en un apéndice construido. Esta disposición de torre con planta elevada y acceso lateral es típicamente defensiva, carácter militar que desmiente la superestructura arquitectónica. La pieza que cubre la escalera se abría al sur y al Jardín de Lindaraja por una portada decorada y protegida por un tejaroz[35], de la que se han señalado sus semejanzas con la

Figs. 1.2.16, 1.2.17 y 1.2.18 - Exterior de la Torre de Abū l-Ḥayŷāŷ con restos de la muralla oriental derrumbada (izquierda), portada de acceso (centro) y escalera conducente a la sala principal (derecha). Fot. Autora del libro, 2017.

de acceso al Mexuar, también obra de Muḥammad V. La portada da paso, en recodo, a la escalera lineal ascendente, modernamente rehecha sobre restos cristianos (Torres Balbás 1931; 1969, 71; Gallego Burín 1963, 102), que cuenta con restos de zócalos pintados con trazados estrellados en rojo y verde. Al término de la misma se abren, a ambos lados, minúsculos nichos delimitados por arcos agallonados, lugar de colocación de objetos o de posible apostamiento de guardias. Al frente, un doble arco angrelado con inscripciones alusivas a Abū l-Ḥayyāy[36] conforma un profundo umbral con puerta batiente de dos hojas, fijada por un capialzado-gorronera, que permite el ingreso.

La sala es rectangular, de aproximadamente 7 × 5 m, y se encuentra matizada en dos ambientes: uno secundario en prolongación de la escalera, con forjado unidireccional de viguetas de madera, y otro de planta cuadrada y esquema de *qubba*, con alfarjes estrellados en el perímetro y una linterna central sobre cuatro columnas de mármol blanco. La separación entre ambos la operan otras dos columnas similares que soportan la viga intermedia, ancladas mediante arcos a los muros extremos. No obstante, la integración espacial, compositiva y decorativa entre los dos ambientes es total, configurando una única estancia soberbiamente engalanada por sus huecos, materiales y ornamentación.

El espacio cuenta con tres ventanas en cada una de las cuatro orientaciones, geminadas las centrales y simples las extremas –la frontera al acceso se reconvirtió en puerta en fecha indeterminada, aunque no está claro a dónde conducía[37]–. En los muros, de 35 cm de espesor –como los del Observatorio del Partal y el Mirador del Patio de la Acequia–, apenas queda espacio para el macizo, que parece sostenerse milagrosamente dada la densidad de huecos (fig. 1.2.19). Se trata de una ilusión conseguida, pues estos muros solo soportaban originalmente el peso de los inmediatos faldones de cubierta[38]. Estas ventanas presentan arcos peraltados y, las geminadas, columnillas centrales de mármol. Reconstruidas por Torres Balbás[39], han perdido buena parte de la decoración que primitivamente tuvieron. Sus antepechos se elevan escasos 20 cm del suelo y se encuentran decorados con cerámica vidriada, aunque en origen hubieron de contar con llamativos alizares vidriados en blanco con inscripciones doradas, de lo que quedan fragmentos en los huecos meridionales (Torres Balbás 1931). La anchura de las ventanas oscila entre 60-70 cm para las individuales y 1,70-1,80 m para las geminadas, con alturas en torno al 1,50 m. Todas contarían con carpinterías y/o celosías a haces exteriores[40].

Hay que destacar lo sorprendente de la linterna central en un espacio tan permeable en su perímetro, circunstancia que llevó a Torres Balbás a calificar este dispositivo de 'contradictorio' (Torres Balbás 1959). Este cuerpo vertical presenta tres ventanas de medio punto en cada lado –ensanchadas las centrales en el s. XVI– y se cubre con un artesonado de madera muy repintado. En su arrocabe aparecieron tablillas repuestas alusivas a Abu l-Ḥaŷŷāŷ, ocupando lo que parece ser el hueco de un nombre anterior, en posible intento de suplantación de la identidad del verdadero constructor (Fernández Puertas 1976; Pavón Maldonado 1980). Las ventanas de la

Fig. 1.2.19 - Interior de la sala principal con linterna de la Torre de Abū l-Ḥaŷŷāŷ.
Fot. Autora del libro, 2017.

linterna estarían originariamente veladas por celosías de yeso e introducirían abundante iluminación difusa, concentrada en reflexiones por lo estrecho del cuerpo vertical; haces luminosos que se multiplicarían al contacto con las blancas columnas, las brillantes yeserías o los alizares vidriados, en una estética de la luz y los reflejos que enlaza con la claridad de las estructuras paradisíacas. Interesa también apuntar que, según el padre Echeverría, en las paredes de la linterna existió un friso, hoy desaparecido, que reproducía la Aleya de la Luz (Puerta Vílchez 2011b, 250). Muḥammad V parece haber sido especialmente inclinado a este tipo de exploraciones permeables y luminosas, de gran osadía constructiva y ambición estética, pues promovió también el Mirador de Lindaraja, con su techo de vidrios multicolores; una Sala de Sesiones del Mexuar *ceñida por un mar de vidrio sin solución de continuidad*[41], y el desaparecido Palacio de los Alijares, tan cristalino que no resistió el terremoto de 1431 (Higuera Rodríguez y Morales Delgado 1999; Puerta Vílchez 2004).

La riqueza de la estancia se completó con vistosos pavimentos cerámicos con labores figurativas[42], de los que se conservan algunas piezas[43], y zócalos pintados al fresco con dibujos de lazo en tonos rojo y verde (Gómez-Moreno González 1892, 96; Torres Balbás 1931). En conjunto, la sensorialidad emanada de colores, materiales, juegos de luces y vistas múltiples del exterior debió de ser intensa. Aunque antiguas teorías interpretaron la torre como oratorio (Velázquez de Echeverría 1764, 1: 107-108; Contreras 1878, 278-279), hoy resulta indiscutible su vocación contemplativa, que permite entenderla como un pabellón de retiro o expansión complementario de otras construcciones y dotado de una salida secreta al pie de la torre, útil en caso de amenaza sobrevenida (Torres Balbás 1931; Gómez-Moreno Calera 2007; Bermúdez Pareja 1972)[44].

Las ventanas al norte muestran una visión frontal del antiguo barrio de Axares. Los huecos de la izquierda, orientados al oeste, enmarcan la arquitectura del borde norte de la Alhambra, destacando la vecina e imponente Torre de Comares; al fondo, se intuye la llanura de la vega y su cerco por las montañas occidentales. El frente derecho se abre sobre el valle del Darro en su remonte hacia la sierra; la vista del Generalife es directa y sin obstáculos. Los huecos meridionales, por último, establecerían comunicación con la Sala de los Ajimeces y el Mirador de Lindaraja, mediada por el jardín entre ambas construcciones. El interés de esta relación visual pudo motivar la ubicación lateral de la escalera de acceso y su expulsión a un apéndice construido, readaptando creativamente un esquema militar.

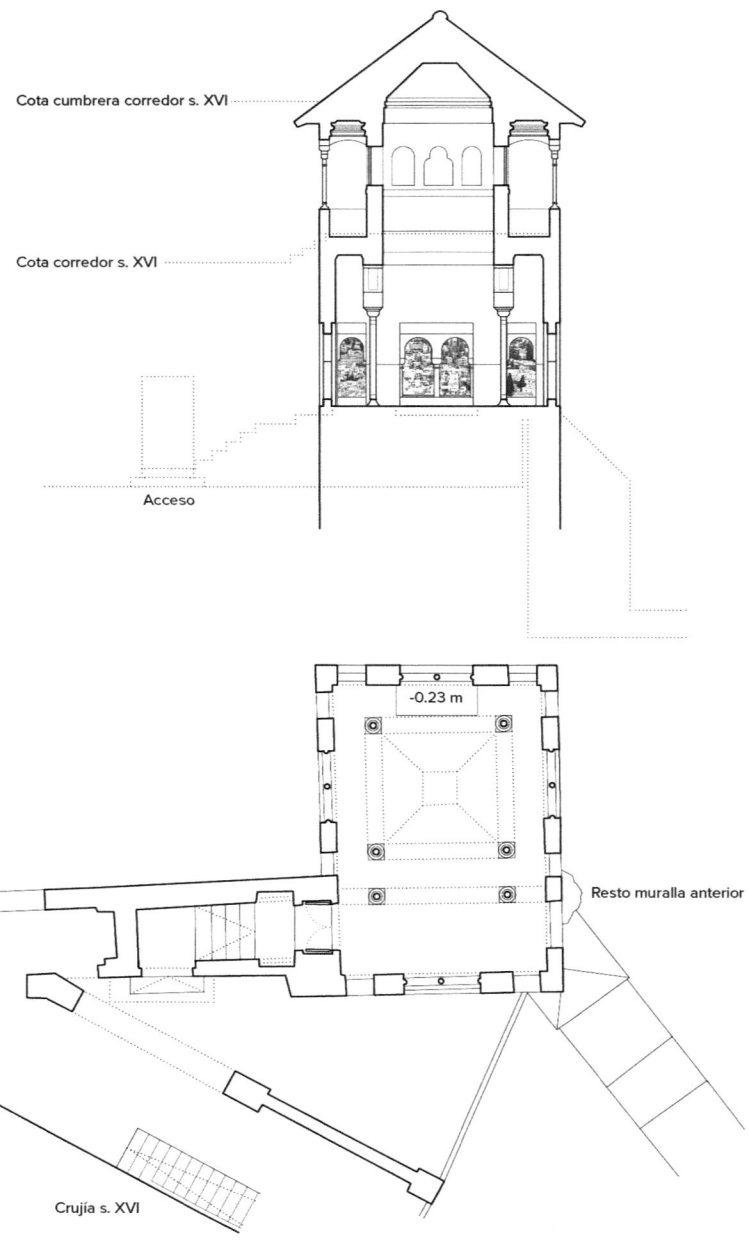

Cota cumbrera corredor s. XVI

Cota corredor s. XVI

Acceso

-0.23 m

Resto muralla anterior

Crujía s. XVI

Figs. 1.2.20 y 1.2.21 - Planta y sección de la Torre de Abū l-Ḥaŷŷāŷ, estado actual (izquierda) e hipotético a finales del s. XV (derecha). Dib. Autora del libro a partir de APAG, Colección de Planos, P-000201, P-000426, P-000427 y P-01276.

Cota muralla ·········

Cota adarve ·········

Acceso

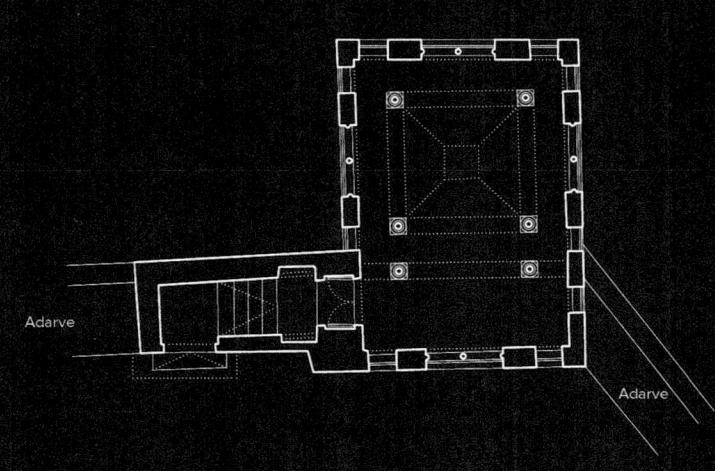

Adarve

Adarve

Jardín

0 1 2 3   5   10 m

Qalahurra **de Muḥammad VII.** A lo largo de los casos anteriores se ha podido advertir el progresivo incremento de escala y complejidad de los espacios de retiro liminales de la Alhambra y el Generalife nazaríes. El más tardío y también el más complejo espacialmente es la *qalahurra* de Muḥammad VII (r. 1392-1408), que incluye, no ya solo un salón áulico, sino una vivienda completa.

Esta torre, vecina de la *qalahurra* de Yūsuf I y ensartada asimismo en la muralla oriental de la Alhambra, se construyó interceptando adarve y camino de ronda, que discurren a través de su volumen prismático sin interferir con la zona vividera. La comunicación de la torre con la explanada interior se efectúa, en este caso, sin necesidad de puentes, pues la misma torre se retrasa hasta salvar la anchura del foso. De mayores dimensiones que la de Yūsuf I, exteriormente su carácter palatino solo se acusa en las cinco ventanas geminadas que horadan sus muros y en la cubierta octogonal de la linterna que asoma sobre su azotea (fig. 1.2.22).

También en este caso parece haberse perseguido un refugio seguro frente a enemigos interiores y exteriores, protegido por un cuerpo de guardia integrado en la torre. El frente suroccidental, por el que se produce el acceso, cuenta con puerta adintelada sin decoración y ventana geminada en el piso

Fig. 1.2.22 - Relación de la *qalahurra* de Muḥammad VII (Torre de las Infantas) con el camino de ronda y el adarve. Fot. Autora del libro, 2017.

alto; algo más arriba, rasga el muro una saetera. La puerta es igualmente de dos hojas con abatimiento comprendido en el espesor del umbral y laterales protegidos por mochetas. Traspasado el ingreso, la vista tropieza con un muro que fuerza un acceso en recodo flanqueado por dos bancos para la guardia. Este zaguán se cubre con una bóveda de mocárabes pintada simulando un aparejo de ladrillo; bajo ella, corre un friso con dos poemas, el primero de los cuales pone sobre aviso al visitante sobre las maravillas que está a punto de contemplar (Puerta Vílchez 2011b, 317).

Al igual que en la *qalahurra* de Yūsuf I, el acceso a la zona noble obliga a cuatro giros sucesivos de noventa grados, que custodian celosamente la intimidad del espacio. Este se descubre al llegar a un amplio arco angrelado con tacas en las jambas, a cuyos lados se abren los accesos tanto a una letrina (Gallego Burín 1963, 177; Orihuela Uzal 1996, 140)[45] como a una escalera comunicante con el nivel superior. En todo este sinuoso pasaje, reviste la parte inferior de los paramentos un zócalo ocre, estando su mitad superior austeramente enlucida.

El arco angrelado da paso a una *qubba* o patio cubierto que constituye el núcleo central de la torre, evolución del patinillo exterior que centraba la *qalahurra* de Yūsuf I. Cuenta con estrechos corredores en los lados del ingreso y frontero, que no conforman pórticos, sino que se cubren por forjados apeados en ménsulas. El vacío central presenta planta cuadrada, de unos 3,50 m de lado –obsérvese la drástica reducción dimensional en comparación con otras *qubba*-s como las de Dos Hermanas, que mencionaremos en breve, o Abencerrajes, asimismo centro de sendas viviendas–. Sus muros conservan restos del alicatado primitivo, de cuadrados blancos, negros, verdes y ámbar, sobre los que se despliegan cintas y recuadros de yesería epigráfica, mientras que el pavimento original se ha perdido. Una fuente rehundida octogonal, que inicialmente pudo ser redonda (Orihuela Uzal 1996, 141), puntúa el centro. La linterna se cerraba originalmente por una cúpula de mocárabes que, arruinada, fue sustituida en el s. XIX por una arbitraria armadura de madera (Contreras 1878, 183-184; Gómez-Moreno González 1892, 147; Torres Balbás 1953b, 129-131; Gallego Burín 1963, 177).

En torno a este espacio vertical se distribuyen tres salas rectangulares en planta baja, la frontal de mayores dimensiones, aunque debe reconocerse que en este caso la jerarquía espacial está bastante diluida. Los accesos a estas salas se formalizan mediante arcos peraltados y angrelados con tacas y jambas de alicatado –con tramas de color concéntricas en los mismos tonos 'ajardinados'–, pero sin las habituales ventanas altas de ventilación (Pavón Maldonado 1977, 2: 138). Todo indica que debieron de contar con hojas de madera con apertura hacia la *qubba* interior (Orihuela Uzal 1996, 141).

La sala principal, de 8,35 × 2,90 m, cuenta con alhanías extremas ligeramente sobreelevadas y separadas por arcos y semicolumnas, y con dos alacenas en la cara interna del muro de acceso. Conserva bastantes restos del alicatado que cubría los zócalos, con ruedas blancas y negras, filetes verdes y cenefa de almenillas. Las yeserías se limitaron a los contornos de cada paño macizo y de los huecos. En el centro del frente oriental, se abre un arco acortinado de mocárabes configurando un nicho que precede a la ventana, geminada con parteluz. La factura de esta ventana es reciente, pues el hueco fue radicalmente alterado tras la conquista cristiana (Contreras 1878, 184; Gallego Burín 1963, 178)[46]. Con apenas 30 cm de antepecho, redunda en el carácter estancial del espacio, proporcionando una vista directa de la huerta Grande del Generalife y los Jardines Nuevos, tras los cuales se divisa asimismo la Silla del Moro. Por su alfiz corre fragmentariamente un poema áulico que volvía a incidir en el tópico de la arquitectura como representación pública y lugar de aparición del sultán (Puerta Vílchez 2011b, 325).

Las otras dos salas de planta baja presentan disposición similar, con dimensiones algo menores (2 × 5,80 m aproximadamente) y se encuentran desprovistas de alhanías diferenciadas y de casi todo vestigio decorativo.

Figs. 1.2.23 y 1.2.24 - Acceso a la sala principal de la *qalahurra* de Muḥammad VII (izquierda) y ventana enfrentada a dicho acceso (derecha). Fot. Autora del libro, 2017.

Cuentan asimismo con una ventana geminada central frente al ingreso. La de la sala izquierda, orientada al norte, se asomaba sobre el circuito de guardia y la muralla y establecía comunicación visual con la *qalahurra* de Yūsuf I y la Torre del Candil. El horizonte lo dibuja la colina del Albaicín, donde actualmente sobresale la silueta de San Nicolás. Por su parte, la ventana de la sala derecha enmarca el adarve almenado que corre en dirección sur hacia la Torre del Agua; la cuesta de los Chinos destacaría en primer plano en ausencia de masas arboladas. Otra impenetrable pantalla de cipreses oculta la visión de Sierra Nevada. Todas estas ventanas contarían con carpinterías manipulables como las ya descritas en otros espacios, aunque de ellas no ha quedado rastro. En planta alta existían otros dos aposentos en los lados menores de la torre, abiertos al entorno por sendas ventanas geminadas. Las circulaciones del nivel superior se organizaban en torno al vacío central, al que se asomaban por balcones. En este piso, la ornamentación disminuye considerablemente[47].

A diferencia de otras torres que albergaron funciones defensivas para convertirse después en espacios palatinos, esta, como la de Abū l-Ḥayÿaÿ, no presenta indicios que hagan pensar en función militar alguna, siendo más que probable que se concibiese desde un principio como núcleo residencial independiente. Todo apunta a que se trataría de una vivienda cortesana, para lo que disponía de numerosos espacios diferenciados que evitasen las interferencias entre personas y funciones. Se explota la estética de la *qalahurra* preconizada por la contigua de Yūsuf I, basada en apariencias exteriores castrenses e interiores palatinos y sofisticados. Sin embargo, la complejidad espacial de esta torre es mucho mayor que la de su vecina, hibridando los ensayos de aquella con la organización de la vivienda en torno a la Sala de Dos Hermanas. Con todo, el protagonismo dimensional, simbólico y representativo de la *qubba* como metáfora del universo se desdibuja, para tomar de ella lo que de útil tiene a efectos distributivos. Es en las salas perimetrales donde se desarrolla la vida, y todas ellas se dotan de similares huecos para el contacto con el exterior y, en caso extremo, la huida. La tensión vertical del espacio central se equilibra, por tanto, con la tendencia centrífuga de búsqueda del horizonte en todas direcciones. La progresión y la jerarquía espacial aparecen también notoriamente menguadas, pues, aunque la sala principal continúa siendo la frontera al acceso y, las de planta baja, más importantes que las de la alta, las diferencias a nivel dimensional y de intercambio con el entorno tienden a desaparecer. La apertura al exterior, finalmente, aunque pueda parecer contenida, es, prácticamente, la máxima posible para un núcleo residencial, si se tiene en

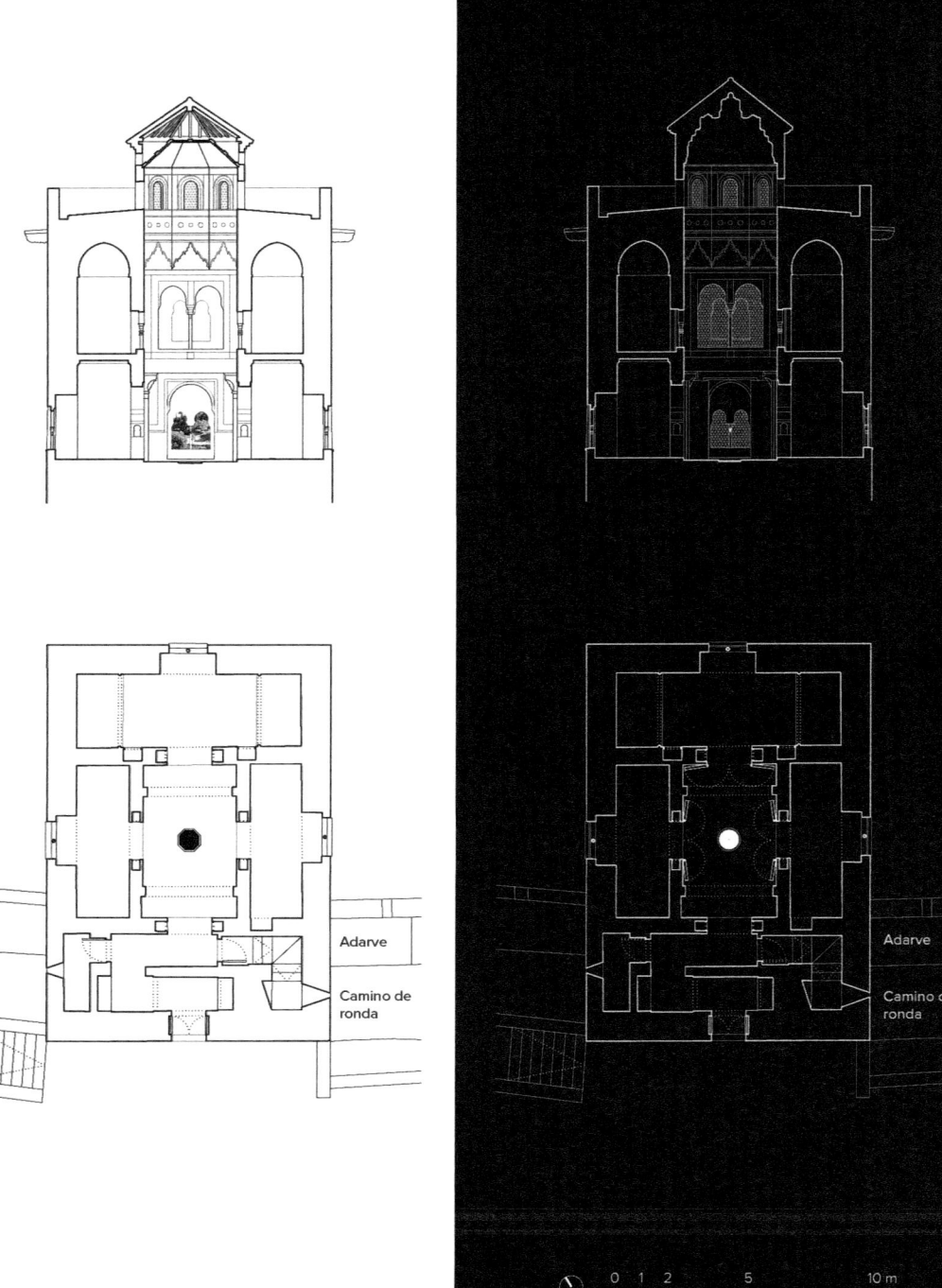

Adarve

Camino de
ronda

Adarve

Camino de
ronda

0 1 2   5   10 m

cuenta que los extremos de las salas no podían perforarse, porque acogían los lechos para el descanso (fig. 1.2.25).

La mirada triunfal

Otra de las motivaciones básicas para la construcción de espacios palatinos especialmente permeables al entorno parece haber sido la expresión de triunfo y la demostración de poder ante visitantes, ya fuera en recepciones oficiales, ya en reuniones a pequeña escala. Se conseguía, de este modo, vincular visualmente al monarca con el territorio que se desplegaba en torno a su figura, física o virtualmente presente; un territorio entendido como motivo de orgullo y prueba fehaciente de la competencia, la autoridad y el favor divino del gobernante. En este caso el patrón espacial sí es recurrente aunque variable en escala: la torre-mirador sensiblemente cuadrada, saliente con respecto al núcleo palaciego y perforada en sus tres lienzos exteriores. La elevación gradual de la cota pisable en la secuencia de acceso, acompañada de umbrales, advertía sutilmente de la progresión jerárquica del espacio hasta llegar al mirador, clímax o punto álgido del conjunto. Como en los casos anteriores, la experiencia del entorno a través de los huecos se complementaba con la del espacio arquitectónico de la sala, cuya sensorialidad remitía a un mundo ideal estratificado verticalmente, aunque en los que siguen se advierte una especial intensificación de la 'cosmización' del espacio, como enlace entre el soberano y la Creación (Eliade 1998, 43).

Mirador del Salón Regio. El primer espacio de estas características se ubica en el ala norte del palacio del Generalife. En origen, como ya se ha dicho, este pabellón constaba de una sola planta[48] y, tal vez, una torre en la esquina occidental. Presenta una oblicuidad de entre 5 y 6° con respecto al resto de alineaciones del palacio, que, por lo demás, es sensiblemente ortogonal, circunstancia que podría obedecer a la reutilización de estructuras preexistentes de las que apenas nada se conoce (Orihuela Uzal 1996, 212).

El Salón Regio es el espacio principal de esta crujía norte. Queda separado del Patio de la Acequia mediante un pórtico de cinco arcos angrelados y 2,25 m de fondo. El central cuenta con mayor altura y casi el doble de luz que los laterales, subrayando la axialidad de la composición. Paños de *sebka* permeables –como los tejidos etéreos de las arquitecturas celestes– cierran el espacio entre estos y el friso bajo el alero, conformando *un bordado semejante a las flores del jardín,* en palabras de la decoración epigráfica

Fig. 1.2.25 - Planta y sección de la *qalahurra* de Muḥammad VII, estado actual (izquierda) e hipotético en el s. XV (derecha). Dib. Autora del libro a partir de la planimetría de Orihuela (EEA-CSIC) y APAG, Colección de Planos, P-000322, P-000325 y P-000326.

81

(Puerta Vílchez 2011b, 340). Sostienen los arcos columnas cilíndricas de mármol blanco que multiplican la luminosidad ambiental. Una fuente baja a sus pies remata el trazado de la Acequia Real a través del patio; fuente que originalmente pudo invadir el intercolumnio central, como en el caso del Partal (Tito Rojo y Casares Porcel 2011, 272).

En el muro interior del pórtico, compensando visualmente los descuadres[49] y persiguiendo la alineación con el eje del patio más que con la arcada, se abre un triple vano de arcos también angrelados, el central no sólo más ancho sino también más alto[50] (fig. 1.2.26). En él, un ligero escalón ascendente marca la progresión jerárquica del espacio. Este vano da acceso al Salón Regio y presenta tacas en las jambas, que señalan su carácter estancial; en ellas, breves inscripciones con instrucciones al visitante sugieren que aquí se celebraron ocasionalmente audiencias, cuando coincidían con los periodos de retiro del monarca (Puerta Vílchez 2011b, 342). Sobre el vano, cinco ventanas altas cerradas con celosías favorecían la ventilación de la estancia aun cuando sus puertas, grandes hojas de abatimiento exterior, se hallasen cerradas.

Figs. 1.2.26 y 1.2.27 - Acceso al Salón Regio del Generalife (izquierda) y umbral de entrada al mirador (derecha). Fot. Autora del libro, 2021.

En torno a los tres arcos del vano se despliega un poema de Ibn al-Yayyāb que ha permitido conocer mejor la cronología y funciones de este espacio. El poema señala al sultán Ismāʿīl I (r. 1314-1325) como renovador del palacio; remodelación emprendida el año de una importante victoria sobre los cristianos, la de la Batalla de la Vega (1319)[51], y que por ello pudo exhibir un carácter triunfal y conmemorativo, siendo calificada como 'signo de fe'. En la cara interior de este vano, el lugar del anterior poema lo ocupa la Aleya del Trono, dato que incide en el carácter representativo de la estancia (Puerta Vílchez 2011b, 339-340).

Además de afectar a las superficies decoradas y al acceso al Mirador del Patio de la Acequia ya comentado, la reforma de Ismāʿīl I implicó cambios en la espacialidad del Salón Regio y en sus relaciones con el entorno. Hasta entonces esta pieza, de unos 9,60 × 3,25 m, estaba perforada en su lienzo norte por siete huecos, el central de mayores dimensiones, que partían del propio suelo. Los dos extremos aún subsisten, mientras que de los intermedios se han evidenciado interiormente los arranques. Esta situación primigenia representa, literalmente, la máxima desmaterialización posible del cerramiento, teniendo en cuenta los apoyos verticales del muro de carga y el obligado cierre de los extremos, que albergaban alhanías para el descanso. En la parte alta de este muro y del frontero se insinuó también la máxima permeabilidad: a cada lado de las cinco ventanas con celosías sobre el vano de entrada, se fingieron otras cuatro –tres y media hacia la izquierda–, que encuentran eco, aunque no correspondencia numérica, en el lienzo opuesto. Vuelve a entreverse el empeño en conseguir una arquitectura de apariencia lo más liviana, luminosa y transparente posible.

Esta sala estancial y habitable pero casi totalmente permeable –lo que sugiere un uso principalmente estival– vino a dotarse, como parte de la mencionada renovación de Ismāʿīl I, de una torre-mirador en el centro de su lienzo norte; volumen que reutilizó el balcón central preexistente como vano de entrada (Torres Balbás 1939; 1953b, 148)[52]. Con esta operación, el Salón Regio pasó de ofrecer siete vistas frontales y consecutivas del panorama del Albaicín y el cerro de San Miguel a reducir su número a dos distanciadas y proporcionar, en cambio, un dominio visual sobre el entorno en las tres direcciones exteriores.

El umbral del mirador se encuentra profusamente decorado en su intradós y albanegas con motivos vegetales, mocárabes e inscripciones epigráficas, e integra otro escalón ascendente, que señala la progresión decisiva hacia

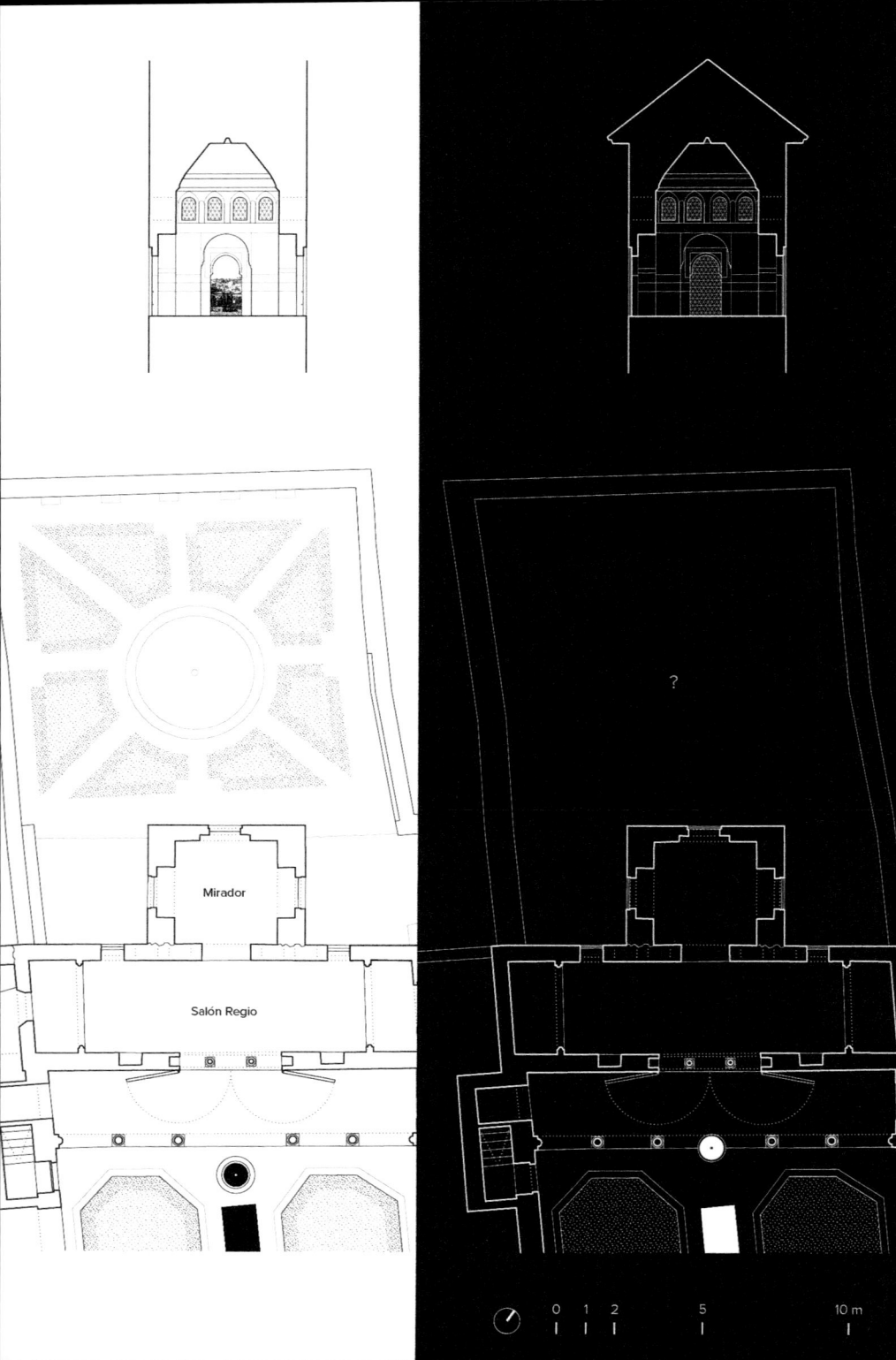

Mirador

Salón Regio

?

0 1 2 5 10 m

el espacio más excelso. Jambas y zócalos han perdido su decoración, que debió de ser de alicatado, en tonos predominantemente fríos, como en otros lugares. Cada uno de los tres frentes exteriores se halla perforado por un hueco que arranca del suelo y se eleva hasta más de 2 m de altura, al fondo de nichos mayores enmarcados por arcos angrelados. Para su apertura, se operó una 'desmaterialización telescópica' y gradual de las masas portantes (Aparicio Guisado 2006, 84) tanto en sentido horizontal como vertical, que intensifica la emoción del hueco, o el acto de perforar una arquitectura masiva para llevar hasta su interior la experiencia del entorno (fig. 1.2.29). Los balcones, cuya individualidad y verticalidad remiten a una aproximación erguida y estática, debieron de estar provistos de carpinterías con vidrios, celosías o ajimeces volados para mantener la privacidad, como sugieren el rehundido y la planitud de su cara exterior. Estos elementos requerían el acercamiento del usuario para la visión a través o la manipulación de sus partes móviles. A excepción del hueco del frente norte, reconstruido por Torres Balbás (1925-1936, 79-81) y por ello carente de decoración, el resto de los paramentos se encuentran revestidos de yeserías por encima del zócalo. Sus esquemáticas arquitecturas de yeso se metamorfosean y transmutan en formas naturales y en trazados caligráficos. Cuatro ventanas altas cerradas con celosías de yeso estrelladas coronan cada lienzo, introduciendo iluminación difusa en el arranque de la armadura en forma de artesa. Se reconoce, en todo ello, una vez más, un espacio impregnado de evocaciones cósmicas.

Con sus reducidas dimensiones interiores (3,60 × 3,50 m), la torre difícilmente podría haber albergado otra actividad que no fuera la espera, la meditación y la percepción diletante del territorio, aquel gobernado y precisamente defendido en batallas como la conmemorada. La ausencia, en el umbral, de restos de tacas o puertas de cierre sugiere una utilización compartida con el Salón Regio. Es, de hecho, probable que, en las puntuales audiencias aquí celebradas, el monarca se instalase precisamente en el interior del mirador, el espacio más cualificado arquitectónicamente y término del eje central de la composición, enfatizando su dominio absoluto sobre la tierra que se descubría en torno a su persona.

Por sus proporciones, los huecos posibilitan la percepción de distintos planos de profundidad y, a poco que se desplace el usuario, el panorama cambia completamente. Por el norte la visión barre verticalmente desde el Jardín Bajo situado a los pies –del que hablaremos también en la segunda parte– hasta las formas lejanas de las sierras septentrionales, pasando por

Fig. 1.2.28 - Planta y sección del Mirador del Salón Regio del Generalife, estado actual (izquierda) e hipotético a mediados del s. XIV (derecha). Dib. Autora del libro a partir de la planimetría de Orihuela (EEA-CSIC) y APAG, Colección de planos, P-000292, P-000295 y P-000301.

85

las laderas del Albaicín. El hueco izquierdo, orientado al oeste, muestra en primer término las copas de los árboles de la huerta Colorada, casi al alcance de la mano. Tras ellas emerge, oblicua, la silueta la Alhambra y, al fondo, la ciudad baja diluyéndose en la vega. El balcón oriental, por último, muestra las formas montuosas y algo áridas que remontan el valle del Darro, tras un primer plano vegetal al borde de la caída topográfica; vistas que hoy solo son posibles en escorzo, pues en primer plano se alza un cuerpo de escalera de finales del siglo XVI.

Complementariamente a esta triple visión del exterior, desde el centro del mirador un deliberado canal visual permite atravesar el Salón Regio, el pórtico norte y sumergir la vista en el Patio de la Acequia, guiada, como en el Partal, por los trazados y masas de agua. La sucesión de umbrales en sombra se interrumpe para dar paso a la luz radiante del patio, que arranca colores brillantes a la vegetación y destellos al agua corriente. En tiempos nazaríes, el probable cenador del crucero habría detenido la vista en esta dirección, que hoy se prolonga hasta el pórtico del pabellón frontero. Alejado del trasiego cortesano, el sultán disponía en este Salón Regio de un espacio vividero dignificado para la recepción de visitantes con un mirador triunfal sobre el valle del Darro.

Fig. 1.2.29 - Interior del Mirador del Salón Regio del Generalife. Fot. Autora del libro, 2017.

Mirador de la Victoria. En la zona administrativa del Mexuar *(Mašwar)* también existió un mirador de connotaciones demostrativas. Al recuperar el trono en 1362, Muḥammad V emprendió una profunda reforma de este sector de la Alhambra, situado entre la Puerta de las Armas y el Palacio de Comares. Se conoce su aspecto en dicha fecha gracias al relato de Ibn al-Jaṭīb de la celebración del *mawlid* o natividad de Mahoma (García Gómez 1988; López López y Orihuela Uzal 1990), evento que el monarca aprovechó para presentar a la concurrencia las obras en curso. Así, sabemos que el Mexuar se componía entonces de dos patios: un Patio del Mexuar Secundario, rodeado de crujías edificadas donde estaban instalados los secretarios, la correspondencia real, una mezquita con alminar y pila para abluciones (Torres Balbás 1953b, 50-51; López López y Orihuela Uzal 1990; Calvo Capilla 2015, 462)[53], así como una sala en la que el monarca recibía la visita del pueblo, y un Patio del Mexuar Principal –hoy conocido como Patio de Machuca[54]–, a cota algo superior y conectado con el anterior mediante una escalera (fig. 1.2.30).

Este último patio, de proporciones casi cuadradas (22,37-23,07 × 22,74-22,90 m) (Arnold 2023), se circundaba por galerías porticadas en sus lados norte, sur y oeste, quedando al este adosado a la Sala de Sesiones del Mexuar, a la que daba acceso (López López y Orihuela Uzal 1990; Torres Balbás 1953b, 53; Gallego Burín 1963, 63; Pavón Maldonado 1975, 1: 52)[55]. A juzgar por un plano de Manuel López Bueno[56], estaba pavimentado con piezas cerámicas de 34 × 11 × 7,5 cm vidriadas en verde, blanco y azul, lo que probablemente daba al suelo una intencionada apariencia de superficie acuosa[57] (Arnold 2023). En el centro del patio llamaba la atención un estanque o zafariche de formas caprichosas[58], al que vertían dos surtidores en forma de león y dos pilas de mármol en sus extremos. En conjunto, la suntuosidad del patio debió de ser notable, ya que Ibn al-Jaṭīb lo describió como *majestuoso atrio donde se dilata la vista y donde reinan la llaneza y la sencillez, la amplitud y la luminosidad* (López López y Orihuela Uzal 1990). Las galerías occidental y meridional se perdieron con el tiempo y Torres Balbás optó por evocarlas mediante cipreses tallados.

Por su parte, la crujía norte del patio se compone de la correspondiente galería porticada, una torre saliente y dos habitáculos laterales sobre el adarve. Las investigaciones apuntan a que la torre, conocida posteriormente como de Machuca o de los Puñales[59], pertenecía a la infraestructura defensiva del primer recinto amurallado: estaba almenada al igual que los adarves y su azotea quedaba más alta que aquellos, permitiendo un comprimido paso inferior del circuito de guardia. Tangente a la cara interior de la torre discurría el foso del camino de ronda, separando el perímetro militar de la zona palaciega intramuros.

Fue en el s. XIV –se cree que durante el reinado de Yūsuf I (1333-1354)[60]– cuando se optó por integrar esta torre en la vida palatina, probablemente por lo aventajado de sus vistas sobre la ciudad y su proximidad a la zona áulica. Así parece sugerirlo Ibn al-Jaṭīb, quien señaló que la torre *se caracteriza por sus excelentes vistas y su especial opulencia, por lo que se le dio el sobrenombre de 'la Victoria' (Bahw al-Naṣr)*[61] (López López y Orihuela Uzal 1990, 122-123; Puerta Vílchez 2011b, 40). Para la reconversión palatina de la torre, la continuidad del circuito de guardia al nivel del adarve quedaba garantizada por el paso inferior que la atravesaba, por lo que en un primer momento bastaría con recrecer sus muros, cubrir el espacio y ornamentarlo conforme a su nueva condición. El vínculo con el área palaciega debió de establecerse salvando el vacío del camino de ronda, bien mediante un puente, bien mediante su colmatado e inutilización.

En un segundo momento[62], a todas luces como parte de la remodelación emprendida por Muḥammad V en esta zona y reseñada por Ibn al-Jaṭīb, se integró la torre en la composición del patio. Parece probable que las tres galerías porticadas que lo circundaron se construyesen al mismo tiempo y obedeciendo a un proyecto unitario, pues, si la norte se hubiese edificado

Fig. 1.2.30 - Restos del antiguo Patio del Mexuar Principal, hoy Patio de Machuca. Fot. Autora del libro, 2018.

con anterioridad, difícilmente se hubiese hecho con una composición como la actual, que no resalta el eje de acceso a la torre ni guarda alineación con su vano de entrada. En cambio, todo indica que las galerías se proyectaron atendiendo a la visión desde el interior del patio, persiguiendo una impresión de homogeneidad que ocultase las irregularidades perimetrales y concentrase las atenciones en la portada del Mexuar[63]. Para la edificación de la galería septentrional, fue necesario rellenar este tramo del camino de ronda si no se hizo ya antes, anulando su funcionalidad militar. Una vez más, se pone de manifiesto la paulatina pérdida de importancia de los aspectos defensivos frente a las expresiones de magnificencia.

Esta galería presenta nueve arcos de medio punto sustentados por ocho columnas de mármol blanco[64] y dos semicolumnas de fábrica en los extremos. Su profundidad generosa (unos 3,60 m) se corresponde con la del camino de ronda obstruido. Buena parte de las yeserías de los arcos se han perdido, así como las probables decoraciones del muro interno, que pudo contar con zócalos pintados o cerámicos (Torres Balbás 1942; Pavón Maldonado 1975, 1: 57). Dicho muro se encuentra perforado por el vano de acceso a la torre y por dos ventanas rectangulares, una a cada lado, correspondientes a los habitáculos creados sobre el adarve; además, existen algunos ventanucos bajos que iluminarían y ventilarían el tramo cubierto de la circulación de guardia.

El acceso a la torre, ligeramente resaltado en el paramento, se formaliza mediante un arco peraltado y profusamente decorado con yeserías en su intradós, alfiz y albanegas; las inscripciones son breves jaculatorias piadosas (Puerta Vílchez 2011b, 41-44). Los filetes de las jambas, de cerámica vidriada verde, indican la anterior presencia de zócalos de alicatado. El hueco no conserva huellas exteriores de quicialeras o gorroneras y en su profundo umbral integra cuatro peldaños ascendentes. Este desnivel, de más de 1 m, es el compromiso adquirido por la reutilización de preexistencias. En ningún otro caso de esquema en 'T invertida' en la Alhambra se registran desniveles tan significativos entre pórtico y torre-mirador, siendo lo habitual ligeros peldaños que comunicasen con sutileza la superior condición del espacio. En este caso, descentramiento, desacuerdo compositivo y desnivel hacia el patio se traducen en imperfecciones visuales en relación con el mismo que no pueden ser hábilmente disimuladas como en el Salón Regio y que, recordando también aquel caso, señalan la reutilización de preexistencias como razón principal de las acusadas irregularidades (fig. 1.2.32).

Traspasado el umbral de acceso de la torre, se descubren a ambos lados los vanos de entrada a los habitáculos edificados sobre el adarve. El de la derecha, de 1,20 m de anchura libre, sirvió como pasaje de comunicación con el Oratorio del Mexuar creado más tarde por el mismo Muḥammad V, como veremos, que no se menciona en el relato de 1362, donde se dice también que de las obras *no se había concluido la primera parte, cuanto menos la segunda* (López López y Orihuela Uzal 1990, 122-123). Este propósito eminentemente conector se traduce en la ausencia de pretensiones artísticas en sus huecos y acabados. La pieza de la izquierda, de mayor anchura, sí pudo albergar alguna actividad estancial: se abre al pórtico por un hueco idéntico al de la galería derecha y al valle del Darro por otros tres de medio punto y un cuarto rectangular, a distinta altura que los demás, que se reconoce como parte de una intervención diacrónica –posible ampliación–; sus tratamientos son igualmente austeros. Ninguna de estas dependencias aparece mencionada en el relato del *mawlid,* lo que lleva a pensar que posiblemente se edificasen algo más tarde, una para comunicar con el Oratorio del Mexuar, como se ha indicado, y la otra para recuperar la simetría de la distribución y aprovechar este tramo de adarve. En cualquier caso, las cubiertas de ambas apoyan sobre el muro del pórtico, que debió de precederles en el tiempo.

Figs. 1.2.31 y 1.2.32 - Exterior del Mirador de la Victoria, hoy Torre de Machuca (izquierda), y acceso al mismo desde el pórtico norte del antiguo Patio del Mexuar Principal (derecha). Fot. Autora del libro, 2017-2018.

En el interior de la torre, el Mirador de la Victoria (4 × 3,75 m) es el espacio principal de esta crujía norte. Sus muros exteriores, de 50 cm, podrían haber reutilizado material de las almenas previas. La planta se perfora en los tres frentes exteriores (oeste, norte, este) por amplios huecos abalconados que superan la estatura humana. Los laterales, de 1,25 m de anchura y 22 cm de antepecho, se ubican hacia el extremo norte de sus respectivos lienzos, evitando la zona de lo que fuera adarve para preservar la privacidad e independencia entre funciones. Estos huecos estuvieron dotados de celosías a haces exteriores, de lo que quedan restos en sus contornos (Gómez-Moreno González 1892, 107; Torres Balbás 1953b, 52; Fernández Puertas 2009)[65]. El central, en cambio, parte de un alizar de 5,5 cm y presenta 1,90 m de luz, disposición que obedecía a la existencia de un ajimez saliente cuyas vigas quedaban empotradas en la masa de la torre (Torres Balbás 1966, 106)[66]. La nobleza de la estancia se confirma en sus decoraciones: contaba con zócalo de alicatado con banda inferior de cuadrados blancos y negros a 45° –de lo que queda testimonio en la parte baja de los paramentos[67]–, yeserías policromadas en los arcos y la zona superior de los muros, un friso de mocárabes con arquillos e inscripciones piadosas (Puerta Vílchez 2011b, 44) y una armadura en forma de artesa, situada a 3,80 m del suelo. Parte de estas yeserías y el artesonado se han adscrito al reinado de Yūsuf I (Torres Balbás 1953b, 52; López López y Orihuela Uzal 1990; López Pertíñez 2006, 42), aunque la decoración debió de rehacerse, al menos parcialmente, más tarde, para integrar las puertas de comunicación con las dependencias laterales.

Dado el carácter del Patio del Mexuar Principal como antesala o zona de espera para audiencias oficiales, todo apunta a un uso igualmente representativo para el Mirador de la Victoria –incluso su nombre lo es–, aunque las decoraciones epigráficas en este caso no aporten datos sobre su función[68]. Podría haberse tratado de un espacio desde donde observar el panorama y amenizar así la espera, realizar trámites o mantener conversaciones con los funcionarios, ya que su reducida planta no admite más que dos o tres ocupantes simultáneos. El hecho de que Ibn al-Jaṭīb detalle las percepciones desde este lugar apunta a su condición pública o, al menos, no reservada en exclusiva al monarca, aunque también se ha propuesto que este pudo ocuparlo en festividades como la descrita (Robinson 2018, 202; Bush 2018, 260):

En la galería cubierta, a la izquierda del que entra [al Patio del Mexuar Principal], *está el pabellón que se asoma sobre la ciudad,*

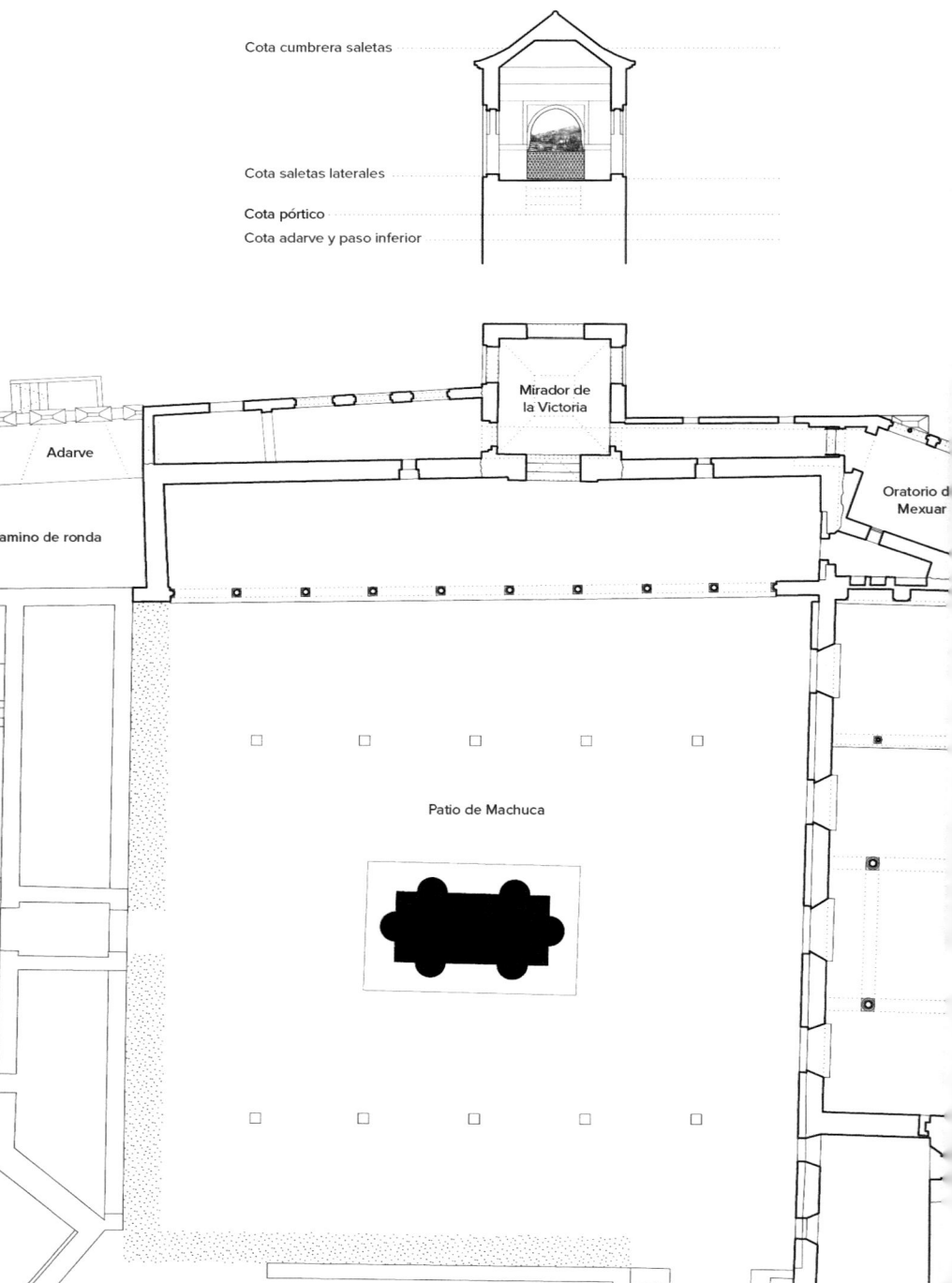

Cota cumbrera saletas

Cota saletas laterales

Cota pórtico

Cota adarve y paso inferior

Adarve

Camino de ronda

Mirador de
la Victoria

Oratorio d
Mexuar

Patio de Machuca

Figs. 1.2.33 y 1.2.34 - Planta y sección del Mirador de la Victoria en el Patio del Mexuar
Principal, estado actual (izquierda) e hipotético en el s. XV (derecha). Dib. Autora del libro a
partir de la planimetría de Almagro (EEA-CSIC), López López y Orihuela Uzal 1990 y APAG,
Colección de planos, P-000394, P-000396, P-000398, P-000402, P-001388 y P-001389.

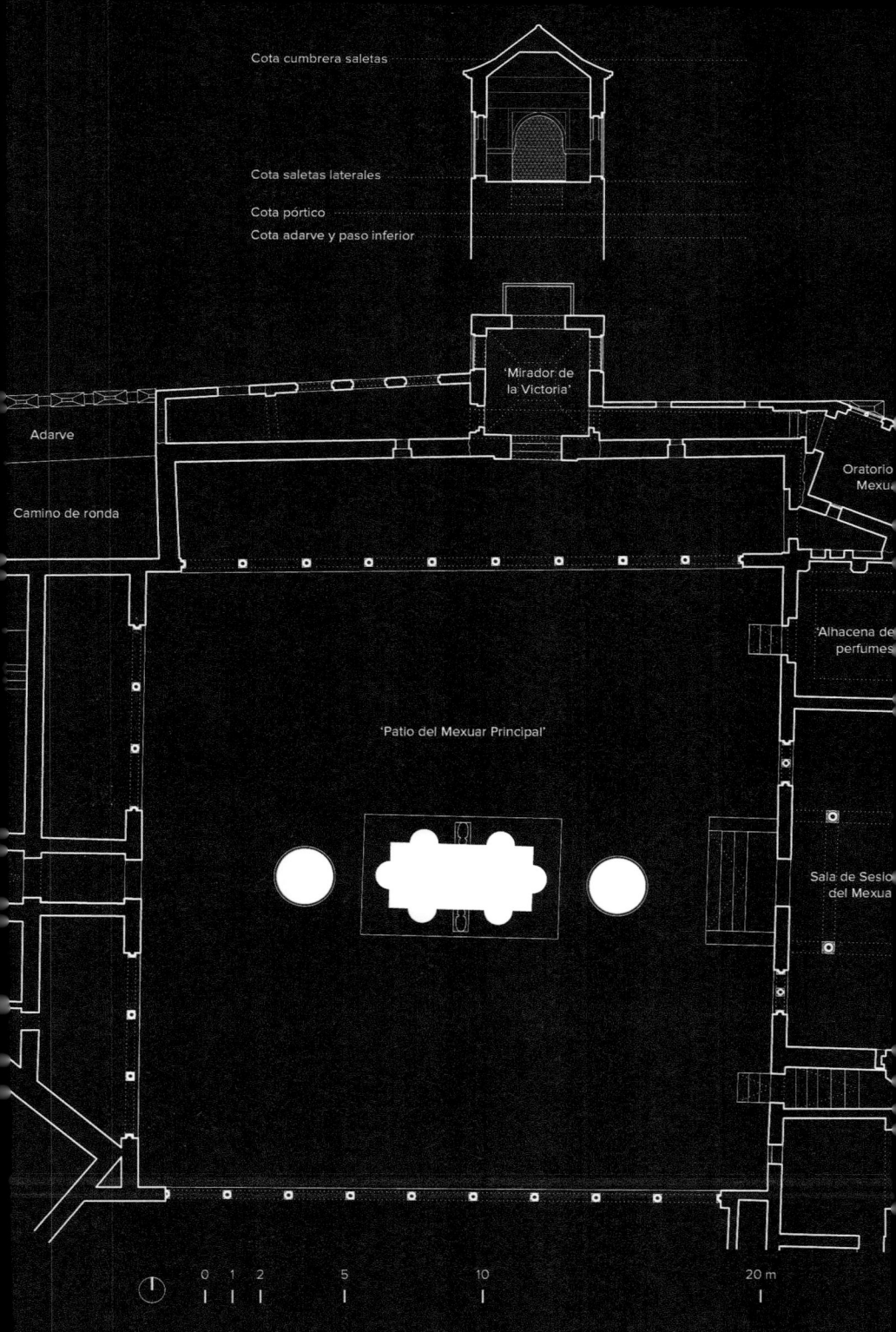

Cota cumbrera saletas

Cota saletas laterales

Cota pórtico
Cota adarve y paso inferior

'Mirador de
la Victoria'

Adarve

Oratorio
Mexua

Camino de ronda

Alhacena de
perfumes

'Patio del Mexuar Principal'

Sala de Sesio
del Mexua

0 1 2   5   10   20 m

*desde el que se alcanza a ver más allá de los puestos de la guardia
y de los límites de las murallas.*
*El oído del que está dentro puede escuchar las cadencias de las
aguas que vienen de los derrames de las albercas de la fortaleza,
y el bullicio de la gente de la ciudad. Tal el rumor de sus toses
enfermizas dentro de sus casas*[69] (López López y Orihuela Uzal
1990, 122-123).

Las 'excelentes vistas' del mirador quedaban veladas por las celosías y el
ajimez volado, que exigían el acercamiento para atisbar entre sus orificios o manipular las partes practicables. El ajimez mostraba una panorámica elevada del barrio de Axares y el valle del Darro, área densamente
poblada que clareaba con la proximidad a las murallas, como se sabe.
Por el hueco oriental, la mirada sesgada remontaría el valle, mientras que
frontalmente descubriría el costado de la Torre de Comares. En el balcón
occidental se reproduce la situación con respecto a la Torre de las Gallinas,
que fuerza la mirada oblicua hacia la zona de la Alcazaba Qadima. Como
se ha indicado, el posible eje visual interior en este caso carece de entidad,
a pesar de abrirse el mirador a un patio centrado por el agua: el imperfecto
acople de arquitecturas diacrónicas se traduce en una visual más casual
que deliberada.

Salón de Embajadores. Uno de los espacios áulicos más destacados
por su apertura al entorno con propósitos demostrativos es sin duda el
Salón de Embajadores. Obra de Yūsuf I (r. 1333-1354), constituye, como
es sabido, la estancia principal y de aparato del Palacio de Comares –*Qūm
'arš*, 'estancia del trono' (Cabanelas Rodríguez 1988, 96)[70]– y de la torre
homónima, levantada al parecer sobre otra defensiva de menores proporciones (Pavón Maldonado 1975, 1: 67-70; Manzano Martos 1992, 76). En
esta operación, como en la *qalahurra* del mismo sultán, se preservaron
los circuitos de guardia de adarve y camino de ronda, que discurren por
los sótanos. Aunque gozó de un reinado largo y pacífico (Ibn al-Jatib 2010,
221), Yūsuf I no llegó a ver terminado el palacio, por lo que sería su hijo
Muḥammad V quien lo completase añadiendo la Sala de la Barca, el pórtico
y el Patio de Arrayanes (Torres Balbás 1953b, 69; Gallego Burín 1963, 72)[71].

Este patio jugaba un papel fundamental en la articulación del palacio y
en la secuencia de acceso de los visitantes. De proporciones rectangulares
(aproximadamente 36,70 × 23,20 m), su eje central está ocupado por una
alberca de unos 7 m de ancho y 1,40 m de profundidad[72]. Este estanque

de aguas quietas y espejadas cuenta con el precedente del Partal, aunque las connotaciones ociosas y lúdicas aparecen aquí atenuadas en favor de la representatividad. Dado el carácter emblemático del agua en el imaginario araboislámico, su reunión en grandes cantidades y exposición pública convertían al constructor en 'arquitecto' de un fértil microcosmos y magnánimo dador de vida, trasunto de la divinidad (Puerta Vílchez 2004; Ruggles 2000, 52). Al mismo tiempo, este elemento presentaba unas cualidades estéticas y sensoriales que, como en el Partal, se explotaron decididamente, por medio de la reflexión de los pabellones en su superficie, produciendo imágenes ilusorias de arquitecturas evanescentes[73]. Por último, el almacenamiento de agua poseía evidentes ventajas prácticas para el riego y refrescamiento del ambiente, especialmente en el periodo estival. El frescor se llevó hasta los intercolumnios centrales de los pórticos norte y sur, como en el Partal y en el Generalife, en la forma de dos fuentes rehundidas que vierten a la alberca[74]. El resto del patio, con la salvedad de dos masas de mirtos que ciñen la superficie acuática[75] –y de las que emergieron también naranjos (Navagero 1563, f. 18v; Marías Franco 2000; Hinojosa Canovaca 2007, 266)–, se encuentra pavimentado con grandes losas de mármol blanco que, bajo la luz meridional, adquieren un brillo cegador. Si se recuerda la asociación entre luz o blancura y claridad celestial, irradiación divina y, por extensión, del monarca como su agente en la tierra (Roldán Castro 1999; Puerta Vílchez 2004), se comprende fácilmente la dimensión estética y simbólica de dicha disposición. El efecto enceguecedor del pavimento deslumbraría al visitante tras el previsible acceso en recodo y en penumbra por algún punto de la mitad meridional del palacio.

Dejando a un lado las crujías oriental, occidental y meridional, de las que solo interesa destacar su tendencia introspectiva, conviene advertir la estructura en 'T invertida' del ala norte y su replicación de la complejidad espacial adquirida en el Salón Regio del Generalife, esto es, pórtico, sala oblonga y torre saliente. El pórtico presenta siete arcos de medio punto sobre columnas de mármol blanco, el central sobreelevado subrayando la axialidad, y su pavimento en este caso da continuidad al del patio sin cambios de nivel. Las decoraciones de los arcos han perdido el cromatismo que seguramente tuvieron y que contrastaría vivamente con la blancura general, mientras que del muro interno del pórtico solo las yeserías –un poema en elogio de Muḥammad V, dos caligramas arbóreos[76] y una banda de lacerías estrelladas– son originales[77]. En ambos extremos del pórtico, existen dos edículos elevados y separados por arcos de gallones, con zócalos alicatados simulando ondas acuáticas, repisa y cúpula de mocárabes (Puerta Vílchez

2011a, 76); podría tratarse de espacios de almacenamiento o descanso al aire libre similares a los del pórtico norte del Generalife, aunque a escala proporcionalmente más monumental (Orihuela Uzal 1996, 30, 86; Manzano Martos 1992, 82). Cubre el pórtico un alfarje moderno tallado con cupulilla central que señala el acceso a la torre, como en el pórtico del Partal[78].

El vano interior del pórtico, un ancho arco de mocárabes profusamente decorado que recuerda a un cortinaje recogido lateralmente, da paso a la conocida como Sala de la Barca (de *baraka,* 'bendición') (Cabanelas Rodríguez 1988, 84-85). Este umbral integra tacas en las jambas, que señalan el carácter estancial del espacio, así como un peldaño ascendente y tres ventanas superiores con celosías para ventilación. El vano se cerraba con una monumental puerta de dos hojas y abatimiento exterior, afianzada por quicialeras de mármol y gorroneras de mocárabes. La Sala de la Barca, de la misma longitud que el pórtico previo y 4,30 m de fondo, cuenta con alhanías en los extremos separadas por arcos peraltados, que han sido interpretadas como espacios de descanso del monarca[79] –uno de ellos, comunicante con una letrina–. Era, por tanto, un espacio residencial o vividero que acogía también puntualmente funciones ceremoniales, al igual que el Salón Regio del Generalife. A eje con el acceso, en el muro opuesto, se abre un profundo umbral que comunica con el Salón de Embajadores[80]. El arco terminal incorpora una nueva pareja de tacas y, a sus pies, otro escalón advierte de la condición aún más noble del ambiente al que se accede. Nuevamente, la vista debe acomodarse al cambio de luminosidad.

El Salón de Embajadores representa, como se sabe, el paradigma del concepto espacial de *qubba,* con todas sus connotaciones cósmicas y escatológicas elevadas a la máxima expresión. Cuenta con planta cuadrada, de unos 11,30 m de lado, y altura libre superior a los 18 m. Cada uno de sus tres muros exteriores se encuentra perforado por tres profundos nichos o camarillas, ligeramente elevados, que atraviesan su espesor –de entre 2,5 y 3 m– y buscan la conexión con el horizonte. De estos, los centrales de cada lado presentan mayor anchura que los laterales y se abren al panorama mediante huecos geminados que arrancan del propio suelo y se elevan hasta aproximadamente los 2 m. Sobre el balcón de cada nicho se abre, además, una pareja de ventanas con celosías de yeso de tramas estrelladas, figuración de la luz que por ellas penetra. Estos nichos o habitáculos se hallan decorados con elaborados zócalos de alicatado, de tonos 'ajardinados' (negro, blanco, verde, azul, ámbar), que recubren incluso las semicolumnas de los arcos de acceso, y por yeserías en su mitad superior, dando continuidad al tratamiento del espacio central. Los nichos mayores se cubren con armaduras en forma de artesa, mientras que los laterales de cada lado se cierran con techos planos también de madera (Torres Balbás 1953b, 70). Todos los balcones contaron con ajimeces volados, como atestigua el escudo de la frontera Casa de Castril (1539), que lleva la Torre de Comares por emblema. Estos saledizos estaban dotados de celosías y/o carpinterías con vidrios de colores (Fernández Puertas 2009) y partes practicables, pues hay testimonios de las vistas que desde ellos se divisaban[81] antes de que la explosión de un polvorín en 1590 arruinara estos cierres[82] (Torres Balbás 1949). La luz multicolor que filtrarían y que se reflejaría difusamente en el pavimento –al menos en parte de mármol blanco[83] (Gómez-Moreno González 1892, 54; Gallego Burín 1963, 90; Nuere Matauco 1986)– resaltaría la policromía brillante de yeserías y cerámicas vidriadas, produciendo un efecto caleidoscópico y embriagador (Torres Balbás 1947a, 20).

Por encima de los nichos, se desarrolla una ancha banda de decoración también en yesería: de las inscripciones epigráficas sobre los zócalos, a la altura de la vista, se pasa a labores geométricas, vegetales, epigrafías de mayor tamaño y estrellas de lazo. En la parte alta de los tres muros exteriores existen cinco ventanas con celosías caladas de yeso también estrelladas, que pudieron, a su vez, contar con vidrios coloreados (Fernández Puertas 2009). El Salón se cubre con la famosa cúpula de tres pendientes, que representa los Siete Cielos del islam visitados por Mahoma en su *Mi'rāŷ* y, en la estrella blanca central, el octavo cielo reservado a Allāh (Cabanelas

Figs. 1.2.35 y 1.2.36 - Salón de Embajadores, nicho central del frente norte previsto para la ubicación del trono (izquierda) y vista general del espacio (derecha). Fot. Autora del libro, 2017-2018.

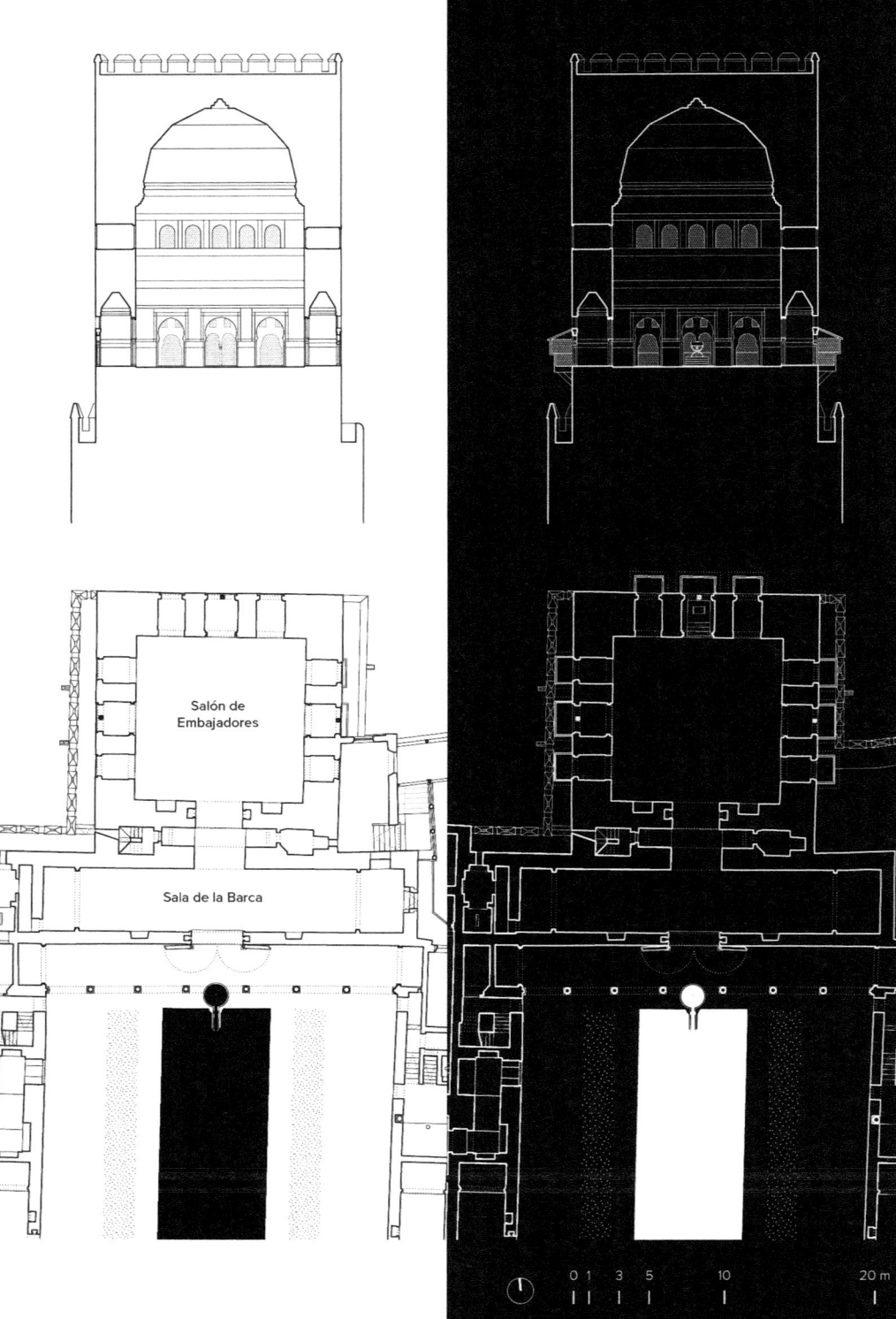

Salón de
Embajadores

Sala de la Barca

0 1 3 5   10   20 m

Rodríguez 1988). En él hunden sus raíces los cuatro árboles del Paraíso que, geometrizados, ocupan las diagonales. El techo es, como se sabe, metáfora del poder divino que se derrama hacia la Creación. Con sus trazados y cromatismo primitivo, basado en el relato de la ascensión del Profeta (Cabanelas Rodríguez 1988), la cúpula se desintegraría visualmente en un entramado inasible de formas estrelladas y vegetales[84].

Pero esta composición arquitectónica solo adquiere completo sentido si se considera la presencia y el papel del sultán dentro de ella. El nicho central, en eje con el acceso, parece haber sido el lugar reservado a su solio: así lo indica el poema grabado en su interior, en una cenefa a la altura de los ojos, por encima de una franja de arquillos de mocárabes. Este señala la diferencia entre la Suprema Cúpula y los nueve nichos inferiores –*constelaciones en su cielo*– y, dentro de estos, afirma el protagonismo indiscutible del central, por recaer en él *el honor de tener el sol,* en metáfora sideral que se esclarece con la seguida mención al *trono del reino* (Puerta Vílchez 2011b, 126). El astro rey se identifica, obviamente, con el sultán, con la luz o el resplandor como uno de sus principales atributos simbólicos. Así, el Salón estaba diseñado para que Yūsuf I situase su trono en el nicho central, término del eje visual que vertebra el palacio, y a contraluz, aureolado por la luz norte coloreada y filtrada por los huecos del fondo (fig. 1.2.35). Interesa recordar que los emplazamientos del trono tradicionalmente se habían formalizado como arcos o nichos ciegos emparentados con los mihrabs –en Madīnat al-Zahrā', en la Aljafería de Zaragoza o en la misma sala de la Cancillería Real del Patio del Mexuar Secundario– (García Gómez y Lévi-Provençal 1950; López López y Orihuela Uzal 1990, Hillenbrand 1985; Almagro 2008, 27-30). En cambio, en el Salón de Embajadores, como posiblemente en el Salón Regio del Generalife según se vio, estos nichos terminaron por desintegrar su fondo, reforzando la imagen entronizada del monarca con los atributos de la luz y el dominio sobre el territorio que se descubría a sus espaldas. La grandiosa arquitectura que envolvía su figura regia asumía, por tanto, el papel de mediadora entre el universo gobernado por Allāh y el mundo terrenal administrado por el sultán con Su beneplácito. Los paramentos interiores representaban, en gradación vertical, el tránsito de la naturaleza ideal a la 'armonía de las esferas'; al mismo tiempo, los múltiples balcones del perímetro, distribuidos y compuestos conjuntamente con el programa decorativo, presentaban en tiempo real concretizaciones del territorio sobre el que se ejercía el mando y ofrecían la posibilidad de otearlo privadamente (Torres Balbás 1939, 171). Los panoramas divisables hablarían por sí solos de la gestión y el liderazgo del monarca, como una

Fig. 1.2.37 - Planta y sección del Salón de Embajadores en el Palacio de Comares, estado actual (izquierda) e hipotético en el s. XV (derecha). Dib. Autora del libro a partir de la planimetría de Almagro y Orihuela (EEA-CSIC) y APAG, Colección de planos, P-000120, P-000124, P-000127 y P-001979.

suerte de *Alegoría del buen gobierno*[85] real y auténtica, en vez de pintada (Ruggles 2007).

A esta triple visión exterior hay que añadir el eje visual interior que ejercía de complemento perceptivo. Cuando los vanos de paso se hallasen despejados, la secuencia de umbrales y claroscuros mostraría una estampa axial y simétrica del ambiente escenográfico del Patio de Arrayanes, presidida por el pabellón sur y la alberca en la que se espeja (Pavón Maldonado 2004, 375). A la condición cambiante y azarosa del territorio circundante se contraponía la inmutable y rigurosamente compuesta del Patio de Arrayanes, con su lisa superficie acuática y sus especies perennes, que aseguraban el contraste cromático en toda estación. Ambas experiencias del entorno, del 'paraíso' interior y del territorio exterior, eran expresión de autoridad del sultán sobre lo visualizado. La arquitectura que las canalizaba funcionaba desde el interior como envoltura simbólica que explicitaba el papel del sultán en el orden divino y, desde el exterior, como representación pública y magnífica de su persona.

Mirador de Lindaraja. El último espacio de esta casuística que destacaremos tampoco requiere apenas presentación. Como es sabido, el Mirador de Lindaraja se inscribe en el Palacio de los Leones, cuya construcción se inició a comienzos del segundo mandato de Muḥammad V (1362-1391) (Ruiz Souza 2001; Bermúdez López 2010, 129). Constituye la pieza término de su ala norte y del eje principal de la composición. Sus implicaciones paisajísticas revisten una notable complejidad, pues en ellas se superponen metáforas jardineras, alegorías cósmicas y procesos de ocupación y edificación de este sector que aún no se han desentrañado completamente.

Uno de estos enigmas es la constante alusión al palacio como 'jardín', tanto en su denominación original, al-Riyāḍ al-Said ('el jardín feliz')[86] (Puerta Vílchez 2011b, 148), como en las inscripciones epigráficas que ornan sus superficies. Existe, por un lado, una probabilidad alta de que el palacio se edificara sobre un vergel o huerta aterrazada (Orihuela Uzal 1996, 103; Tito Rojo 2023), del que habría podido heredar el nombre[87]. Pero también cabe la posibilidad de que este uso del término 'jardín' respondiese a uno de esos recursos sinecdóquicos –la parte por el todo– tan frecuentes y apreciados en el lenguaje poético; desde este punto de vista, el palacio podría haber sido nombrado a partir de uno de sus jardines, quizás el inmediato al norte. Hay una última opción, nada descabellada teniendo en cuenta lo hasta ahora expuesto, y es que la propia arquitectura aspirase a ser 'jardín', esto es, a encarnar el modelo de 'entorno ideal' por excelencia en forma abstracta y alegórica, en una nueva ilusión donde lo real y lo ideal jugasen a confundirse (Puerta Vílchez 1990, 19).

Por lo que respecta al emplazamiento y orientación del palacio, todo indica que el aterrazamiento en sentido sur-norte y las preexistencias del Baño de Comares y de un aljibe hacia la calle Real Baja habrían propiciado la rotación de 90° de su eje mayor respecto al contiguo Palacio de Comares (Torres Balbás 1953b, 87; Manzano Martos 1992, 106; Orihuela Uzal 1996, 103); no obstante, y pese a su menor longitud, la preeminencia jerárquica y compositiva del eje norte-sur se mantuvo inalterada, y en ello hubo de ser decisiva la posibilidad de apertura al panorama, como veremos. Este desdoblamiento de ejes pudo favorecer la disposición peristilada del patio, que ha sido interpretada como un préstamo del arte hispanocristiano (Manzano Martos 1992, 29) –el Patio del Mexuar Principal también reacondicionado por Muḥammad V contó con un patio, si no peristilado, porticado en tres de sus lados–; en cualquier caso, tampoco debe pasarse por alto que, de haber mantenido la disposición tradicional –es decir, pórtico solo en los lados menores–, dada la orientación del palacio estos habrían tenido escasa utilidad para la protección frente al sol tendido, mientras que el lado enfrentado al sur habría quedado indefenso frente los inclementes rayos solares –fue, de hecho, el 'error' cometido en el primitivo Palacio de los Infantes, sobre el que también intervino Muḥammad V[88]–. Por ello, parece lógico que no se quisiera prescindir del pórtico en la crujía norte, siendo, además, la que albergaba las dependencias más nobles, lo que haría recomendable su inclusión en los otros tres para conseguir una composición armónica, y ello al margen de las más que probables referencias castellanas.

Volviendo a las alusiones jardineras, si bien las investigaciones recientes descartan que el Patio de los Leones fuese propiamente un jardín (Nuere Matauco 1986; Tito Rojo y Casares Porcel 2011, 154), la metáfora sorprende en la taza de su famosa fuente:

> *¿No hay en este jardín* (rawḍ) *maravillas*
> *que Dios no quiso que semejantes hallara la hermosura?* (Puerta
> Vílchez 2011b, 169)

Esta inscripción podría responder tanto a la denominación usual del palacio, heredada o metonímica, como a la mencionada idealización jardinera de la arquitectura. El agua manaba de la fuente central de sumisos leones

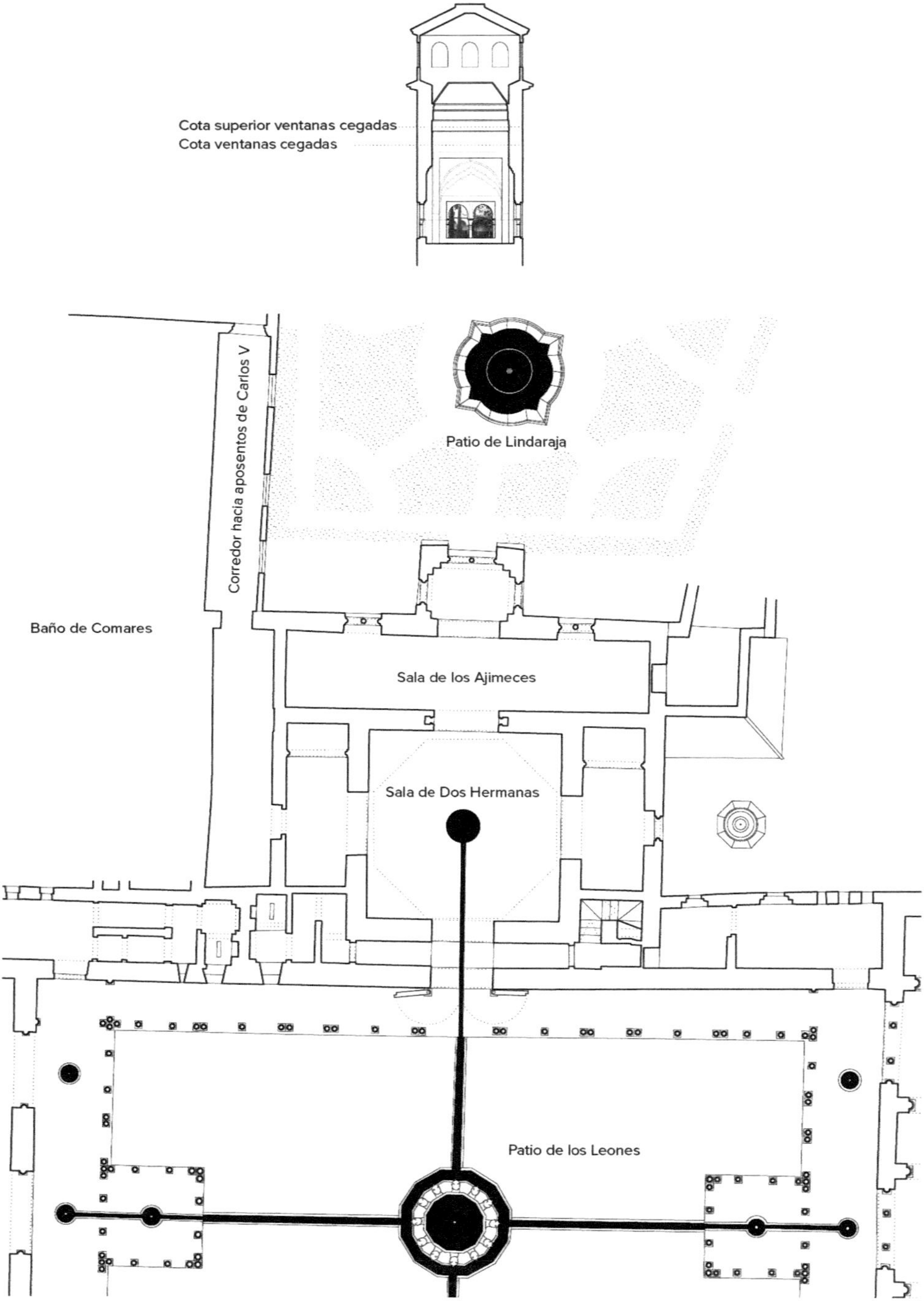

Cota superior ventanas cegadas
Cota ventanas cegadas

Corredor hacia aposentos de Carlos V

Patio de Lindaraja

Baño de Comares

Sala de los Ajimeces

Sala de Dos Hermanas

Patio de los Leones

Figs. 1.2.38 y 1.2.39 - Planta y sección del Mirador de Lindaraja en el Palacio de los Leones, estado actual (izquierda) e hipotético en el s. XV (derecha). Dib. Autora del libro a partir de la planimetría de Almagro (EEA-CSIC), APAG, Colección de planos, P-000158, P-002225, P-001976 y P-006512 y RABASF R-4319.

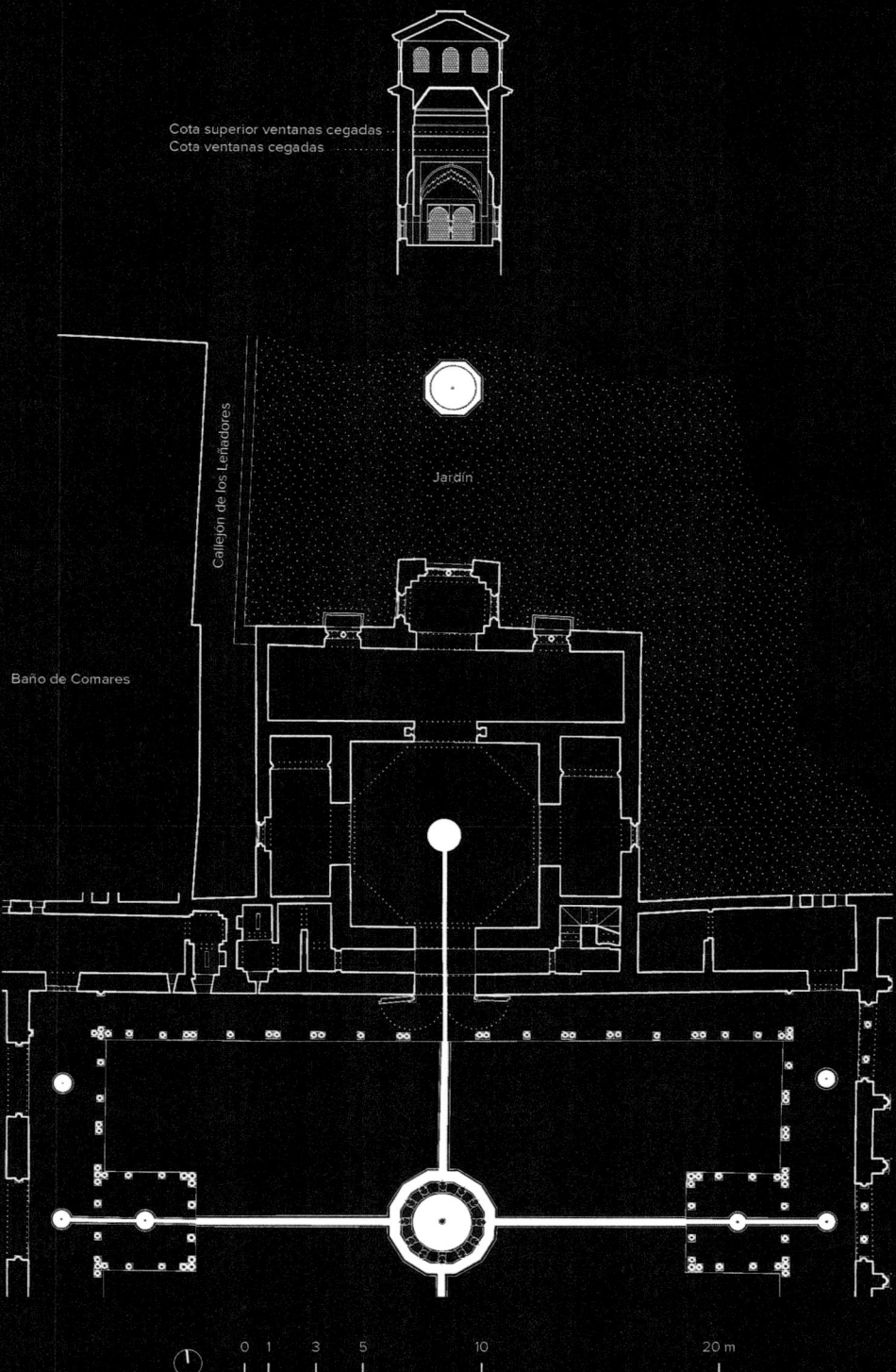

Cota superior ventanas cegadas
Cota ventanas cegadas

Callejón de los Leñadores

Jardín

Baño de Comares

0 1   3   5   10   20 m

de piedra como una 'nube' exprimida por el monarca para regalo de sus
súbditos (Puerta Vílchez 2011b, 169); agua que, además, brotaba de las
cuatro alas edificadas y se hacía correr por canalillos hasta la fuente, como
los arroyos que discurrían a los pies de los justos en el Paraíso. El pavimento
de mármol blanco, como en el Patio de Comares, reflejaba la luminosidad
ambiental creando una atmósfera deslumbrante y asociada con la autoridad
virtuosa del sultán. Los cuatro pórticos proporcionaban la tan apreciada
sombra, posiblemente complementada por algunos naranjos que, de existir,
refrescarían el ambiente e introducirían un perenne contraste cromático[89].
Prieto-Moreno vio también, en las agrupaciones de delgadas columnas, *un
bosque petrificado de palmeras* (Prieto-Moreno 1983, 74), mientras que las
decoraciones originales de alicatados, yeserías y celosías de yeso reiterarían
desde la abstracción los motivos y tonos naturalistas e incluso las evocaciones celestes. Todo ello vuelve a redundar en la aproximación figurada
de la arquitectura al modelo de 'entorno ideal': el jardín, el oasis y su idealización paradisíaca.

En el lado norte del patio se ubicó, como se sabe, la vivienda de mayor
envergadura y ambición arquitectónica. Es, también, el ala donde se concentran las aperturas al exterior, pues el resto de la configuración es marcadamente centrípeta. La razón de esta apertura al norte se encuentra, como
en otros casos, en la ausencia de edificaciones ajenas o vías públicas que
pudiesen perturbar la privacidad y la seguridad de los moradores, así como
en la posibilidad de la visión lejana, de alcance territorial, por encima de
la muralla (Torres Balbás 1959); muralla que, en este caso, quedaba algo
distanciada, lo que posibilitó disponer un jardín –este sí 'real'– que cuali-
ficara sensorialmente el plano inferior. Dicho jardín se habría formado sobre
el remanente del solar originario y extendido hasta la cerca norte, con la
operación asociada a la Torre de Abū l-Ḥaŷŷāŷ; más adelante señalaremos
cómo las decoraciones epigráficas –sin perder de vista el tono hiperbólico
y poético de su redacción– podrían aportar algunos datos sobre el mismo.

El acceso a esta vivienda se produce por el centro del pórtico norte del
Patio de los Leones y requiere salvar tres peldaños ascendentes. El gran
vano presenta puerta de dos hojas con abatimiento hacia el pórtico y
quicialeras de mármol encastradas en el suelo[90]. Su umbral cuenta con dos
arcos paralelos entre los cuales se disponen sendos pasajes a escaleras y
letrina, evitando su interferencia con los usos estanciales (Torres Balbás
1953b, 96). El arco exterior del umbral poseía tacas con poemas de Ibn
Zamrak, uno de los cuales ensalzaba el jardín floreado del palacio (Puerta

Vílchez 2011b, 207) –la ambigüedad sigue presente–. Hoy estas jambas, como las del arco interior, muestran arquillos ciegos sobre columnas simulando arquitecturas etéreas. Atravesado este profundo umbral, se accede a la Sala de Dos Hermanas, centro de esta noble vivienda.

De planta cuadrada con unos 8 m de lado, losada de mármol blanco y centrada por una fuente rehundida, se trata de una majestuosa *qubba* cubierta por una cúpula octogonal de mocárabes. Al igual que la Cúpula de los Siete Cielos en Comares, esta cubrición pretende ser representación idealizada de la semiesfera celeste, si bien su formalización se aleja de la abstracción geométrica del Salón de Embajadores para adoptar una expresión más naturalista y exuberante (Manzano Martos 1992, 105). Los muros ochavados de la bóveda se perforan en todo su perímetro por ventanas de medio punto con celosías de yeso de tramas estrelladas[91], que derraman motas de luz sobre los paramentos texturizados. Estos cuentan con cuatro ventanas interiores –la del lado norte, fingida– y se recubren con altos zócalos alicatados, con motivos de cintas multicolores entrelazadas, y yeserías epigráficas, geométricas y vegetales, algunas de las cuales conservan parte de sus pigmentos. El pavimento de mármol blanco da continuidad al del patio, reflejando difusamente la iluminación indirecta. De la fuente en el centro brota agua que interactúa con la luz emitiendo destellos. A izquierda y derecha, se abren sendas salas dotadas de alcobas.

Sobre el zócalo de Dos Hermanas, una ancha cenefa epigráfica incorpora un poema de Ibn Zamrak en el que la arquitectura se presenta directamente como 'jardín'. Continúa declarándose como palacio luminoso sin par, cuya cúpula rivaliza con los astros, que quedan rendidos ante ella:

Orión le tiende la mano para saludarla,
y la luna llena se le acerca para conversar.

Las brillantes estrellas quieren quedarse en ella,
dejando en el cielo de girar

y en sus dos patios presentarse para servir y complacer,
mejor que las esclavas, al sultán (Puerta Vílchez 2011b, 213-215).

Incluso se intensifica dicha imagen con la ilusión de rotación de la cúpula al moverse la luz en su interior a lo largo del día. La referencia posterior a 'dos patios' podría ser indicativa de la importancia de aquel jardín inferior de trazas desconocidas, complementario del Patio de los Leones. Termina el poema con otras palabras igualmente reveladoras:

Nunca vimos palacio de más suprema apariencia,
de más claros horizontes, ni con más amplio lugar de reunión.

Nunca vimos jardín de más agradable verdor,
De más aromáticos espacios, ni de más dulces frutos.

En él se cambian dos monedas por su justo valor,
según el juez de la hermosura permitió,

pues si, al alba, la mano de la brisa viene llena
con dirhames de flores que suficientes son,

al reservado del jardín luego lo llenan,
entre las ramas, y lo engalanan, dinares de sol.

Entre mí [el jardín] *y la victoria hay el más noble linaje,*
linaje que, siendo el que es, te basta [al sultán] (Puerta Vílchez 2011b, 213-215).

Este último pasaje, aunque puede ser interpretado en términos exclusivamente metafóricos, podría asimismo apuntar a la existencia de un jardín 'real', que al amanecer se inundase de aromas florales y al correr el día fuese bañado por el sol; un vergel que, además, contase con un 'reservado' o pabellón contemplativo formado por enramados que filtrasen los rayos solares, similar, por tanto, al que debió de existir en el crucero del Patio de la Acequia y al recomendado por Ibn Luyūn. Podría tratarse tal vez de una alusión al jardín que se extendía a los pies del palacio y hasta la muralla norte. La referencia a los 'claros horizontes' que desde el palacio se descubrían anticipa, por último, la llegada a la Sala de los Ajimeces y el Mirador de Lindaraja.

La Sala de los Ajimeces es una pieza oblonga, de parecido notable con el Salón Regio del Generalife en cuanto a su configuración espacial, aunque carece de alhanías en los testeros, pues estas, como se ha visto, se encuentran incorporadas en las estancias laterales a la *qubba*. De proporciones acusadamente longitudinales (15 × 3 m) y con tacas en su entrada, el lienzo frontero al acceso se perfora por dos balcones geminados, siendo posible que contasen con ajimeces volados que dieran su nombre a la sala, aunque es incluso más probable que este derive de la corrupción del significado de este término en tiempos recientes, aludiendo, en tal caso, a lo geminado de sus huecos (Manzano Martos 1992, 117). Flanqueada por estos balcones, en el centro del muro avanza la torrecilla que alberga, tras un arco acortinado de mocárabes, el celebérrimo Mirador de Lindaraja[92].

Este espacio representa el clímax experiencial del palacio y su principal punto de conexión con el entorno. Se trata de un pequeño habitáculo de 3,15 × 2,20 m y cerca de 7 m de altura libre. Su planta se aleja, sin causa aparente, de la regularidad de otras torres-mirador de base cuadrada. El umbral, sin tacas[93] ni restos de puertas –como el Mirador del Salón Regio–, incorpora un escalón ascendente que confirma la superioridad del espacio y conserva restos del colorido pavimento cerámico original (Contreras 1878, 272; Gallego Burín 1963, 134). Los muros, de cerca de 1 m de espesor, el frontal, y 60 cm, los laterales, se adelgazan unos 20 cm en su zona central para acoger los huecos de ventana, geminado el norte y sencillos los otros dos, bajo arcos de mocárabes. Las ventanas cuentan con antepechos reducidos, de unos 30 cm, y su desarrollo vertical no llega al 1,50 m, circunstancia que indica que que estaban previstas para una utilización sedente. En los tratamientos interiores sobresalen, ante todo, el uso del color verde y las referencias naturalistas. Los paramentos se encuentran profusamente decorados, con alicatados hasta los arranques de los arcos de las ventanas y, en adelante, con yeserías. Los primeros presentan tramas geométricas estrelladas o floreadas en tonos blanco, negro, verde, azul y anaranjado; filetes verdes revisten todos los bordes y aristas. Las yeserías muestran motivos vegetales, florales y marinos (veneras)[94], aunque también hay espacio para las inscripciones y los mocárabes. Este programa decorativo, de proporción miniaturista, parece guardar relación tanto con la pretendida identidad del palacio ('el jardín feliz') como con el vergel originalmente divisable desde sus ventanas, ambigüedad en la que vuelven a incidir los primeros versos de la jamba izquierda del vano de entrada:

No estoy sola, pues mi jardín (al-rawd) *manifiesta*
maravilla nunca antes vista

Es un palacio de cristal que quien lo ve
cree que es un temible mar que le espanta (Puerta Vílchez 2011b, 229).

Las referencias al cristal aluden a la excepcional cubrición cobijada en el cuerpo vertical de la linterna. Se trata de una armadura apeinazada con vidrios multicolores –transparente, rojo[95], verde, azul, anaranjado– que teñirían la luz cenital, contribuyendo al efecto caleidoscópico y acompañando a las carpinterías de las ventanas, que hubieron de presentar una formalización parecida. Este techo vidriado se incorporó cuando la torre ya estaba edificada, siendo preciso, para ello, recrecer su elevación y rehacer las yeserías interiores: los arquillos exteriores cegados marcan la posición anterior de las entradas de luz alta (Fernández Puertas 2009).

Fig. 1.2.40 - Interior del Mirador de Lindaraja. Fot. Autora del libro, 2021.

Las inscripciones epigráficas han permitido también conocer el sentido y cometido de esta estancia. Es sabido que 'Lindaraja' podría derivar de *'Ayn Dār 'Ā'isha* ('ojos de la casa de 'Ā'isha'), siendo éste, posiblemente, el nombre de alguna de las sultanas. La metáfora ocular –posiblemente empleada también en el topónimo 'Aynadamar' *('Ayn ad-dama'a)*[96]– da cuenta de la superioridad de los 'ojos' tanto de la arquitectura como del cuerpo, de lo apreciado de las vistas y de la dignidad del acto mismo de la contemplación, confirmando, por otro lado, la capacidad de estas cualidades visivas de cualificar e incluso de identificar a un espacio arquitectónico. Un largo y revelador poema de Ibn Zamrak da voz a la arquitectura, que comienza pronunciándose sobre la ventana derecha:

> *Tengo la más alta atalaya, y el más sublime lugar de aparición,*
> *y, como en el Libro reza, 'triunfará quien a lo más alto tienda'*
> (Corán 20, 64).

> *Tal límite alcanzo en toda clase de belleza,*
> *que de la misma la toman, en su alto cielo, las estrellas.*

> *Yo soy en este jardín el ojo fresco,*
> *cuya pupila es, justamente, el señor*

> *Muḥammad V, alabado por su valor y generosidad*
> *de excelente conducta y suprema celebridad.*

En esta primera parte del poema, el mirador se presenta jactanciosamente como lugar elevado y sublime, capaz de rivalizar en belleza con las estrellas, y 'ojo' del 'jardín' arquitectónico del palacio. Además, se identifica como espacio reservado al sultán, simbólico lugar de apariciones diseñado para que el soberano ('pupila') lo ocupe. Continúa sobre la ventana frontal reiterando lo anterior y añadiendo nuevas informaciones:

> *En el cielo del reino se manifiesta cual luna llena de la religión,*
> *sus obras se suceden, sus luces resplandecen.*

> *Él no es sino el sol de una mansión,*
> *en la que, con él, todo bien le da sombra.*

> *Desde mí contempla la capital del reino*
> *cada vez que aparece en el trono del califato y se manifiesta.*

Envía el corcel de su mirada al espacio en que juega el céfiro
y regresa complacido por lo visto:

mansiones en las que los ojos amenidades encuentran
y donde la mirada es cautivada y la razón trabada.

Destacan las equiparaciones del sultán con el sol o la luna, como fuentes de luz que despejan las tinieblas y, sobre todo, la explícita mención a la condición del espacio como 'trono' desde el cual el monarca extiende su mirada sobre la 'capital del reino' y sobre sus propias 'mansiones', repletas de 'amenidades'. Al igual que en el Salón de Embajadores y en el Mirador del Salón Regio, la arquitectura aparece entendida como observatorio de los 'efectos del buen gobierno' en una doble dimensión: la de la ciudad palatina o 'paraíso' interior y la del reino, ejemplificado en el territorio circundante. A la tradicional contemplación del vergel privado se suma –en este caso, explícitamente– el barrido visual del entorno, que muestra una porción representativa del territorio dominado –nuevamente, la parte por el todo–. Se trataba, en definitiva, de un posible emplazamiento del solio de Muḥammad V o lugar de selectas reuniones (Ruggles 1997). Y, en torno a la ventana izquierda, termina el poema, loando al sultán y exaltando la suntuosidad del palacio por él construido:

En ellas [las mansiones]*, la brisa atrae al frescor del aire,*
la brisa languidece, el aire sana.

El cielo de cristal muestra aquí maravillas
que escritas llenan la página de la belleza.

Una es aquí la luz, muchos los colores:
Contrarios o iguales, como quieras.

En el paraíso eterno [de estas mansiones] *a nuestro señor se le ha*
hecho disfrutar
en recompensa por el bien que se le confió y supo continuar
(Puerta Vílchez 2011b, 231).

El mirador se asomaba sobre el jardín inferior y, por encima de la muralla, sobre el cerro de San Miguel, el barrio de Axares y las terrazas del Generalife, quedando la perspectiva limitada lateralmente por el muro de separación con el callejón de los Leñadores[97] y la Torre de Comares y segmentada, al frente, por el volumen de la Torre de Abū l-Ḥayŷāŷ. Del jardín solo se sabe que probablemente estuviera puntuado por una fuente, en línea con las que pautan el eje norte-sur del Palacio de los Leones. En el Museo de la Alhambra se conserva una pila gallonada (Ø 2,10 m) con un poema de Ibn Zamrak que podría haber sido la original (Kalaitzidou 2014). No obstante, como se ha visto, el poema de la Sala de Dos Hermanas ofrece posibles datos a considerar, que llevarían a imaginarlo con flores y plantas aromáticas, e incluso un pabellón vegetal. Su delimitación por tapias laterales justificaría, por otra parte, la denominación de 'patio' presente en dicho poema. Con la Torre de Abū l-Ḥayŷāŷ ya se ha dicho que la comunicación, tanto física como visual, debió de ser estrecha: aquella atalaya complementaría la experiencia del entorno ofrecida por el Mirador de Lindaraja con su alta panoramicidad y ampliación vertical del cono visual, además de ofrecer un escape seguro a través de la muralla. Por último, el eje visual interior, coincidente con el norte-sur del palacio, interceptaría los puntos y líneas de agua bañados por los claroscuros de la sucesión de umbrales hasta culminar –cuando puertas y cortinajes se hallasen abiertos– en la fuente homónima, elemento central del 'paraíso' interior que derramaba la generosidad del califa para con sus adeptos en forma de agua.

La proyección de la plegaria

Además de los usos recreativos, estanciales y demostrativos, en la Granada nazarí la experiencia del entorno se ligó también, y de forma absolutamente innovadora en al-Andalus, a funciones religiosas como las acogidas por los oratorios privados. Tradicionalmente, estos habían sido lugares umbrosos y ciegos al exterior para favorecer la introspección (Grabar 1980, 133). Sin embargo, al menos desde el reinado de Yūsuf I (1333-1354), los oratorios privados más excelsos pasaron también a horadarse allí donde la ubicación lo permitiese y existiese la posibilidad de incorporar el panorama a los rituales piadosos sin compromiso para la intimidad. En la Alhambra contamos con dos ejemplos conservados y un tercero, no confirmado pero altamente probable, en la almunia del Generalife. Esta permeabilidad no solo permitía integrar a voluntad el territorio y los jardines en las plegarias de la corte, estableciendo un diálogo explícito con la divinidad a través de las manifestaciones sensibles de la Creación, sino que también se traducía en una luminosidad superior a la convencional que posibilitaba el desarrollo de otras funciones compatibles, como reuniones o enseñanzas religiosas, a la par que incrementaba las posibilidades de escape y de comunicación con el exterior.

Oratorio del Partal. El primer ejemplo conocido de esta casuística se halla en la zona del Partal, encabalgado sobre la muralla norte de la Alhambra. Tiempo después de la construcción del pabellón de recreo conformado por pórtico, Torre de las Damas y torreón del Observatorio, se hubo de reconocer la necesidad de un espacio apropiado para la oración en los jardines palatinos, de modo que los usuarios no se viesen obligados a realizar largos desplazamientos ni a orar en lugar poco propicio o incluso al aire libre. Felizmente se advirtió que el tramo de muralla inmediatamente al este del Partal se encontraba orientado a La Meca. Como adarve y camino de ronda habían quedado ya obstruidos y desmantelados en esta zona con la erección del pabellón norte del Partal, pudo procederse también a la colonización de este tramo sin excesivo perjuicio militar. Existía, además, una vivienda que ya había hecho lo propio, ocupando y reutilizando un torreón defensivo –la conocida como casa de Astasio de Bracamonte[98]–. El oratorio se edificó, a su vez, en parte sobre el adarve y se adosó a la vivienda por su lado occidental, sobrepasándola en altura (Torres Balbás 1945)[99]. El volumen quedó, de este modo, tangente a la cara exterior de la muralla, con el muro de la *qibla* correctamente orientado y su acceso por el frente opuesto, hacia el pórtico del Partal (fig. 1.2.41).

La cota pisable del oratorio se elevó hasta la de arranque de las almenas de la muralla, hoy desmochada. De este modo se pudo aprovechar todo el desarrollo vertical del muro macizo y, al mismo tiempo, se obtuvo la tan apreciada privacidad con respecto a los jardines inmediatos. En el alzado norte del volumen, hacia el bosque de la Alhambra, se aprecian dos nichos rectangulares correspondientes con dos de los huecos entre almenas, que dan idea de la operación de aprovechamiento efectuada. El acceso a esta cota sobreelevada se resolvió mediante una escalera tangente a la muralla y el adarve por su cara interna, de modo similar a como más tarde se haría en la Torre de Abū l-Ḥayyāŷ. Esta actitud abierta y adaptativa, capaz de transferir esquemas típicamente militares a otros usos en razón de su conveniencia, se pone igualmente de manifiesto en la aplicación de parámetros de permeabilidad a una tipología secularmente asociada a la reclusión como la de los espacios para el rezo.

El corto recorrido a pie desde el pabellón norte del Partal se abre como un improvisado balcón sobre la muralla y el adarve desmochados, que muestra las terrazas del Generalife coronadas por la almunia real. El volumen prismático del oratorio recibe hoy al transeúnte con un alzado simétrico muy modificado y descarnado, en el que solo son originales los restos de

decoración en yesería de las bandas verticales laterales. La escalera lineal ascendente, de ladrillo, fue rehecha en 1930 a partir de los restos de la anterior; el arco de herradura del ingreso fue construido por Torres Balbás replicando el del interior del umbral, y las dos ventanas altas poseen celosías de yeso que parecen datar del s. XIX (Torres Balbás 1945). Podría faltar también un guardapolvo sustentado por dos pilastras, que protegiese en tiempos nazaríes las yeserías que tuvo la puerta (Torres Balbás 1953b, 122-123; 1945), aunque resulta escaso el espacio disponible. Es de esperar que la imagen exterior del oratorio destacase originalmente por sus decoraciones policromadas, mientras que la vivienda aneja tendría revoco con fábrica de ladrillo fingida, al igual que el pabellón norte del Partal.

El umbral, de unos 90 cm de profundidad, se corresponde con el espesor del muro de acceso y posibilita la disposición en su interior de una puerta de dos hojas con capialzado-gorronera. Este debió de ser el sistema de cierre originario, y no la ampulosa puerta exterior, con quicialeras moriscas y gorroneras en ménsula, que figura en imágenes de la segunda mitad del s. XIX y primeras décadas del XX y que habría sido colocada poco antes

Fig. 1.2.41 - El Oratorio del Partal en relación con el pabellón norte, la muralla, los jardines y la alberca. Fot. Autora del libro, 2021.

(Torres Balbás 1945; López Pertíñez 2011, 10). Esta sobriedad e intimidad del ingreso –de apenas 90 cm de ancho– enlaza con los espacios de retiro anteriormente examinados y subraya la condición privada de la pieza (Calvo Capilla 2015, 458).

Al atravesar el umbral, la presencia exuberante de jardines y huertas se sustituye por una mística media luz. El espacio interior presenta planta rectangular de unos $3 \times 4,20$ m y queda dividido en dos ambientes por un arco angrelado de pared a pared: un mínimo vestíbulo, que comprende una franja de unos 70 cm a continuación del acceso, y la zona de oración propiamente dicha, que ocupa el espacio restante con proporción casi cuadrada ($3 \times 3,30$ m). Del primero cabe destacar las dos alacenas verticales con balda intermedia que horadan la cara interior del muro, como en el Mirador del Patio de la Acequia, así como las dos ventanas altas tamizadas con celosías de yeso sobre la puerta, que permiten el paso de la luz a través de sus tramas estrelladas. En el segundo, llama la atención el mihrab en profundo nicho poligonal, igualmente flanqueado por alacenas[100], y, sobre todo, la intensa permeabilidad de los cerramientos laterales.

En efecto, manteniendo la simetría axial respecto al mihrab característica de los espacios para la oración islámica, en ambos muros se abren sendos huecos geminados insertos en arcos angrelados mayores; sobre cada uno de ellos, existen, además, tres ventanas altas con celosías, a las que se suman otras dos por encima del mihrab. Las ventanas al alcance del usuario

Figs. 1.2.42 y 1.2.43 - Umbral de entrada al oratorio (izquierda) e interior del espacio (derecha). Fot. Autora del libro, 2021.

en un espacio para el rezo constituyen una extraordinaria novedad. Si bien las existentes no son originales –se cree que fueron creadas en el s. XIX, pues su elevación de unos 75 cm respecto del pavimento es la occidental y los fustes y capiteles de las columnillas se encuentran algo desproporcionados (Gómez-Moreno González 1892, 131)[101]–, en el alzado hacia el bosque de la Alhambra se observan restos de un dintel de madera a cota ligeramente inferior, hallado por Torres Balbás, que bien podría indicar la situación primigenia de los huecos (Torres Balbás 1945). Lo cierto es que los arcos angrelados nazaríes que los cobijan[102], cuya función principal era descargar parte del espesor de los muros –la 'desmaterialización telescópica' antes mencionada–, solo cobran sentido con la perforación de estos lienzos. Estas observaciones han llevado a proponer recientemente la hipótesis de unos huecos de ventana de vano único y con antepechos más bajos o incluso inexistentes (Wulff Barreiro 2012), acordes a la postura sedente mayoritaria en la oración islámica (Akkach 2005, 201). No obstante, tampoco es descartable que fuesen geminados, pues así aparecen en otras obras de tiempos de Yūsuf I como su *qalahurra* ya vista, el Salón de Embajadores o el oratorio de la Madraza granadina, abierto asimismo al exterior en sus muros laterales. Podría ser este parteluz, de hecho, el 'mármol' al que, según se dice, Boabdil ató una soga para descolgarse de la ciudad palatina y huir con sus partidarios (Baeza 1868, 20).

Aunque algunos autores han atribuido esta inusual fenestración a las enseñanzas o discusiones teológicas que podrían haber tenido lugar en el oratorio (Epalza 1987), no parece que la necesidad de una mayor luminosidad justifique por sí sola la solución adoptada, sobre todo si se tiene en cuenta el dramático emplazamiento liminal y la accesibilidad de los huecos, que, de haber perseguido exclusivamente claridad, podrían haber adoptado otra configuración. Hay, además, constancia de otros oratorios granadinos, contemporáneos o posteriores, también perforados: el del Mexuar en la Alhambra, que trataremos a continuación, o el que debió de existir al término de la Escalera del Agua en el Generalife, a criterio de varios investigadores (Orihuela Uzal 1996, 211; Bermúdez Pareja 1965; Malpica Cuello 2002, 333), sin olvidar el ya citado de la Madraza, que, aunque no se abría a una perspectiva dilatada por su situación en el entramado urbano, sí lo hacía a un ameno jardín contiguo[103]. El grado de permeabilidad de los oratorios durante el apogeo de la dinastía parece haber obedecido, por tanto, a las condiciones del emplazamiento, que en unos casos permitía un volumen lateralmente exento –comprometidos los otros dos frentes por la *qibla* y el ingreso–; en otros, dejaba descubierto uno solo de los lienzos laterales,

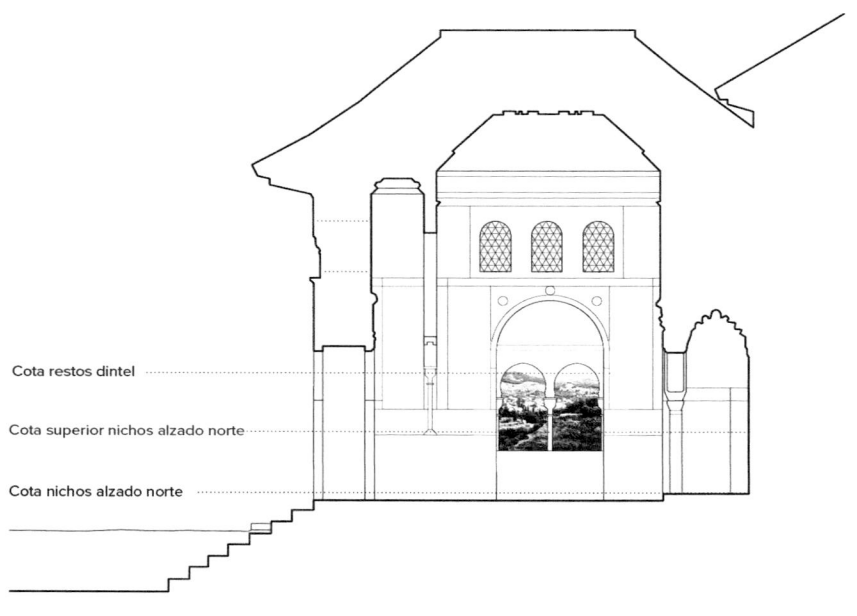

Cota restos dintel

Cota superior nichos alzado norte

Cota nichos alzado norte

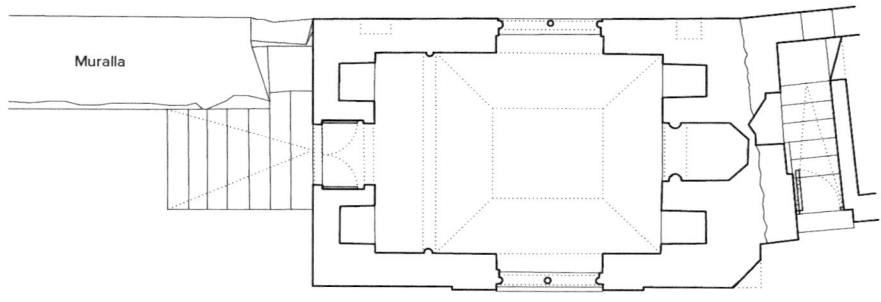

Muralla

Figs. 1.2.44 y 1.2.45 - Planta y sección del Oratorio del Partal, estado actual (izquierda) e hipotético en el s. XV (derecha). Dib. Autora del libro a partir de la planimetría de Almagro (EEA-CSIC), Wulff 2012 y APAG, Colección de planos, P-000623.

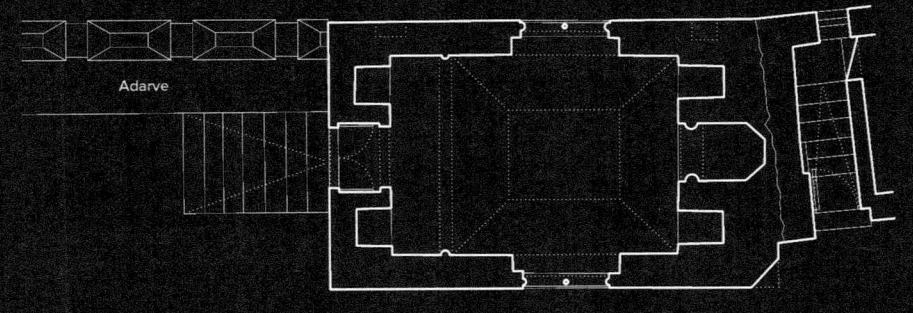

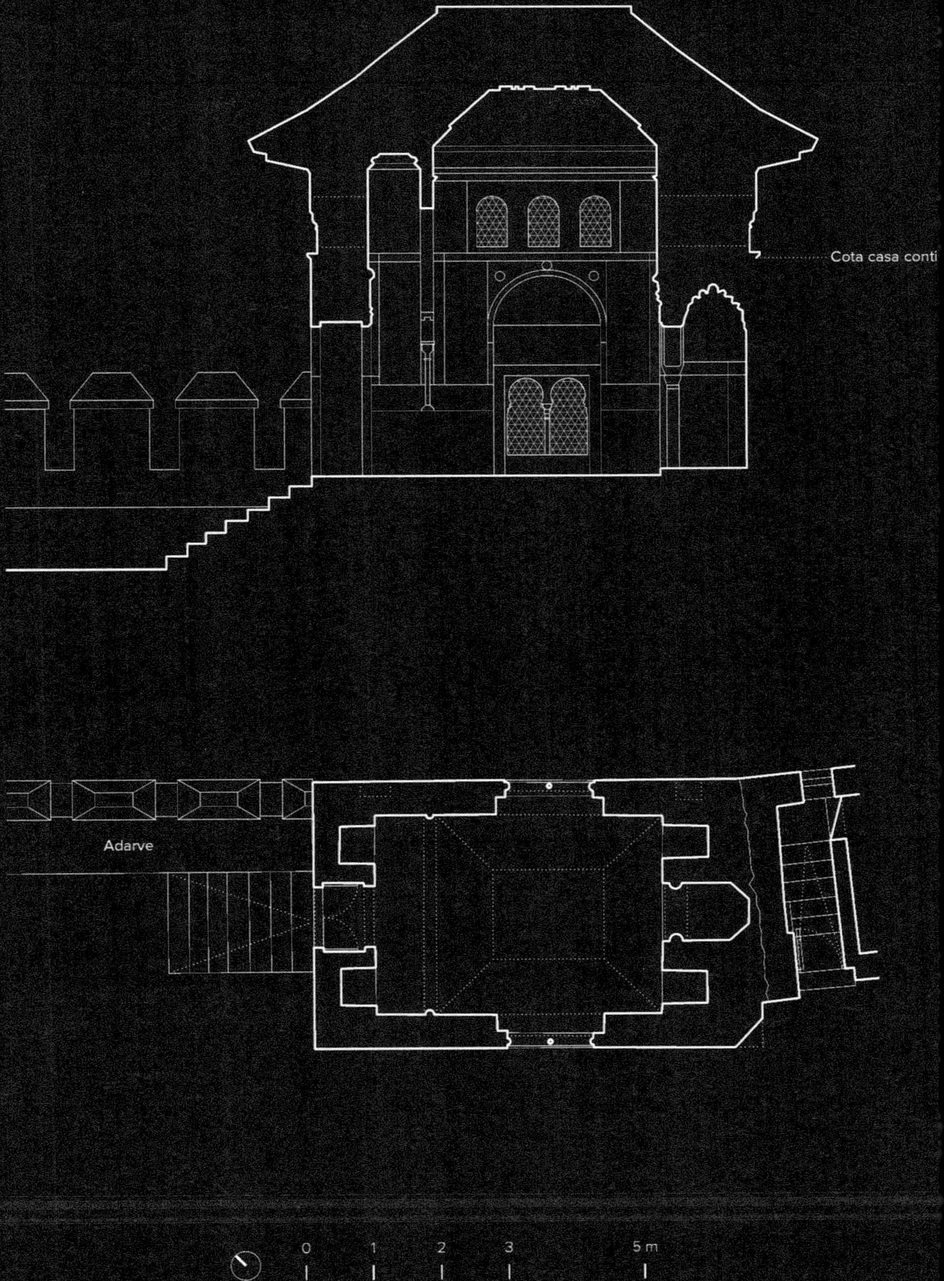

Cota casa conti

Adarve

0   1   2   3   5 m

y en otros, finalmente –como en el minúsculo oratorio de Comares–, no admitía esa posibilidad.

Si bien todos los huecos accesibles debieron de contar con carpinterías practicables o celosías para tamizarlos y graduar las condiciones interiores, la posibilidad de establecer contacto con el exterior evidencia que este había dejado de considerarse como una distracción para la oración[104]. La religiosidad se proyectaría, de este modo, al panorama circundante, en el que se leerían signos de la protección y aprobación divina (Ruggles 2008, 98); ello pudo proporcionar seguridad en aquellos episodios finales de al-Andalus intermitentemente marcados por la inestabilidad y la incertidumbre.

En el Oratorio del Partal, la situación enfrentada de los huecos y la ubicación liminal determinan que estas percepciones sean marcadamente diferentes. La ventana izquierda, orientada al noreste, se asoma sobre un vertiginoso desnivel por cuyo fondo corre el Darro. Enfrente, se observan las empinadas terrazas de la huerta Colorada del Generalife, tras las cuales se divisa la cima del cerro de San Miguel y el barrio del Sacromonte. Las formas montuosas anuncian la proximidad de la Sierra. La fuerte caída topográfica y el aislamiento del oratorio dificultarían la llegada hasta el mismo de otros sonidos que no fuesen los de las aves que sobrevuelan el barranco.

La ventana opuesta, abierta al suroeste, permite, en cambio, una visión esquinada sobre los jardines del Partal, divisándose la mitad meridional de su alberca y el desembarco de la escalera que comunica con las terrazas superiores. Los rayos de sol vespertinos inciden sobre el muro de la *qibla* en primavera y en otoño. La inmediatez de los jardines cortesanos se traduciría también en la penetración amortiguada de los sonidos de agua fluyente, animales o personas que por el lugar deambulasen. No obstante, por la ligera elevación del oratorio, su interior se sustrae hábilmente de las miradas ajenas.

Complementarían estas percepciones exteriores la materialidad de las superficies interiores y la luminosidad filtrada por las celosías de yeso. De estas últimas, las situadas sobre el mihrab introducirían la luz del amanecer con anterioridad a la sobreelevación de la casa adyacente, creando una atmósfera de espiritualidad a una de las horas del rezo. En cambio, por las tres del lado norte penetraría una constante luz difusa y, por las del sur, soleamiento directo tamizado durante buena parte del día. Vistas, sonidos y juegos de luces quedarían encuadrados en la materialidad de unos paramentos revestidos de yeserías e intensamente coloreados en tonos rojos, azules, amarillos y blancos, recreados en los dibujos de Rafael Contreras para *Monumentos Arquitectónicos de España* (Almagro Gorbea 2015, 306-307). Aunque muchas de las actuales son modernas, las de la parte alta de la estancia sí son originales y exhiben apretadas tramas vegetales. Las inscripciones epigráficas, como en otros casos, abundan en jaculatorias piadosas e instan a la oración y, en especial, a la intermedia, considerada la principal (Puerta Vílchez 2011b, 268-275)[105]. Es posible que la banda inferior de los paramentos hubiese quedado desnuda para la colocación de esteras de mimbre en verano y alfombras en invierno (Epalza 1987), mientras que de los pavimentos no se han hallado indicios de su materialidad original. Las cubriciones refuerzan la concepción y jerarquía espaciales, con una armadura en forma de artesa en la zona de oración[106], desprovista de la decoración pictórica que sin duda tuvo, y un alfarje plano de viguetas en el ámbito del vestíbulo (Torres Balbás 1945). Todo ello sugiere, una vez más, una representación sintética del mundo ordenada por la religión y regida por Allāh, al que la arquitectura rinde homenaje. Concepción espacial, permeabilidad y tratamientos superficiales favorecerían la fusión mental de espacio arquitectónico y entorno circundante: ambos se entenderían como concretizaciones distintas de un mismo universo, que compartían esencia y aspiraban a ser intercambiables.

Oratorio del Mexuar. El otro espacio para la oración permeable que podemos encontrar en la Alhambra se sitúa, como avanzábamos, en la zona administrativa del Mexuar. Se trata de uno de los ambientes edificados por Muḥammad V durante su segundo reinado (1362-1391), como parte de la remodelación efectuada en esta zona de la ciudad palatina. Cuando se trató en páginas anteriores el Mirador de la Victoria ya se apuntó que, a juzgar por el relato del *mawlid* de 1362, este oratorio no había sido concluido para entonces, pues no se menciona en la relación de la fiesta, donde se indica también que las obras en el sector se hallaban aún en curso (López López y Orihuela Uzal 1990, 122-123). Así pues, todo apunta a que el oratorio debió de edificarse en las últimas décadas del s. XIV y coincidiendo con un periodo de relativa estabilidad.

Como ocurriese con el Partal durante el reinado de su padre Yūsuf I, la necesidad sobrevenida de un espacio cualificado para la oración junto a estas dependencias condujo a examinar las preexistencias y a explorar posibles soluciones de manera desprejuiciada. La muralla en esta zona efectuaba un pequeño quiebro ortogonal, del que se advirtió que la diagonal quedaba sensiblemente orientada a La Meca. En este punto existía entonces una estancia estrecha y alargada de uso desconocido, con acceso directo por el testero del pórtico norte del Patio del Mexuar Principal –hoy de Machuca– y comunicada al sur con un patinillo aludido como la 'alhacena de los perfumes' (López López y Orihuela Uzal 1990)[107]. La solución adoptada fue tan radical como arriesgada: crear un oratorio colgado sobre el bosque de la Alhambra, apoyado diagonalmente sobre los dos tramos de muralla mediante un gran arco de descarga (fig. 1.2.46). A la nueva pieza se le dio acceso –oblicuo y excéntrico– desde el corredor o habitáculo al este del Mirador de la Victoria, cubriendo, con ello, este tramo del adarve, cuya circulación militar siguió discurriendo a cota inferior. En el alzado norte de la Alhambra se aprecian con claridad, bajo el arco de descarga, los espacios de separación entre almenas, convertidos en troneras. De la primitiva estancia de uso desconocido solo quedó un residuo espacial en forma triangular, que mantuvo el acceso por el pórtico norte del Patio del Mexuar Principal (figs. 1.2.48 y 1.2.49).

Muḥammad V siguió el ejemplo de su padre no solo en cuanto al aprovechamiento ingenioso de la orientación y estructura sustentante de la muralla, sino también en cuanto a la integración del panorama en el espacio de oración. La ubicación liminal se prestaba, ciertamente, a ello, siendo además, en este caso el norte el único flanco exento y con capacidad para horadarse. Este condicionante y las proporciones rectangulares de la pieza (3,30 × 6,40 m) condujeron a su fenestración mediante múltiples huecos, bajos y altos, hasta la práctica desmaterialización de dicho lienzo. De este

Figs. 1.2.46 y 1.2.47 - Exterior (izquierda) e interior (derecha) del Oratorio del Mexuar.
Fot. Autora del libro, 2017.

modo, la tradicional simetría lateral respecto al mihrab se sustituyó por una total asimetría o confrontación de opuestos (macizo/permeable).

El muro norte se perfora por tres huecos geminados con arcos peraltados y uno simple, accesibles a los ocupantes, y otros tantos elevados, con celosías de yeso, sobre los anteriores[108]. El actual pavimento, moderno, se encuentra rebajado: originalmente se situaba a la cota marcada por el extraño escalón perimetral[109]. Si se visualiza la rasante original, se comprende que los huecos quedaban bajos, a unos 30 cm del suelo, estando, en consecuencia, diseñados para su manipulación y mirada a través en posición sentada o arrodillada. Sus dimensiones moderadas se hallan en correspondencia con la escala y privacidad del espacio. Estos huecos sin duda contaron con carpinterías y/o celosías a haces exteriores, como sugieren su rehundido y planitud en esta dirección. Los tamices protegerían la intimidad de los ocupantes con respecto al frontero barrio de Axares y colaborarían en la consecución de condiciones de habitabilidad. Cabe destacar que las ventanas altas se encuentran anómalamente descentradas con respecto a los huecos inferiores.

La zona baja de los paramentos parece haber quedado desnuda para recibir las esteras y alfombras típicas de los espacios de culto, como en el Oratorio del Partal (Epalza 1987). A partir de los arranques de los arcos de ventanas y mihrab, los paramentos norte y este se hallan revestidos de yeserías, con motivos vegetales, el escudo y el lema nazarí; parte de estas son originales y parte modernas[110]. Las inscripciones epigráficas incluyen eslóganes piadosos y alabanzas a Muḥammad V; las del mihrab instan a la oración y a no ser *de los despreocupados* (Puerta Vílchez 2011b, 57-59). Sobre el mihrab figuran dos ventanas altas, repitiendo la composición del Oratorio del Partal, aunque en este caso fingidas. El muro sur, en origen completamente ciego, solo cuenta con una franja alta de decoraciones en yesería. El espacio, que hoy se cierra con un alfarje plano de viguetas[111], se cubría originalmente con una armadura, probablemente pintada, como todas las yeserías murales.

Todo ello permite imaginar un espacio de culto en el que los funcionarios, y quizás el propio sultán, se congregasen a las horas de la oración, cuando estas les sorprendiesen en sus labores de estado; un espacio luminoso y distinguido, con uno de sus lienzos cualificado como una suerte de mural permeable. De nuevo, la visión del entorno no parece entenderse como distracción para la plegaria, sino como un elemento propiciador de la meditación, la gratitud y la alabanza a Allāh. Se vuelve a poner de

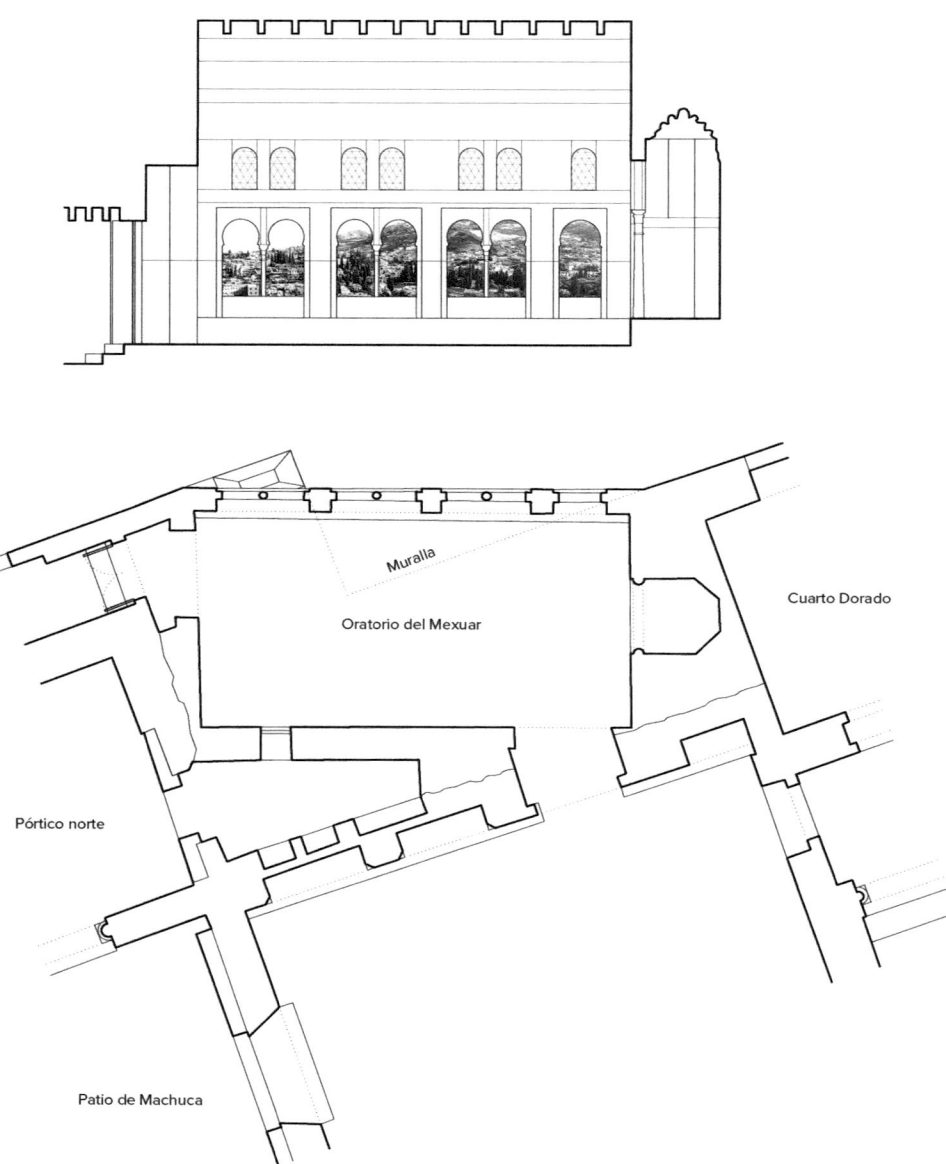

Figs. 1.2.48 y 1.2.49 - Planta y sección del Oratorio del Mexuar, estado actual (izquierda) e hipotético en el s. XV (derecha). Dib. Autora del libro a partir de la planimetría de Almagro (EEA-CSIC), López López y Orihuela Uzal 1990 y APAG, Colección de planos, P-000415 y P-000432.

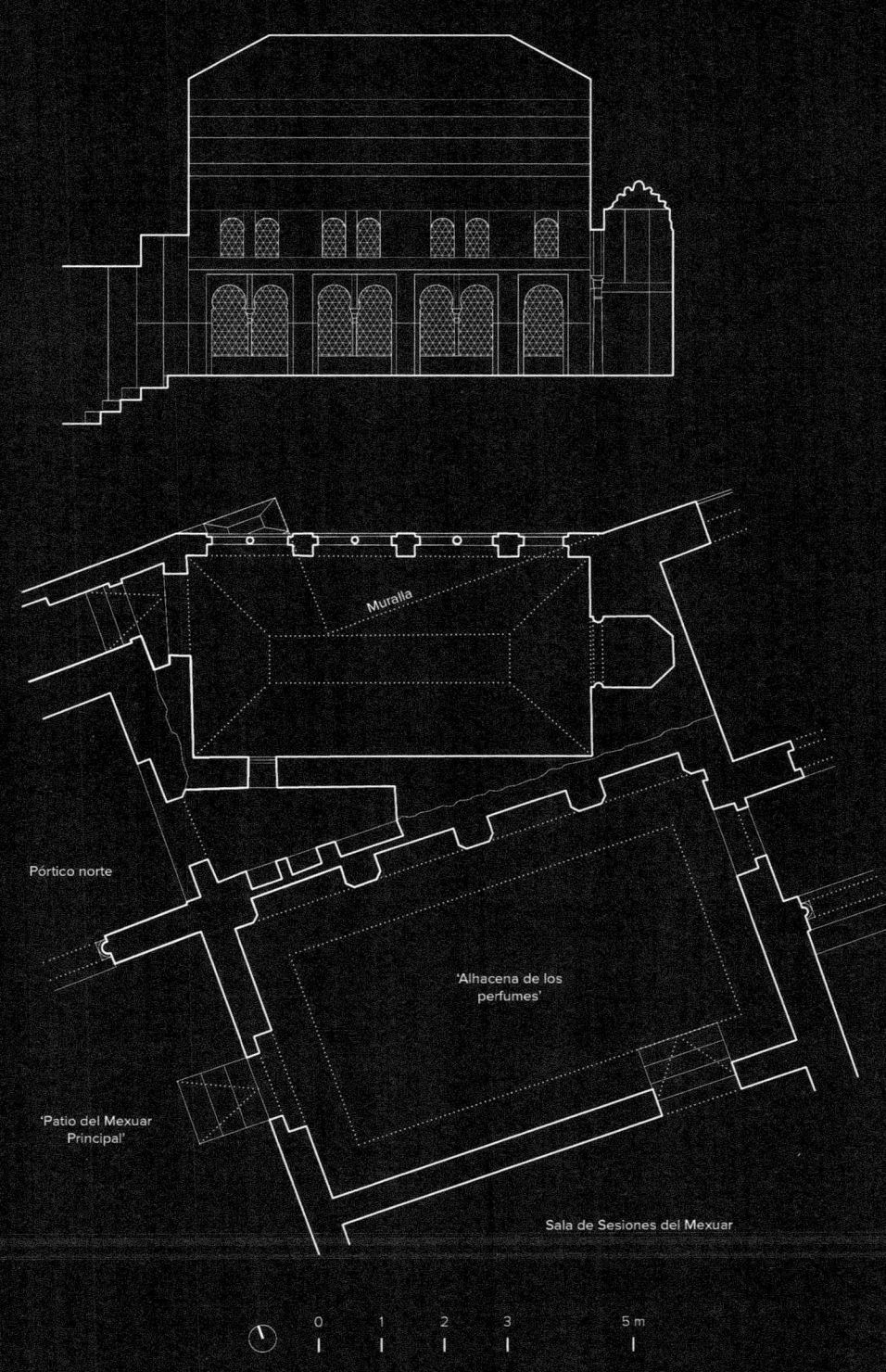

Muralla

Pórtico norte

'Alhacena de los
perfumes'

'Patio del Mexuar
Principal'

Sala de Sesiones del Mexuar

0   1   2   3   5 m

manifiesto el distanciamiento de la tradición y la ausencia de complejos con que se emprendieron estas transgresiones. Además de su función religiosa, y dada su localización y luminosidad, el oratorio pudo emplearse como una sala más del complejo administrativo del Mexuar, albergando posibles reuniones (Fernández Artell 2016, 20). Y es que la reconocida multifuncionalidad de la arquitectura islámica pudo extenderse también a los lugares de culto, especialmente a aquellos permeables al entorno; cualidad que no solo confería caracteres emblemáticos y atractivo sensorial a los espacios, sino también mayor versatilidad.

El muro perforado, hoy desprovisto de elementos de cierre, ofrece una panorámica segmentada del Albaicín, el valle del Darro y el cerro de San Miguel. El plano inferior lo domina el bosque de la Alhambra y, a sus pies, las sonoras, que no visibles, aguas del Darro. Frontalmente, en tiempos nazaríes la visión encontraría el barrio de Axares y, en apretada masa de construcciones, los arrabales superiores, que clarearían con su proximidad a la muralla. En la ladera del cerro de San Miguel existía un importante cementerio islámico *(rawḍa)* muy visible desde este punto. Este panorama estaría salpicado de incontables alminares, que a las horas convenidas se convertirían en focos emisores de las conocidas llamadas a la oración, de lo que dio buena cuenta Hieronymus Münzer (2008, 131). La atmósfera creada en aquellos momentos en el interior del oratorio sumaría a la panorámica visual un característico paisaje sonoro.

Notas

[1] En el caso del Palacio del Partal Alto, no está confirmado pero es altamente probable, dado su emplazamiento (Tito Rojo 2023, 36).

[2] Carlos Vílchez (1985) apuntó que el bloqueo y relleno progresivo de tramos del camino de ronda podría obedecer también a la necesidad de soportar los empujes horizontales de palacios y albercas. Incluso aceptando esta hipótesis —que, hasta donde sabemos, no ha sido verificada—, el deseo de contacto con el exterior permanece incuestionable en estas construcciones liminales.

[3] Muḥammad I y II reinaron hasta su muerte natural y fueron sucedidos por sus respectivos hijos. En adelante, las conspiraciones por el trono se convirtieron en un riesgo casi permanente. Muḥammad III y Naṣr se vieron forzados a abdicar, Ismāʿīl I, Muḥammad IV, Yūsuf I, Ismāʿīl II y Muḥammad VI fueron asesinados y, Muḥammad V, destronado. Los sucesivos reinados, hasta 1492, se caracterizaron por su inestabilidad y brevedad.

[4] La excepción sería el enigmático Palacio de los Abencerrajes. Adosado a la muralla sur de la Alhambra, pudo construirse en los años finales del s. XIII o los primeros del s. XIV (Torres Balbás 1953b, 120). Podría haber pertenecido a la familia real nazarí, pero también a algún alto funcionario o familia aristocrática (Malpica Cuello 2002, 104).

[5] Los trabajos de Fátima Roldán Castro, José Tito Rojo o D. Fairchild Ruggles constituyen, en este sentido, valiosas excepciones; véanse algunas de las referencias utilizadas en la bibliografía final (solo se relacionan las directamente citadas en el texto).

[6] Sobre el énfasis en el *Bāṭin*, o esencia interior de las cosas, frente al *Ẓāhir*, o aspecto exterior de las mismas, y sus implicaciones arquitectónicas, remitimos a Hakim 2010, 95-96.

[7] *Djinan* o *ŷinan* es plural, que en al-Andalus pudo haberse empleado como equivalente del singular *djanna, yanna* o *yannat* (Cabanelas Rodríguez y Fernández Puertas 1978, 10-12). No obstante, según otros autores, el nombre nazarí de la almunia –al menos durante el reinado de Muḥammad V– debió de ser Ŷannat al-'Arīf, aunque posteriormente se corrompiese la denominación (García Sánchez 2018; Vílchez Vílchez 2018).

[8] A mediados del s. XIX todavía había en este punto un cenador rústico cubierto de vegetación (Madoz 1847, 8: 541).

[9] En la *Plataforma de Granada* de Ambrosio de Vico (ca. 1613) se grafían tapias en buena parte del perímetro de las huertas (Vílchez Vílchez 2018), aunque de ningún modo pueda considerarse este documento como un registro fiel de la realidad.

[10] Rafael Manzano (1992, 64) incluso ha aventurado que estos huecos estarían *antepechados en su origen*.

[11] En su diario de obras, el arquitecto conservador recogió: *no se encontró resto alguno del friso y alero antiguo pues la parte alta del mirador estaba totalmente destruida* (Torres Balbás 1925-1936, 79-81).

[12] Andrea Navagero (1563, f. 19v) en su descripción del Generalife señaló que *l'acqua ua per tutto'l palazzo, et ancho per le camere quando si uuole, in alcune delle quali ui fa un piaceuolissimo star l'estate*.

[13] Debido a la desproporción entre anchura del vano y espesor del umbral disponible para el abatimiento, esta puerta debió de presentar una solución de apertura especial, bien de librillo, como sugirió Fernández Puertas (1980, 100-101), bien con un paño central practicable de menor anchura que el hueco.

[14] Como ya anotó Jesús Bermúdez Pareja (1965, 12): *el Generalife [...] se recuesta en ladera y sacrifica la visión espléndida de Sierra Nevada, casi ausente de su paisaje, en servicio de una mejor observación de la ciudad palatina de la Alhambra, lejana y próxima a un tiempo*.

[15] Si se observa la torre desde el norte, se aprecia la diferencia entre el cuerpo inferior macizo y la fábrica de ladrillo del cuerpo perforado que arranca de la cota pisable.

[16] En 1923 Torres Balbás había dispuesto pilares de ladrillo en los cuatro soportes (Torres Balbás 1965, 86). El actual aspecto del pórtico obedece a una controvertida intervención de Prieto-Moreno.

[17] La fuente actual data de 1967; véase APAG, Colección de Planos, P-002598.

[18] Algunos de estos arcos fueron parcialmente reconstruidos por Torres Balbás (1966, 95).

[19] Fue tabicado en 1924 (Torres Balbás 1966, 95).

[20] Torres Balbás (1966, 95) descubrió que la cubierta de la Torre de las Damas era en origen a cuatro aguas, formando una limahoya con los faldones del pórtico.

[21] José Tito Rojo (2018) ha estudiado los estanques palatinos del Occidente islámico y considera que a las funciones utilitarias del riego o el almacenamiento de agua se sumarían otras recreativas, posiblemente predominantes en los ámbitos representativos. Los paseos en barca en los estanques eran especialmente valorados en la cultura islámica medieval; para algunos autores, la natación y la inmersión pudieron ser menos habituales (Bermúdez Pareja 1974).

[22] Necesaria, entre otras cosas, para evacuar las emanaciones de braseros y lámparas.

[23] Según José Miguel Puerta Vílchez (2011a, 24), el color verde mezclado con el negro sintetiza en el Corán la imagen de la Creación y del Paraíso prometido.

[24] Mircea Eliade (1998, 37) señala que *cualesquiera que sean las dimensiones de su espacio familiar* […], *el hombre de las sociedades tradicionales experimenta la necesidad de existir constantemente en un mundo total y organizado, en un cosmos*. Añade Pierre Francastel (1970, 208) que *la simetría perfecta del mundo exterior implica el mundo cerrado y finito; es una concepción aún medieval.*

[25] Ibn al-Jaṭīb (2010, 169) únicamente destaca los conocimientos en esta materia del sultán Naṣr (1309-1314), fugaz sucesor de Muḥammad III.

[26] Fue desmontada en el s. XIX por el último propietario del edificio, Arthur von Gwinner, y hoy se exhibe en el Pergamonmuseum de Berlín.

[27] Las columnas actuales fueron colocadas por Torres Balbás, pues, en su opinión, con el tiempo habían desaparecido y sido sustituidas por dos machones de ladrillo (Torres Balbás 1966, 107).

[28] El ligero desnivel lo dispuso también Torres Balbás *para salvar la tablazón de la escalera que va por debajo* (Torres Balbás 1967, 125).

[29] El proyecto del alfarje fue redactado en 1966 bajo la dirección técnica de Prieto-Moreno; véase APAG, Colección de Planos, P-002545.

[30] Para Ernst J. Grube (2000), *la mejor y más 'islámica' arquitectura islámica es realmente una negación de la arquitectura tal como se la entiende en Europa, es decir, una negación de la estructura; aspira a la negación óptica de la realidad de la carga y de la necesidad del soporte.*

[31] El nombre procede de la leyenda sobre el cautiverio de Isabel de Solís (Zoraya), encerrada por Muley Hacén.

[32] Otros investigadores barajaron anteriormente la hipótesis de que se tratase de una torre militar reconvertida más tarde en pabellón palatino (Torres Balbás 1953b, 80; Gallego Burín 1963, 105).

[33] Fue descubierta a raíz del derrumbamiento, en 1831, del tramo de muralla situado a oriente de la torre (Torres Balbás 1931; 1953b, 80). La escalera sale al bosque por el lado

opuesto, al oeste, por un portillo de acero (Brazille Nauleta, Orihuela Uzal y García-Pulido 2023). Puede verse su trazado en el plano *Alhambra. Casa Real. Planta baja actualizada* de Leopoldo Torres Balbás y Manuel López Reche (1927) (APAG, Colección de Planos, P-008128).

[34] Otras teorías la remontaban al reinado de Yūsuf I (1333-1354) o de Naṣr (1309-1314) (Gómez-Moreno González 1892, 96; Torres Balbás 1931; 1953b, 78; Fernández Puertas 1976).

[35] El actual data de la restauración de Torres Balbás.

[36] Abu l-Ḥayyāy es *kunya* o sobrenombre de Yūsuf (Puerta Vílchez 2011b, 244). Se ha apuntado la posibilidad de que hiciera referencia a Yūsuf II o Yūsuf III, en este caso (Pavón Maldonado 1980).

[37] Podría haber dado salida al adarve (Torres Balbás 1931; Gallego Burín 1963, 103), aunque para ello habría sido imprescindible otra escalera. En la vista de la Alhambra desde el este de Hoefnagel (1564) se grafía una especie de pasaje horizontal conector entre esta torre y un volumen cercano de factura cristiana. Tras el derrumbamiento de la muralla del lado oriental, su reconstrucción se hizo algo más retrasada y con menor cota de coronación (Torres Balbás 1931; Vílchez Vílchez 1985).

[38] Desde la operación cristiana en esta torre, soportan las galerías en torno al *studiolo* de Carlos V, tratado en la segunda parte de este libro.

[39] Previamente a su intervención se encontraban cegadas o reducidas a ventanillos altos. El arquitecto llevó a cabo una investigación entre 1928 y 1929 para conocer su disposición primitiva (Torres Balbás 1931).

[40] Estos elementos de cierre hubieron de quedar gravemente dañados con la explosión de un polvorín cercano en 1590 (Torres Balbás 1931).

[41] En palabras de Ibn al-Jaṭīb (López López y Orihuela Uzal 1990).

[42] Se han relacionado con las yeserías de la Sala de la Barca y con restos de azulejos de la almunia de los Alijares, ambos obra de Muḥammad V (Torres Balbás 1931; Gómez-Moreno Calera 2007).

[43] Una de ellas, *in situ* en la esquina nororiental. Los pavimentos actuales, de barro cocido y olambrillas vidriadas, fueron colocados por Torres Balbás en 1930 (Torres Balbás 1969, 71).

[44] No debe olvidarse que el propio Muḥammad V fue derrocado en 1359 y no recuperó el trono hasta 1362.

[45] Basilio Pavón (2004, 555), en cambio, consideró este espacio como lugar de descanso del guardián de la torre, algo que, por sus proporciones, parece poco probable.

[46] En los grabados de Werner o Girault de Prangey aparece con forma rectangular.

[47] Basilio Pavón (1977, 2: 140) señala que sus zócalos *iban pintados de rojo, sin indicios a la vista de decoración floral o geométrica*.

[48] Torres Balbás indicó la altura original de esta crujía mediante un alero de reducido vuelo en la mitad oriental del alzado norte, hacia el bosque de la Alhambra (Vílchez Vílchez 1991, 75).

[49] La distancia del vano al extremo occidental del pórtico es 10 cm menor que al oriental.

[50] Se han establecido relaciones entre este vano tripartito y el del Salón Rico de Madīnat al-Zahrā' (Hernandez Giménez 1985, 46).

[51] En ella perecieron los infantes don Juan y don Pedro.

[52] Torres Balbás (1925-1936, 79) halló en 1932 los restos de unas vigas de anclaje de la torre a la fábrica preexistente del pabellón norte. También Antonio Fernández Puertas (1982) y Antonio Orihuela (1996, 210-211) han atribuido la torrecilla a la reforma de Ismāʻīl I. En cambio, Rafael Manzano (1992, 66) la supone obra de Muḥammad II, reformada por Ismāʻīl I.

[53] Este alminar aparece representado en el grabado de Louis Meunier *Palais du roy d'espagne dans le chateau de laLambre de Grenade* (1668).

[54] Debido a que el arquitecto Pedro Machuca y, después, su hijo Luis fijaron en torno a él su estudio y residencia durante la construcción del Palacio de Carlos V. Esta denominación consta en documentos históricos desde entonces (Gallego Burín 1963, 62, n. 91).

[55] Torres Balbás solo advirtió la existencia de galerías en los frentes norte y sur, mientras que para Ángel López y Antonio Orihuela las hubo en los tres lados, pues Ibn al-Jaṭīb señaló: *este atrio está rodeado por una larga galería cubierta que recuerda al Balat al-Walid, y que se alza sobre torneadas columnas de mármol* (Torres Balbás 1953b, 52; López López y Orihuela Uzal 1990). Estos últimos autores emplean 'atrio' como traducción del término *īwān* presente en el texto original y respetado en la traducción de García Gómez.

[56] APAG, Colección de Planos, P-001231.

[57] En el imaginario islámico medieval estaba muy presente el relato del pavimento de cristal del palacio de Salomón, que Bilqis, reina de Saba, creyó una superficie de agua.

[58] Muḥammad V estuvo exiliado en el norte de África entre 1359 y 1362 y, según López López y Orihuela Uzal (1990), pudo haber tomado referencias de las albercas magrebíes de ascendencia romana. Sin embargo, Arnold (2023) considera que albercas similares debieron de existir también en la península ibérica.

[59] Esta última denominación se debe al hallazgo en 1858 una daga nazarí embebida en la fábrica.

[60] La mayoría de autores adscriben esta transformación a Yūsuf I, aunque Fernández Puertas la atribuyó a Naṣr, *ya que su arrocabe muestra recortada la* kunya *del soberano y encajada la postiza de A[bū l-Ḥaŷŷāŷ] Yūsuf* (cit. en Malpica Cuello 2002, 190). El Yūsuf 'suplantador' podría ser, en tal caso, cualquiera de los de la saga (I, II o III). El autor emplea la misma argumentación en la Torre de Abū l-Ḥaŷŷāŷ.

[61] La palabra *bahw* puede traducirse por 'pabellón', 'cámara'.

[62] La lectura del relato de Ibn al-Jatib (2010) ha llevado a pensar que Ismāʻīl II se refugió en este espacio ante la emboscada tendida por su primo Muḥammad Abu Said –después Muḥammad VI– en 1360 (García Gómez 1988, 248-249; López López y Orihuela Uzal 1990, 122-123; Puerta Vílchez 2011b, 40). No obstante, otros autores (Bush 2018, 260-262) cuestionan esta interpretación –que, ciertamente, ofrece dudas, como la referencia a la torre como 'grande'– y proponen una lectura alternativa del testimonio, según la cual la

torre habría sido el lugar donde se estableció Muḥammad V durante la celebración del *mawlid* de 1362.

[63] Similar impresión de regularidad pudo perseguirse en el Patio de la Acequia, como se ha expuesto.

[64] Las columnas, a juicio de Torres Balbás, fueron retiradas de esta galería en el s. XVI y dispersadas por otras construcciones de la Alhambra, por lo que decidió reintegrarlas en su intervención de consolidación (Torres Balbás 1966, 103).

[65] Una reconstrucción gráfica de la rejilla se puede encontrar en Arnold 2023.

[66] Torres Balbás intervino en la torre en los años 20 y construyó, en el lugar del ajimez desaparecido, un balcón volado con balaustres de madera. Más recientemente, el Servicio de Conservación de la Alhambra eliminó el balcón y adoptó el criterio de colocar celosías modernas allí donde hubo ajimeces o celosías en época nazarí y se han perdido.

[67] Esta disposición es similar a la de los alicatados del Patio del Cuarto Dorado y del pórtico del Partal, por lo que es posible que conformasen un dibujo parecido, de recuadros concéntricos con variaciones de color.

[68] La epigrafía presente en el espacio consta fundamentalmente de reposiciones realizadas bajo la dirección de Torres Balbás (Puerta Vílchez 2011b, 41; Torres Balbás 1966, 105).

[69] Corría el mes de diciembre.

[70] Antes del estudio de Cabanelas se propusieron otros significados del término 'Comares' que desde entonces se consideran menos plausibles.

[71] El poema que hubo en el pórtico sur hacía mención a esta ampliación (Puerta Vílchez 2011b, 85).

[72] José Tito (2018) ha estudiado las variaciones de longitud que experimentó el estanque en los siglos XIX y XX.

[73] A este reflejo hace referencia un friso de madera que, en opinión de Puerta Vílchez (2013), hubo de estar emplazado en este patio: *Soy como una doncella cuyos esponsales se desean / y a la que de antemano se le disponen corona y diadema; / ante mí está el espejo, una alberca* (buḥayra) *en cuya superficie toman forma mis bellezas.*

[74] Fueron repuestas en su lugar por Modesto Cendoya (Tito Rojo 2018). Algunos autores consideran que la fuente que existió en el centro de la alberca a comienzos del s. XVI —y que aparece inequívocamente grafiada en la llamada Planta Grande atribuida a Machuca— podría ser nazarí (Tito Rojo y Casares Porcel 2011, 112-113).

[75] Ibn Luyūn (2014, 272-274) recomendó plantar junto a la alberca *macizos que se mantengan siempre verdes y alegren la vista.*

[76] Este tipo de motivos José Miguel Puerta Vílchez (2011a, 68) los denomina 'metaarquitecturas verbales y con vergel'.

[77] El alto zócalo de alicatado (1,75 m), de vivos colores, fue dispuesto a finales del s. XVI, con toda probabilidad, para sustituir a otro anterior en mal estado (Gómez-Moreno González 1892, 45; Gallego Burín 1963, 80).

[78] El original ardió en el incendio de 1890 (Pavón Maldonado 1975, 1: 106).

[79] En ellas subsistían tarimas en el s. XVI (Gómez-Moreno González 1892, 50).

[80] A ambos lados, se abren puertas a dependencias privadas: la de la izquierda proporciona acceso a una escalera comunicante con las plantas altas de la torre y la de la derecha da entrada a un diminuto oratorio privado, previsiblemente para uso exclusivo del sultán.

[81] ... *tre finestre per facciata fatte et lauorate alla qualita de la porta et de orni parti che uoglieti guardare uedeti tutta la terra o la maggior parte con una uista per quello colle di arbori uerdissimi mortelle aragni et lauori et frutti diuersi con il scaturir in diuersi luochi delle piu fresche et chiare fontane del mondo* (Marías Franco 2000).

[82] Así recoge los daños el informe del aparejador Juan de la Vega: *en la quadra principal de la casa real qu'es la torre de Comares rronpió e quebró derribando por el suelo todas las bedrieras que tenia la dicha quadra altas y baxas y otras tres qu'estan en la entrada de la dicha quadra sobre las puertas d'ella [...]. Así mesmo en la dicha quadra se llevó y cayeron en el bosque cinco bentanas hechas pedaços todas* (Bermúdez Pareja y Moreno Olmedo 1966). En 1595 Antonio Aquilino fue pagado por colocar nuevas vidrieras pintadas por Francisco Ruiz (López Guzmán 1993, 173; Galera Mendoza y Cambil Campaña 2010).

[83] Las baldosas cerámicas que existen en el centro son, en su mayoría, de tiempos posteriores a la conquista (Bermúdez López 2010, 119).

[84] Véase la recreación del pintor Manuel Maldonado (Cabanelas Rodríguez 1988, 114).

[85] Título de las famosas pinturas murales de los hermanos Lorenzetti en el Palazzo Pubblico de Siena (s. XIV). Estos frescos han sido propuestos por algunos autores como los primeros representantes del nuevo género del paisaje en Europa.

[86] En realidad, *riyāḍ* es plural, o sea, 'jardines'.

[87] Cabe recordar que, con motivo del matrimonio de Yūsuf I, Ibn al-Ŷaŷŷāb compuso un poema, estudiado por María Jesús Rubiera, donde se hablaba de *grupos de gentes que pasean / entre quioscos y sombras; el bienestar se desborda, pues hay aguas / que aparecen y desaparecen* (Rubiera Mata 1994, 147).

[88] Este palacio no se trata en este libro por motivos de espacio, pero cuenta también con un mirador, a todas luces obra de Muḥammad V, que representa una casuística híbrida entre el salón demostrativo y el retiro íntimo, con vistas sobre las terrazas de sus huertas (Rodríguez Iturriaga 2022, 203-212).

[89] Al menos, contaba con ellos a principios del siglo XVI, según el testimonio de Antoine de Lalaing (García Mercadal 1999, 1: 443-444). Otros autores afirman que los naranjos fueron traídos de Mallorca y plantados por los Reyes Católicos (Vilar Sánchez 2007, 134-135).

[90] La puerta actual es réplica de la original, que se conserva en el Museo de la Alhambra.

[91] Estas ventanas pudieron contar con vidrios coloreados (Fernández Puertas 2009).

[92] La similitud con el Salón Regio y su correspondiente mirador llevó a Antonio Fernández Puertas a sugerir que el de Lindaraja se hubiese construido por el mismo procedimiento, adosando con posterioridad –hacia 1380, en opinión del autor– una torre al frente norte de la Sala de los Ajimeces, cuyo vano de acceso habría venido a reemplazar a un balcón central (Fernández Puertas 2009). Hasta donde sabemos, esta hipótesis no ha sido probada.

[93] Rafael Contreras (1878, 271) aseguró que, en contra de lo indicado por el padre Echeverría, en estas jambas nunca hubo tacas ni su decoración fue modificada.

[94] Sobre el origen y significados de este motivo en el arte islámico, puede verse Puerta Vílchez 2011a, 71.

[95] Fernández Puertas argumentó que el color rojo no debió de estar presente en origen, sino que habría sido introducido en una de las restauraciones del s. XIX. Para el investigador, los colores de los vidrios se relacionaban con los de los alicatados (Fernández Puertas 2009).

[96] Finca del visir Ibn al-Jaṭīb en la zona de la Cartuja en Granada.

[97] A través de él se surtía de leña al Baño de Comares (Bermúdez Pareja 1974; 1976; Vílchez Vílchez 1985).

[98] Astasio de Bracamonte fue escudero del conde de Tendilla y ocupó esta vivienda conjuntamente con el oratorio a mediados del s. XVI.

[99] Actualmente es la vivienda la que sobrepasa en altura al oratorio.

[100] En ellas se dispondrían libros piadosos y lámparas perfumadas, que contribuirían al misticismo de la atmósfera (Epalza 1987).

[101] Torres Balbás decidió respetarlos al no existir evidencias claras de su estado previo (Torres Balbás 1945).

[102] Además, el tímpano del arco izquierdo es nazarí, según Torres Balbás (1969, 76), mientras que el derecho sería copia moderna del frontero.

[103] La excavación arqueológica de 2006 puso de manifiesto la existencia del jardín oriental (Mattei 2006).

[104] Según José Miguel Puerta Vílchez, en la religión islámica la percepción sensorial *tiene como fin sustentar la fe trasladando al intelecto* ('aql) *las percepciones obtenidas de la contemplación objetiva del cosmos* (Puerta Vílchez 2018a, 98).

[105] La inscripción se desarrolla por el alfiz del mihrab.

[106] Restaurada por Torres Balbás y, más recientemente, por Federico Wulff.

[107] En este patio quizás se almacenasen esencias para perfumar la Sala de Sesiones, pudiendo también servir como antesala y acceso directo al pórtico del Cuarto Dorado.

[108] Los arcos fueron hallados por Rafael Contreras bajo una gruesa capa de yeso (Contreras 1878, 301). A finales del s. XIX se hallaban *a medio descubrir* (Gómez-Moreno González 1892, 106).

[109] Dispuesto por Torres Balbás en 1925 (Torres Balbás 1967, 130). El arquitecto estableció también el nivel del nuevo pavimento, adecuándolo al de la zona norte de la Sala de Sesiones o coro de la capilla.

[110] Modesto Cendoya intervino en el oratorio entre 1911 y 1915, labrando nuevas columnas para los huecos y rellenando los paramentos de decoración, a veces copiada de fragmentos originales y a veces inventada. Sus decisiones fueron muy contestadas en los círculos artísticos de la época (Álvarez Lopera 1977).

[111] Colocado por Torres Balbás en 1929 (Torres Balbás 1968, 124).

Parte 2

Asimilación e interpretación de la herencia nazarí: la dimensión paisajística de las obras reales

Examinadas las relaciones con el entorno en los espacios palaciegos liminales de la Alhambra y el Generalife nazaríes, cabe preguntarse a continuación por la reacción de la Corona hispánica ante estas construcciones a partir de 1492. La conquista de este último bastión del islam peninsular no solo supuso el reemplazo de una monarquía por otra, sino que implicó la introducción masiva de ópticas y modos de habitar que afectaban a la concepción de este paraje y a la experiencia del mismo. Aunque los influjos culturales fueron mutuos y constantes durante toda la Edad Media, con las intervenciones en la ciudad palatina se evidenciaron las hibridaciones y apropiaciones exitosas pero también las diferencias, de prioridades y de preferencias, entre ambas mentalidades. Además de la comparación con el periodo nazarí anterior, el siglo que siguió a la conquista presenta el interés de coincidir cronológicamente con la eclosión cultural y artística del Renacimiento, profusamente historiada en sus implicaciones paisajísticas: el redescubrimiento de la visión clásica de la naturaleza, el auge de la cartografía y la corografía, el aumento de los viajes o la revolución pictórica operada con la perspectiva y el reconocimiento de la pintura de 'países' incidieron directamente en la aproximación al entorno de las élites hispanas. La Alhambra y el Generalife en este tiempo reflejan un mestizaje cultural que se tradujo en nuevos entrelazamientos entre arquitectura y paisaje de los que también queda mucho por explorar.

Fig. 2.0 - La Alhambra hacia 1500. Detalle del cuadro *La Virgen de Granada*. Petrus Christus II (atrib.), ca. 1500.

133

Un paisaje en construcción

Como en el caso de la cultura islámica medieval, la existencia de paisaje en la occidental cristiana durante la Baja Edad Media ha sido cuestionada o, directamente, descartada. El motivo, de nuevo, ha sido la no-identificación de su producción cultural conocida con los rasgos comúnmente asociables a una 'artealización' (Roger 2007) del entorno. Sin embargo, al igual que en el episodio anterior, esta asunción apriorística debe ser puesta entre paréntesis si se asume un enfoque no exclusivamente artístico-estético del asunto de acuerdo con el CEP. Conviene, pues, desgranar los factores y referentes ambientales que pudieron mediatizar la interpretación del territorio para aproximarnos a la visión del mismo por esta sociedad y a las relaciones que con él se deseó establecer por medio de las construcciones.

El lento descubrimiento del entorno

Un primer aspecto a tener en cuenta, que pudo diferenciar la aproximación al territorio en la fracción andalusí de la Península y en los contemporáneos dominios cristianos, es que, frente a la marcada tendencia urbana de al-Andalus, los segundos se caracterizaron por su ruralidad y baja densidad de población durante todo el medievo (Torres Balbás 1954; García Sanz 2000). Ello se tradujo en un entendimiento del territorio fundamentalmente

Fig. 2.1.1 - Granada hacia 1500. *La Virgen de Granada*. Petrus Christus II (atrib.), ca. 1500.

como medio productivo y seña de identidad y en una menor inclinación a su experiencia ociosa o idealización. La explotación agrícola, menos avanzada y fructífera, no había convertido a la tierra en un motivo de especial orgullo y contento, mucho menos a escala territorial. La estrecha dependencia del medio sugiere, en cambio, su visión como sujeto activo y envolvente, en parte inescrutable y puntuado por signos simbólicos (Barros 1999; Gurevich 1985, 47, 56; Zumthor 1994, 35-36, 75-76). Solo a partir del siglo XV puede entreverse un cambio de tendencia, con la puesta en servicio de buena parte de las tierras del medio rural y el inicio de un periodo de prosperidad que llevó aparejado un acelerado aumento de la población urbana (García Sanz 2000).

Por lo que respecta a los mecanismos perceptivos, referentes ambientales y criterios valorativos disponibles, existen puntos en común con la cultura islámica medieval, explicables por el compartido origen geográfico de ambas religiones, por la influencia en ellas de la cultura clásica y mediterránea y por la circulación de tratados y teorías cuya repercusión traspasaba las fronteras. Así, es bien conocida la primacía de la vista sobre el resto de sentidos y su identificación con el entendimiento y la racionalidad, aunque en ocasiones se desconfiase de ella (Cosgrove 1997, 101; 2002). La luz, que hacía posible la visión, era igualmente considerada irradiación divina y principio de toda belleza y, entre los colores que desvelaba, existía una abierta preferencia por aquellos nítidos, vivos y contrastados (Eco 1999, 58-67; Bruyne 1994, 34-35). El *locus amoenus* o 'entorno ideal' (Tuan 2007) por excelencia lo encarnaba asimismo el prado florido, derivado de los textos clásicos y del Génesis y evocador tanto del oasis oriental como del Edén perdido: lugar preferentemente llano, sombreado por árboles dispersos o agrupados, refrescado por el agua y amenizado por el canto de los pájaros, donde era frecuente situar las escenas de amor cortés (Martínez-Burgos García 1986; Zumthor 1994, 105; Bruña Cuevas 1999; Maderuelo 2007, 53; Rodríguez Bote 2014). Cerrado, representaba la pureza virginal de María y un remanso de orden y armonía propicio a la meditación y al deleite –el famoso *hortus conclusus*–; a gran escala, se identificaba con los valles luminosos, fértiles y habitados, cuyo trabajo esforzado garantizaba la supervivencia y eventualmente la prosperidad (Barros 1999; Tuan 2007, 161; Insausti Machinandiarena y Vigil De Insausti 2010). En contraposición, el *locus horridus* o *agrestis* lo ejemplificaban otros tipos de 'desierto' más abundantes en el continente y, en general, repudiados por la civilización, a los que se transfirieron idénticas connotaciones de aislamiento, desolación y dureza. Los principales fueron el bosque –imaginado

como guarida de maleantes y de una naturaleza indómita y casi endemo-
niada (Zumthor 1994, 64-67; Le Goff 1999, 111-112; 2002, 30-39; López
Ríos 2006; Rodríguez Bote 2014; Colonna 1999, 81)–, el mar –proceloso e
imprevisible–, el yermo –lugar áspero, condenado y estéril, pero también
de revelación y expiación de los pecados (Tuan 2007, 151)– y la montaña
–espacio de manifestaciones divinas y de vida ascética (Bruña Cuevas 1999;
Zumthor 1994, 62-63)–.

Estos tópicos ambientales presentaban, como se aprecia, una fuerte dimensión simbólica, connotativa y alegórica que los hacía casi intercambiables
en sus concretizaciones reales y que se explica por el papel asignado a los
sentidos y el pensamiento abstracto por parte de los principales ideólogos
del cristianismo medieval (Eco 1999, 69-99). La cultura islámica también
estaba impregnada de simbolismo, como se vio, pero en ella la percepción sensorial gozaba, en general, de una alta consideración como herra-
mienta para la recepción atenta y agradecida de la Creación. La relación
del cristianismo medieval con el mundo físico experimentó, en cambio,
más oscilaciones y contó con tendencias divergentes. Si en la primera fase
de cristianización perduró una actitud benévola hacia la naturaleza here-
dera de la cultura clásica, los principales ideólogos del cristianismo altome-
dieval difundieron una visión del mundo en la que los estímulos sensitivos
representaban 'distracciones' para la razón que la desviaban del verdadero
conocimiento (Argullol 1985, 46-49; Berque 2009, 18; Maderuelo 2007, 72;
San Agustín 2015, 95-96). De estas posiciones se derivó una comprensible
ansiedad hacia toda percepción sensorial (Roodenburg 2016, 10), de la que
es buen ejemplo la tajante reserva del Concilio de Tours (813):

*Todo cuanto ejerza seducción sobre los oídos y los ojos y pueda
corromper el vigor del espíritu debe ser puesto a distancia por los
sacerdotes de Dios; por regla general, mimando el oído y el ojo,
todos los vicios penetran en el alma* (Maderuelo 2007, 70).

Según Marc Bloch (2011, 105-106), era preferible la interpretación visiona-
ria a la observación empírica del mundo físico, al que únicamente cabía
reconocer un interés instrumental en cuanto morada terrenal transitoria,
antesala forzosa de aquella verdaderamente anhelada, que era la celestial.
A partir del s. XII, y de la mano de pensadores como San Francisco de Asís,
San Buenaventura o San Alberto Magno, sí se registra un acercamiento a
la realidad concreta de la naturaleza (Glacken 1967, 227-229; Gurevich
1985, 59; Maderuelo 2007, 80-81) y una visión más positiva del entorno,

especialmente en las regiones meridionales, reconocible, por ejemplo, en la pintura del *Trecento* (Rodríguez Bote 2014). Este incipiente empirismo o curiosidad científica puede relacionarse con lo que se ha denominado el 'antropocentrismo católico' (Pérez López 2013): la asunción de la superioridad del ser humano, en cuanto imagen de Dios, sobre el resto de especies –que no resucitan y a las que no se les espera en el Paraíso– y su dominio legítimo de la naturaleza (Glacken 1967, 236; Kay 1989); postura que convivió con las inercias agustinianas que privilegiaban la 'mirada interior', dotadas de alto prestigio (Martínez-Burgos García 1986).

Puede decirse, por tanto, que no existió una posición fija del cristianismo medieval hacia el mundo sensible, siendo posiblemente la asociatividad simbólica y los arquetipos ambientales que contribuyó a extender su legado más influyente. Lo que sí parece claro es que la apreciación desinteresada del entorno en este contexto debió de ser una actividad excepcional, de la que no ha quedado prácticamente constancia. Si durante la mayor parte de la Edad Media no se dio un distanciamiento del territorio que lo convirtiese en objeto de atenciones *per se,* y no en pos de alguna otra finalidad, es lógico que este tuviese un papel marginal en la producción cultural del momento (Cosgrove 1998, 41; Gurevich 1985, 44). Así se explica el que, hasta el s. XVI, para la insinuación pictórica de un lugar bastase con la incorporación de figuras convencionales como un árbol aislado o unas rocas puntiagudas, que desempeñaban un papel metonímico (Baxandall 1978, 66; Maderuelo 2007, 27; Gurevich 1985, 36). No existía un interés por la representación de parajes específicos ni, por tanto, una voluntad de aprehensión y transmisión de sus formas, caracteres y atributos sensoriales. En las otras artes la situación no era muy distinta (Balcells 1999; Bruña Cuevas 1999). Así, en referencia a la ausencia de descripciones de lugares en la literatura de la época, Burckhardt resumió de forma expresiva:

> *Por los poemas que escribieron nadie podría decir que estos poetas pertenecientes a la nobleza de todos los países hubieran visitado y conocido mil torres y castillos, situados en lo alto de una loma, desde los cuales se podrían divisar los más extensos panoramas* (Burckhardt 1992, 261).

Del mismo modo, aunque tradicionalmente se ha identificado el ascenso de Petrarca al Mont Ventoux (1336) como uno de los momentos iniciáticos del interés por el paisaje en el contexto bajomedieval (Burckhardt 1992, 262-263; Ritter 1986, 125-137), algunas investigaciones extraen de sus palabras más una narración metafórica de trasfondo piadoso que una verdadera excursión y experiencia de las cumbres (Turner 1993, 57; Maderuelo 2007, 84-85), como parece confirmarlo la sentencia agustiniana con la que el poeta puso término a su periplo:

> *A Dios pongo por testigo y al que estaba allí presente que, donde primero fijé la vista, estaba escrito esto: 'Y van los hombres a admirar las cumbres de las montañas y las enormes olas del mar y los amplísimos cursos de los ríos y la inmensidad del océano y las órbitas de las estrellas, y se olvidan de sí mismos'. Me quedé atónito, lo confieso; a mi hermano, que estaba ansioso por seguir oyendo, le rogué que no me molestara y cerré el libro, irritado conmigo mismo por estar todavía contemplando cosas terrenales, cuando hacía tiempo que debería haber aprendido incluso de los filósofos paganos que 'nada es admirable excepto el alma, junto a cuya grandeza nada es grande'* (Petrarca 2002, 60-61).

Pero que no existiera, como todo indica, un distanciamiento vital del entorno ni una apreciación del mismo en términos exclusivamente estéticos no significa que no se proyectasen sobre él valores y juicios culturales, como, de hecho, estamos comprobando; es decir, la ausencia de 'artealización' (Roger 2007) no descarta automáticamente la existencia de un paisaje, si por paisaje entendemos la interpretación cultural del entorno, pues en ella tienen cabida todo tipo de asociaciones y valoraciones. Que se diesen las estructuras cognitivas necesarias para aprehender conjuntamente el panorama como un todo y no como una suma de elementos discretos es otro dilema bastante más determinante, aunque este no sea el lugar para abordarlo. La pintura y la literatura del Medievo sugieren, es cierto, una atención fragmentada y de detalle más que global, pero tampoco debe perderse de vista el objetivo de dichas figuraciones ni los cánones artísticos a los que respondían, distintos de los actuales.

De cualquier modo, el predominante utilitarismo o interés pragmático de la experiencia del territorio contribuye a explicar la introversión de la arquitectura del momento; en particular, las apariencias hoscas, opacas y fortificadas y las composiciones centrípetas, abiertas preferentemente a patios interiores. Jérôme Baschet (2009, 373) ha puesto de manifiesto la *percepción concéntrica del espacio, que valora un centro positivo y sacralizado (en oposición a la periferia), y una interioridad protectora y tranquilizante (en oposición al exterior).* El palacio de Don Fadrique en Sevilla (s. XIII), el

Alcázar de los Reyes Cristianos en Córdoba (s. XIV), las intervenciones de Alfonso X, Alfonso XI o Pedro I en los Alcázares sevillanos (ss. XIII-XIV); la casa-palacio de los duques de Feria en Zafra (s. XV), o el Palacio Ducal de Pastrana en Guadalajara (s. XVI) son ejemplos representativos. En la arquitectura más noble, los huecos que excedían las funciones prácticas de vigilancia, iluminación o ventilación solían formalizarse como 'ventanas de asiento', que ocupaban, a modo de nichos, el espesor de los muros exteriores (Arciniega García 2015): en ellos, además de la vista sobre el espacio libre inmediato –más que sobre el horizonte–, la iluminación natural facilitaba la lectura o la conversación *vis-à-vis*. En la etapa final del gótico fueron también frecuentes las balconadas o galerías altas –llamadas 'andamios' en la Edad Media (Ruiz Souza 2013b)–, dispuestas en las fachadas para presenciar justas, paradas militares, torneos o celebraciones que tuviesen lugar en las inmediaciones. En el s. XVI se llamaba 'mirador' o 'miradero' a este tipo de palcos cubiertos[1].

Estos dispositivos se inscriben en un proceso de 'exteriorización' iniciado a mediados del s. XV (Chueca Goitia 1965, 563), por el que castillos y palacios se desprendieron paulatinamente de su aspecto militar o monacal para empezar a prestar atenciones tanto a la experiencia del entorno desde el espacio arquitectónico como a la imagen externa de la construcción y lo que de ella se colegía. En este proceso, las formas tradicionales ideadas con propósitos defensivos o eminentemente funcionales se vieron reinterpretadas desde el prisma moderno de la ociosidad y utilizadas con fines recreativos. Paseadores, balconadas, galerías y miradores colonizaron los cerramientos de las construcciones más notables, que empezaron a componerse atendiendo también a su percepción desde el exterior, como 'escaparates' del linaje familiar. Ejemplos conocidos son el Castillo de Manzanares el Real, el Palacio del Infantado en Guadalajara, la Casa del Cordón, el Palacio de los Hurtado de Mendoza en Almazán o el Palacio de los Duques de Medinaceli en Cogolludo. Esta 'exteriorización' de la arquitectura más noble no fue, desde luego, repentina sino progresiva y gradual, y vino propiciada, además de por la creciente pacificación y estabilización del territorio dominado por los cristianos, por el filtrado y la asimilación de tres influjos culturales principales: el Renacimiento italiano, la cultura flamenca y el mundo andalusí.

Bases para la exteriorización arquitectónica

Del entorno flamenco, con el que, por razones políticas, se estrecharon los lazos a partir de finales del s. XV, se asimiló paulatinamente el interés por el aspecto del territorio. De una parte, las cartografías y corografías urbanas producidas por aquellos especialistas contribuyeron a la construcción gráfica tanto de la *urbs* como de la *civitas* y difundieron las primeras imágenes verídicas de las ciudades ibéricas, útiles para su conocimiento y gestión (Calatrava Escobar y Ruiz Morales 2005, 40; Kagan 1998; 2009; Haverkamp-Begemann 1969). Se trataba de representaciones entendidas como científicas más que artísticas, aunque no estuviesen completamente exentas de licencias (Maderuelo 2007, 278-279). De otra parte, la pintura conocida como de 'países' –popularizada con Van Eyck, Campin, Patinir o las sagas familiares de Brueghel y Petrus Christus–, aunque considerada inferior a la de personajes e historias (Yarza Luaces 1993a), alcanzó amplio reconocimiento en territorio hispánico por su verosimilitud y laboriosidad,

Fig. 2.1.2 - Mirador en uno de los palacios representados en las pinturas de la Sala de los Reyes de la Alhambra. Anónimo, ss. XIV-XV. Fot. J. M. Grimaldi, 2018.

motivando asociaciones con parajes reales en razón de su parecido y abriendo la puerta a su valoración puramente estética. Estas pinturas no se limitaban a registrar la realidad, sino que mostraban lugares cuidadosamente seleccionados y visualmente perfeccionados para conseguir un mejor efecto. Solían también incluir personas, que aparecían fundidas con su entorno, sugiriendo una unidad armónica entre ser humano y naturaleza (Sutton y Loughman 1995, 19-23). Los encuadres, aparentemente arbitrarios, convertían al observador en espectador casual de una realidad que fluía más allá del marco.

Por su parte, del Renacimiento italiano se adoptó, parcial y tardíamente, el renovado interés por la Antigüedad clásica en su vertiente de prestigio, esplendor imperialista y asociación con los primeros tiempos del cristianismo (Rosenthal 2015, 81); aspectos que motivaron la paulatina adopción de este lenguaje en aquellas obras de mayor contenido simbólico. La nueva monumentalidad convivió, como es sabido, durante décadas con el tradicional gótico-mudéjar, constituyendo ambas dos opciones formales igualmente válidas y frecuentemente combinadas (Nieto Alcaide, Morales Martínez y Checa Cremades 1993, 14). No se produjo una incorporación seria de los postulados renacentistas hasta bien entrado el s. XVI, cuando comenzaron a aparecer tratados como *Las medidas del romano* de Diego de Sagredo (1526), *De re aedificatoria* de Alberti (1485, vertido al español en 1582) o *Los diez libros de la arquitectura* de Serlio (1537-1551, disponibles con traducción de Francisco Villalpando a partir de 1552). Para el desarrollo de esta arquitectura, fue fundamental la decodificación de la 'pirámide visual' y la revalorización de la geometría, la proporción y la simetría como reglas básicas del trazado (Da Vinci y Alberti 1827; Francastel 1970, 200-225; Panofsky 2003): la admisión de la Arquitectura entre las artes le reconoció un contenido intelectual, estético y simbólico que la alejó de la mera labor técnica medieval (Alberti 1991, 57; Sagredo 1526, f. Aviiv), convirtiendo al arquitecto en 'artista del espacio' especialmente cualificado para lograr efectos visuales (Pallasmaa 2006, 26; Zevi 1981, 22-23). Las estrechas conexiones entre pintura, arquitectura y teatralidad en el primer Renacimiento se ponen, por ejemplo, de manifiesto en las célebres recomendaciones de Alberti o Leonardo da Vinci, quienes prescribían que las pinturas habían de plasmar las escenas tal y como si estuviesen siendo observadas a través de una ventana (Da Vinci y Alberti 1827, 25, 215; Cachorro Fernández 2015).

Más difícil de dilucidar es el grado de absorción de la dimensión ambiental del humanismo *quattrocentista*, su idealización de los modos de habitar en contacto estrecho con la naturaleza (Benevolo 1988, 12). Como se sabe, la percepción aventajada y ostensible del panorama quedó en Italia asociada a un ejercicio virtuoso del poder y una utilización sabia de las riquezas. Revestía a los propietarios, al igual que el gusto o la práctica de otras artes, de un aura de sofisticación, erudición y sensibilidad que no era incompatible con un férreo control de sus negocios, bienes y dominios terrenales, sino su más apropiado complemento. Particularmente, el auge de la *villeggiatura* se tradujo en la introducción de consideraciones paisajísticas en la tratadística de arquitectura (Ackerman 1997, 12, 151; Kent 2004, 113; Alberti 2000, 213), como evidencian los siguientes extractos de *De re aedificatoria* y el *Quarto Libro* de Serlio (1537) en su primera traducción española[2]:

> *Los assientos y mesas delos principes assentarse han en el lugar mas digno traera dignidad la altura del lugar, y que con los ojos se pueda de alli ver la mar, los collados, y la anchura de la region* (Alberti 1582, Libro quinto, cap. II, 125).

> *Las habitaciones de los nobles querria yo que occupassen lugar enel campo, no el mas fertil, sino el mas digno, desde donde muy libremente se tomen la comodidad y deleyte del fresco, del sol, y dela vista, que de faciles las entradas azia si desde el campo, que reciba en honestissimos espacios, el huesped que viene sea visto, y vea la ciudad, pueblos, mar, y estendida llanura, y las cumbres conocidas delos collados y montes, las recreaciones delos jardines, pesquerias, y los regalos delas caças tengan las puestas debajo delos ojos [...]* (Alberti 1582, Libro quinto, cap. XVII, 152).

> *Se podran con buen juyzio y razones naturales enlas paredes de unos corredores al rededor de un Iardin fingir alguna abertura, y enella hazer campaña, y lexos, y cerca, ayre y cielo, encasamentos, figuras, animales, edificios y ansi todo lo que se quiera. Todas estas cosas han de ser coloridas de manera que se contrahaga y finja naturalmente todo lo que de fuera del edificio por las tales aberturas o ventanas se pueda ver* (Villalpando 1552, f. 71v).

Como puede apreciarse, esta novedosa consideración del entorno en el proyecto arquitectónico comprendía aspectos tales como la situación y orientación del edificio; la disposición y el diseño espacial coordinados de jardines o zonas de cultivo, que actuaban como elementos de transición entre la racionalidad de la arquitectura y las formas orgánicas del territorio (Ree, Smienk y Steenbergen 1992, 12, 21); la distribución y jerarquización de las dependencias en atención a la cualidad de las perspectivas divisables; la desmaterialización y perforación de los cerramientos, o –recuperando la recomendación vitruviana– la disposición de frescos de paisajes pintados, que complementasen ingeniosamente a las vistas del panorama real allí donde resultasen inviables. Estas tendencias hubieron de ser, al menos en parte, conocidas por los diplomáticos, nobles, eclesiásticos y ricos comerciantes hispanos que mantuviesen contacto frecuente o prolongado con el territorio itálico; igualmente, pudieron ser introducidas o difundidas en suelo ibérico por personalidades que de allí vinieron a realizar un servicio. No debieron de ser pocos los paralelismos e influencias cruzadas entre los palacios y almunias heredados de al-Andalus y las villas renacentistas (Jellicoe y Jellicoe 1995; Pastore 2003; Brothers 1994; 2015), aunque siguen siendo necesarias más investigaciones para dilucidarlos. Lo que sí parece claro es que aquellos patrones paisajistas, filtrados y refundidos con el patrimonio autóctono, fueron paulatinamente incorporados a las construcciones hispánicas de mayor nivel.

Por último, las influencias de la cultura y, más específicamente, de la arquitectura palatina andalusí, fueron seguramente las primeras y más directas en la estimulación de un interés por el entorno, por la prolongada convivencia en un mismo territorio, la mutua e inconfesada imitación y los avances y retrocesos de la conquista (Marías Franco 1995). Los cristianos no fueron insensibles ante los elaborados jardines y las prósperas huertas labradas y mantenidas por los musulmanes durante siglos (Tito Rojo y Casares Porcel 2000, 25); tampoco ante los palacios islámicos, con su apertura y permeabilidad hacia estas situaciones. Se ha señalado cómo *el musulmán se presenta a los españoles de la Edad Moderna como un mundo de refinamiento, lujo y sofisticación de poderoso atractivo* (Checa Cremades 1984, 23), algunas de cuyas costumbres fueron respetadas e incluso gustosamente asimiladas por aristócratas castellanos (Silva Santa-Cruz 2005)[3]. Es, por ejemplo, conocido que, con el avance sobre al-Andalus, la Aljafería de Zaragoza o los alcázares de Córdoba y Sevilla pasaron a manos de las monarquías castellanas o aragonesa, que los asimilaron y adecuaron a sus formas de vida (Bermúdez Pareja 1965b, 100; Manzano Martos 1992, 151; Nieto Alcaide 1986); también que, entre los siglos XII y XV, los palacios de la Corona de Castilla tomaron con frecuencia formas y disposiciones espaciales propias de la arquitectura andalusí, de mayor suntuosidad y elaboración formal (Almagro Gorbea 2008; Ruiz Souza 2007). Los alcázares de Segovia (s. XII) o Guadalajara (ss. XII-XIII) incorporaron salas nobles con huecos trazados, emplazados y dimensionados de tal modo que sugieren un interés por la percepción del territorio en derredor, aunque, en líneas generales, no pueda hablarse de una cualificación sistemática de espacios arquitectónicos con este propósito.

No obstante, alcázares y almunias eran joyas excepcionales: a la toma de las ciudades islamizadas seguía también el deber de gobernar y gestionar amplias masas de población con lengua, religión y cultura diferentes, en unos aglomerados urbanos densos y que poco tenían que ver con los ideales occidentales. Las urbes recién anexionadas eran realidades complejas, inestables y problemáticas que suscitaban interpretaciones igualmente poliédricas. En ellas, el interés creciente por la realidad sensible convivió con la asociatividad simbólica premoderna y con las implicaciones políticas de toda actuación sobre el entorno en un contexto posbélico.

Granada como teatro de la memoria

Para cuando se produjo la toma de este último bastión del islam peninsular, toda la Europa cristiana imaginaba Granada como una suerte de tierra prometida u objeto de deseo (Sánchez Martínez 2014). Los avances y retrocesos de la conquista, con sus aproximaciones guerreras a la capital o visitas diplomáticas a la misma, habían contribuido a forjar una imagen idealizada de este territorio. La victoria desató, por ello, una enorme curiosidad, atrayendo a artistas, mercaderes, cronistas, diplomáticos y curiosos que comenzaron a describirlo y retratarlo por doquier. La novedad pudo favorecer una mirada abierta y receptiva (Tuan 2007, 93), en extremo atenta a los valores de este enclave y un tanto propensa a la exageración. El tamaño de la población, la fortaleza de sus murallas, su geografía de contrastes, su pródiga naturaleza y su benignidad climática concentraron las atenciones, siguiéndoles de cerca el lujo y la exuberancia sensorial de los palacios de la Sabika:

Al describir a Granada, la mayor ciudad de este reino, podría llamarla reino más que ciudad. Tiene a oriente muchos y altísimos montes, algunos de entre los cuales se elevan casi hasta las nubes. Creo que son más altos que los Alpes de Italia. Pues aunque la región es cálida y meridional, se ve, sin embargo, copiosa nieve en

145

las altísimas montañas durante todo el estío. Hacia el mediodía, norte y poniente tiene una extensa y hermosísima llanura, rodeada en su mayor parte de montículos. [...] Al pie de los montes, en una buena llanura, tiene casi en una milla muchos huertos y frondosidades que se pueden regar por canales de agua; huertos, repito, llenos de casas y de torres, habitados durante el verano, que, viéndolos en conjunto y desde lejos los creerías una populosa y fantástica ciudad, principalmente hacia el noroeste, en una legua larga, o más, contemplamos estos huertos, y no hay nada más admirable (Münzer 2008, 119-120).

... en la ciudad de Granada y en toda su region ay muy grande fertilidad de todas las cosas que son necessarias a la vida humana y a la labrança y muy saludable templança del ayre y del cielo. A donde ni la tierra con el demasiado calor del sol es quemada ni con la frialdad es encogida y los hombres gozan de continua templança (Marineo Sículo 1539, f. 70r).

Enel mas alto lugar es la casa real donde hazian su abitacion los reyes de granada. Esta casa es tan auentajada en grandeza y labor que antes se puede llamar ciudad excelente que casa porque caben dentro delos muros mas de quarenta mill hombres es toda cercada de altos y fuertes muros y torres tan grandes y hermosas que es cosa muy de notar (Medina 1548, f. 152v).

La valoración de la fecundidad y frondosidad de Granada y sus alrededores se mantuvo, como se aprecia, intacta con el cambio de mando, pues coincidía con el arquetipo ambiental del vergel y sus ejemplificaciones míticas, como los Campos Elíseos[4] o el Jardín de las Hespérides[5], con los que en ocasiones se comparaban (Luque Moreno 2013, 275). Pero, si la imagen global de la ciudad en su marco geográfico ofrecía un cuadro sugestivo y atrayente, la continuada presión por vencer al enemigo islámico y, finalmente, el sentimiento de gratitud y deuda contraída con Dios por haber hecho posible la tan ansiada victoria habían reafirmado la fe católica y subrayado el antagonismo cultural[6]. Ello forzó una postura de compleja ambivalencia hacia esta plaza y sus preexistencias (Calatrava Escobar 2002; Marías Franco 1995): por un lado, la sensorialidad del legado de los reyes y aristócratas nazaríes deslumbró a la Corona y a la nobleza mejor situada, que trataron palacios y almunias con delicadeza e insistieron en su preservación; por otro, tras unos primeros años de tolerancia (Garrido Atienza

1910), en la ciudad baja se deseó erradicar formas urbanas –como el intrincamiento y estrechez de las calles, la ausencia de espacios libres, los adarves o ramales sin salida– y arquitectónicas –como los pasajes y saledizos sobre la vía pública o las exiguas dimensiones de las viviendas–, así como costumbres asociadas a lo islámico, desde la pragmática voluntad de someter a la población al control de los vencedores. Mediante esta diferenciación espacial de criterios, favorecida por la orografía 'en anfiteatro' (Bermúdez de Pedraza 1639, f. 30r; Bertaut 1669, 68; Magalotti 2018, 252), la capital y su entorno quedaron identificados como 'escenario' de la acción transformadora de los nuevos poderes, mientras que los palacios de la Alhambra y el Generalife, aunque igualmente islámicos, se asumieron, entre otras cosas, como suntuoso 'palco' de contemplación de aquellas deseadas transformaciones. Esta interpretación del paisaje urbano en términos teatrales, que adaptamos de autores como Turri (1998) o Cosgrove (1997), resulta particularmente útil para abordar este contexto de incremento de la vida cívica, desarrollo de la visión escénica y popularización de la metáfora del *theatrum mundi* (Martín Sáez 2020), sin olvidar la dimensión arquitectónica del teatro como anclaje o estructura visual del recuperado *ars memoriae* (Yates 2005).

Si, para nuestros propósitos y en el contexto que nos ocupa, Granada y su entorno pueden ser entendidos como 'teatro' territorial, cabe preguntarse entonces por los contenidos representados y leídos en él; en otras palabras, por la caracterización cultural de este paisaje a los ojos de la época. A este respecto, las fuentes son claras: si durante los siglos de dominación islámica Granada pareció consolidarse como un paisaje de atributos definidos, en el siglo que siguió a la conquista fue, ante todo, un paisaje 'en construcción', en permanente proceso de redefinición hacia unos ideales cambiantes y jamás consumados. El motivo de esta insatisfacción era precisamente su problemático legado islámico. Que la identidad urbana de Granada se basase únicamente en su denso poso mahometano se consideraba inaceptable, por lo que se trató desde el primer momento de construir nuevas interpretaciones oficiales de la misma desde parámetros cristianos y occidentales.

Así, durante el reinado de los Reyes Católicos se persiguió prioritariamente la 'castellanización' de una ciudad de aspecto y población inquietantes. El objetivo fue situarla al mismo nivel institucional, religioso, político y económico de otras poblaciones e integrarla en el engranaje nacional (López Guzmán 1987, 14). Se dictaron ordenanzas para la rectificación y el ensanchamiento de calles y la eliminación de saledizos[7] y se promovió la conversión de mezquitas en iglesias, la fundación de conventos y monasterios y creación de plazas y equipamientos típicos de toda urbe occidental de importancia (Torres Balbás 1947b; Barrios Rozúa 2017)[8]. Las construcciones de envergadura no fueron aparentes como hitos públicos de la conquista hasta décadas más tarde, pero la transformación simbólica mediante decisiones y disposiciones fue mucho más precoz, reconduciendo la lectura del paisaje urbano aun en ausencia de constataciones materiales. Especialmente dos resoluciones de los Reyes Católicos evidenciaron su predilección por esta plaza y su intención de convertirla en una de las más influyentes del reino: el traslado de la Chancillería correspondiente a la jurisdicción del sur del Tajo, de Ciudad Real a Granada (1505), y el reposo en la capital de sus restos mortales (1504), erigiendo para ello la tardogótica Capilla Real (1506-1519). Esta visión oficial de la Granada triunfante, cristianizada y castellanizada pero aún sin cambios sustanciales en su estampa es la que ofrece *La Virgen de Granada* (ca. 1500), pintura atribuida a Petrus Christus II que muestra la capital exorcizada de su pasado y purificada por la religión (Angulo Íñiguez 1940; Calatrava Escobar y Ruiz Morales 2005, 30). En este cuadro, el territorio ya no es un fondo estereotipado o esquemático, sino que, como 'teatro' específico e inseparable de la acción conmemorada, se encuentra verosímilmente representado (fig. 2.1.1).

Durante el reinado de Carlos V (1516-1558), en cambio, el ideal urbano al que Granada apuntó fue Roma, como es sabido, desde la aspiración de replicar su condición de capital imperial (Cruz Cabrera 2009, 76-77). Las expectativas para la ciudad llegaron a sus más altas cotas con la construcción de un fastuoso palacio de nueva planta en la colina roja y, en el corazón de la medina, de una catedral que pudo concebirse como mausoleo imperial, aunque esto último no ha sido concluyentemente probado (Eisler 1992). Ambos proyectos renunciaron a la tradición gótico-mudéjar para incorporar, reinterpretado, el lenguaje clasicista. Se perseguía tanto la diferenciación visual del emperador con respecto a sus antecesores como su asociación con aquellos de la antigua Roma, en línea con la ambiciosa meta de instaurar una *universitas christiana* (Menéndez Pidal 1937). En este efímero lapso, la capital se convirtió en 'teatro del poder' por excelencia, con el emperador como reverenciado actor principal –aunque normalmente ausente– y las familias mejor posicionadas como personajes secundarios. Se veía y juzgaba Granada por lo que, para muchos, estaba llamada a ser; el deseo completaba y perfeccionaba la realidad sensible.

Tal fugaz aspiración acabó siendo truncada, ya en el reinado de Felipe II, con la elección de Madrid como capital nacional (1561) y sagazmente sustituida, a finales del s. XVI, por un nuevo modelo, esta vez de vocación religiosa: la ciudad contrarreformista, que atajó otras posibles interpretaciones en favor de un extremado simbolismo devocional (Orozco Pardo 1985; Calatrava Escobar 2011). Desde los años setenta del s. XVI, a raíz del Concilio de Trento y coincidiendo con la rebelión y expulsión de los moriscos (1568-1571), existió un deseo de afirmar los remotos orígenes cristianos de Granada (Marías Franco 1995), indagando en las fuentes antiguas y reinterpretando su toponimia para refundar la identidad local y legitimar las operaciones de aculturación y conversión forzosa. En este contexto, el referente urbano emblemático pasó a ser Jerusalén, 'centro del mundo' para la cristiandad (Eliade 1998, 36)[9]. Fueron frecuentes los deslizamientos y homologaciones entre elementos de las siluetas de ambas ciudades, así como la proyección mental de acontecimientos bíblicos y vidas de santos en la topografía urbana granadina. Se miraba a Granada como equivalente de Jerusalén u otros lugares sagrados, desdibujando las diferencias físicas bajo el foco unificador de la fe[10]. La excitación de la imaginación devota hizo disminuir el peso de la realidad sensible en favor de las asociaciones simbólicas.

En estas fluctuantes y fallidas representaciones, la primacía de las claves históricas, políticas y religiosas permite comprender Granada en este tiempo como un selectivo 'teatro de la memoria'. El territorio granadino parece haber funcionado como soporte y anclaje visual de leyendas, gestas y lecciones morales, que se evocaban al experimentarlo. El resultado era un paisaje que, parafraseando al tratadista Palomino (1724, Libro Quinto, cap. VII, 49), 'se sujetaba' preferentemente a la historia y en el que la dimensión estética parece haber desempeñado un papel marginal: solo a partir de las últimas décadas del s. XVI las asociaciones explícitas con 'lienzos de Flandes'[11] señalan una inequívoca valoración estética, de componente 'artealizadora' (Roger 2007).

Notas

[1] Nebrija, en su *Vocabulario español-latino* (ca. 1495), identifica 'miradero' como *lugar de donde miramos;* consultada la edición facsímil de la Real Academia Española (1951, s. p.). En el *Libro de la Cámara Real del Príncipe Don Juan* (1548), se indica que era competencia de los *reposteros de estrados e mesa: aderesçar los cadahalsos, tablados, ventanas e miradores desde donde las personas reales miraren los toros o justas, e torneos e otras fiestas del ejerçiçio de los cavalleros* (Fernández de Oviedo 2006, 119).

[2] Se ha evitado conscientemente en estas citas una traducción más reciente por haber constatado que algunas de ellas introducen el término 'paisaje', cuando entonces no existía.

[3] Es conocido, por ejemplo, que Íñigo López de Mendoza recibía a visitantes ilustres sentado sobre alfombras de seda, o que era habitual agasajar a invitados celebrando 'bailes a la morisca'. También los llamados 'estrados de damas' presentes en muchas residencias nobiliarias y empleados, por ejemplo, por Isabel la Católica proceden directamente de la cultura andalusí (Silva Santa-Cruz 2005).

[4] Lugar de descanso de los virtuosos en la mitología griega, que el cristianismo fundió con el Cielo.

[5] Huerto que proporcionaba manzanas doradas de la inmortalidad y que la mitología griega situó al norte de África o al sur de la península ibérica.

[6] El testigo apellidado Cifuentes refiere que en la toma de posesión de la Alhambra *era la cosa del mundo de más devoçión ver con quántas lágrimas se dauan gracias a Nuestro Señor por tan señalado bien como avía fecho a los cristianos* (Pescador del Hoyo 1955). El mismo Fernando el Católico remitió una carta al obispo de León exhortándole a dar *gracias por tan gloriosa vitoria como le ha plasido darnos a gloria y ensalçamiento suyo e de nuestra Santa Fee Católica* (Domínguez Casas 1993, 435). Gabriel Rodríguez Ardila añade en su crónica: *y en memoria de tan deseado y glorioso triumpho suplicaron los Reyes al Pontifice concediese algunas gracias á todos los fieles que rogasen á Dios nuestro señor por la paz y conservación de sus Reynos, y de esta ciudad en hazimiento de gracias de tan gran merced, como fue sacarla de poder de Moros* (Ibáñez de Segovia Peralta y Mendoza s. XVIII, f. 215v-216r).

[7] *Provisión real a la ciudad de Granada dándole licencia para derribar balcones y ajimeces de algunas calles,* 1501 (AMG, C.00038.0001); *Provisión real a Alonso Enríquez, Corregidor de Granada, para que haga derribar los ajimeces que a él le pareciere...,* 1503 (AMG, C.00038.0116).

[8] Además de la plaza de Bibarrambla, ensanchada y reconfigurada entre 1516 y 1519, que Juan Manuel Barrios ha identificado como plaza mayor de la Granada cristianizada, de este mismo periodo datan otros dos importantes espacios libres: el Campo del Príncipe (inic. 1513) y Plaza Nueva (inic. 1505).

[9] La asociación de ciudades europeas con Jerusalén era un tópico recurrente desde la Edad Media, como muestran los casos de Chester, Padua, Roma o Milán (Lilley 2009, 23; Rovetta 1990).

[10] Sobre la operación mental de ver un lugar como si fuera otro, véase Berque 2009, 115-116.

[11] Góngora asimilaría el valle del Darro a *un lienzo de Flandes*, como se verá más adelante; también Lope de Vega identificaría el panorama de la ciudad con *una pintura estremada / que el alma y la vista admira / desde la sierra de Elvira / hasta la sierra Nevada*, e idéntico paralelismo habría de proponer Bermúdez de Pedraza referido al cerro del Sol y sus cármenes (Góngora y Argote 1586; Vega Carpio 1622, f. 293r; Bermúdez de Pedraza 1639, f. 19v).

Un palco sobre el territorio

Para la experiencia de este paraje recién conquistado, ya se ha dicho que los palacios nazaríes ofrecían un 'palco' geológico y arquitectónico privilegiado. Los Reyes Católicos tomaron posesión de la ciudad palatina el 2 de enero de 1492, entendiéndola como fortaleza y alcázar real (Malpica Cuello 1999; Pescador del Hoyo 1955). De manera intuitiva debieron de identificar los conjuntos de Mexuar, Comares y Leones como los más notables, destinándolos a su uso personal y cediendo el resto de construcciones a alcaides y otros cargos a su servicio (Bermúdez Pareja 1965b, 100). En aquellas primeras inspecciones, los interiores, jardines y patios más distinguidos debieron de causar una honda impresión: aunque los monarcas estaban familiarizados con otras residencias islámicas o mudéjares de la Península, no dejaron de expresar su asombro ante estas mansiones, que, a su juicio, superaban en amplitud y riqueza a los mejores de aquellos palacios (Torre y del Cerro 1944, 304). La reina Juana se refirió a la Alhambra como *suntuoso y exçelente edefiçio,* explicitando el deseo de la Corona de que estuviese *muy bien reparada e se sostenga porque quede pa*[ra] *siempre perpetua memoria* (Gómez-Moreno González 1892, 27) –considerándola, por tanto, como 'trofeo' de la victoria–. Un personaje llamado Cifuentes, partícipe en la toma de posesión, quedó también deslumbrado y encumbró la ciudad palatina como *la más señalada y principal cosa del mundo* (Pescador del Hoyo 1955). Para

Fig. 2.2.1 - Algunos de los palacios de la Alhambra reacondicionados por la Corona, 'palco' sobre la ciudad y su territorio. Fot. Autora del libro, 2020.

Antoine de Lalaing (1501), quien la visitó cuando ya exhibía algunas transformaciones de los Reyes Católicos, era igualmente *uno de los lugares mejor trabajados* en la Tierra y no cabía imaginar que cualquier rey cristiano no estuviese en ella *tan bien alojado a su gusto* (García Mercadal 1999, 1: 444); juicio que repetiría casi en los mismos términos el anónimo italiano que Fernando Marías (2000) propuso identificar con Baldassare Castiglione. La exuberancia material y decorativa de las salas y la integración con el agua y la vegetación se entenderían como muestras de la suntuosidad, el ingenio y la sofisticación cultural que se atribuían a la dinastía vencida (Hernández Castelló 2016, 34, 72). Al preservar y fomentar estos rasgos –desde la mímesis o restitución de una imagen verosímilmente islámica[1]–, la élite castellana los hacía suyos, demostrando comprensión de aquellas muestras de magnificencia y dando continuidad a dicha esplendidez desde una posición conservadora (Silva Santa-Cruz 2005; Urquízar Herrera 2014). Al mismo tiempo, la perseguida impresión de continuidad presentaría unas connotaciones políticas nada despreciables: sería prueba pública de respeto hacia lo que Granada había sido y hacia las propias Capitulaciones (Díez Jorge 1998, 88).

Por lo que respecta a la estrecha relación con el entorno de estos palacios, nada podemos asegurar de su interpretación en ausencia de fuentes primarias que a ello aludan directamente. Es posible, sin embargo, que estas construcciones permitiesen a la corte 'ver' el territorio granadino con otros ojos, aproximarse a la alta valoración del mismo que había caracterizado a los más prósperos reinados de la dinastía y que había cristalizado en aquellos sorprendentes diseños, como ocurriese con el Cid y su visión extasiada de Valencia desde el recién ocupado alcázar (Balcells 1999). Es probable, también, que aquellas situaciones, muestra palpable del refinamiento y la audacia edilicia de la cultura rival, terminasen de despertar el interés por el entorno para entonces latente en la élite castellana, aunque fuera movido por el comprensible deseo de absorber esas muestras de magnificencia o de no quedar atrás en las inevitables comparaciones.

Lo cierto es que, si la corte hispánica interpretó Granada de manera sustancialmente diferente, su experiencia aventajada desde los palacios de la colina parece haber sido igualmente deseable. Ello sale especialmente a la luz en las crónicas y descripciones de los siglos XVI y XVII:

A esta morada le podrías decir no sin razón deleite de Reyes. Por su emplazamiento y por su perspectiva tan amena descuella hasta el punto de afectar al sentido de los ojos con increíble deleite. En efecto, a cualquier punto que te vuelvas y dirijas desde ella la mirada, tienes razones para admirar la bondad de la naturaleza y de Dios y la fecundidad del campo granadino².

... tiene la cassa de los moros algunos jardines y sobre todo la mejor bista [sic] *de España* (Gómez de Mora 1626).

Aposentose el Emperador en el Alhambra, y desde las ventanas dela torre de Comares vio la parte de la ciudad que descubren poblada de luminarias y luzes, emula del firmamento. Otro dia madrugo a ver la fuerça del Alhambra, y lo admirò el artificio y coste de los edificios Arabes, la curiosidad de las fuentes, y el abundancia de aguas en sitio tan alto. Y desde las ventanas mirò la grandeza dela ciudad, lo estendido de sus edificios, y dixo: que si bien se auia holgado de ver todas las ciudades del Reyno, de ver esta ciudad auia recibido particular gusto. Y añadió, Desventurado del que tal perdió (Bermúdez de Pedraza 1639, f. 212).

Aqui tenian los Reyes sus fiestas, sus bayles y zambras: [el Salón de Embajadores] *tiene ventanas al bosque, a la ciudad y alcaçaba, de tan alegre vista, que dixo Felipe IV. (quando estuuo en el) a su hermano don Carlos. En este quarto no puede auer melancolia* (Bermúdez de Pedraza 1639, f. 36v)³.

Todo indica que el lógico deseo de contemplar este paraje recientemente anexionado, supervisar su marcha y recrearse en su aspecto y en el recuerdo de la victoria se encontró con el aliciente de unas preexistencias liminales y permeables y con la oportunidad de unas nuevas necesidades que acomodar, todo lo cual hubo de inducir a la Corona a la rápida toma de posiciones en este entrelazamiento de arquitectura y paisaje. Puede, en efecto, constatarse que en el primer siglo tras la conquista se adoptaron decisiones que implicaron la construcción de nuevas experiencias del panorama mediadas por la arquitectura, al tiempo que, subsidiariamente, de nuevos rasgos en el paisaje urbano⁴. Algunas supusieron la alteración de espacios nazaríes de destacada vocación paisajística pero secundarios desde el punto de vista monumental, con objeto de hacer compatible el disfrute de dicha experiencia con su aprovechamiento funcional. Otras implicaron la superposición en altura de nuevas salas caladas sobre estancias nazaríes paisajísticamente prominentes. También se levantaron construcciones de obra nueva en emplazamientos aún no edificados pero donde se hallaba implícito el

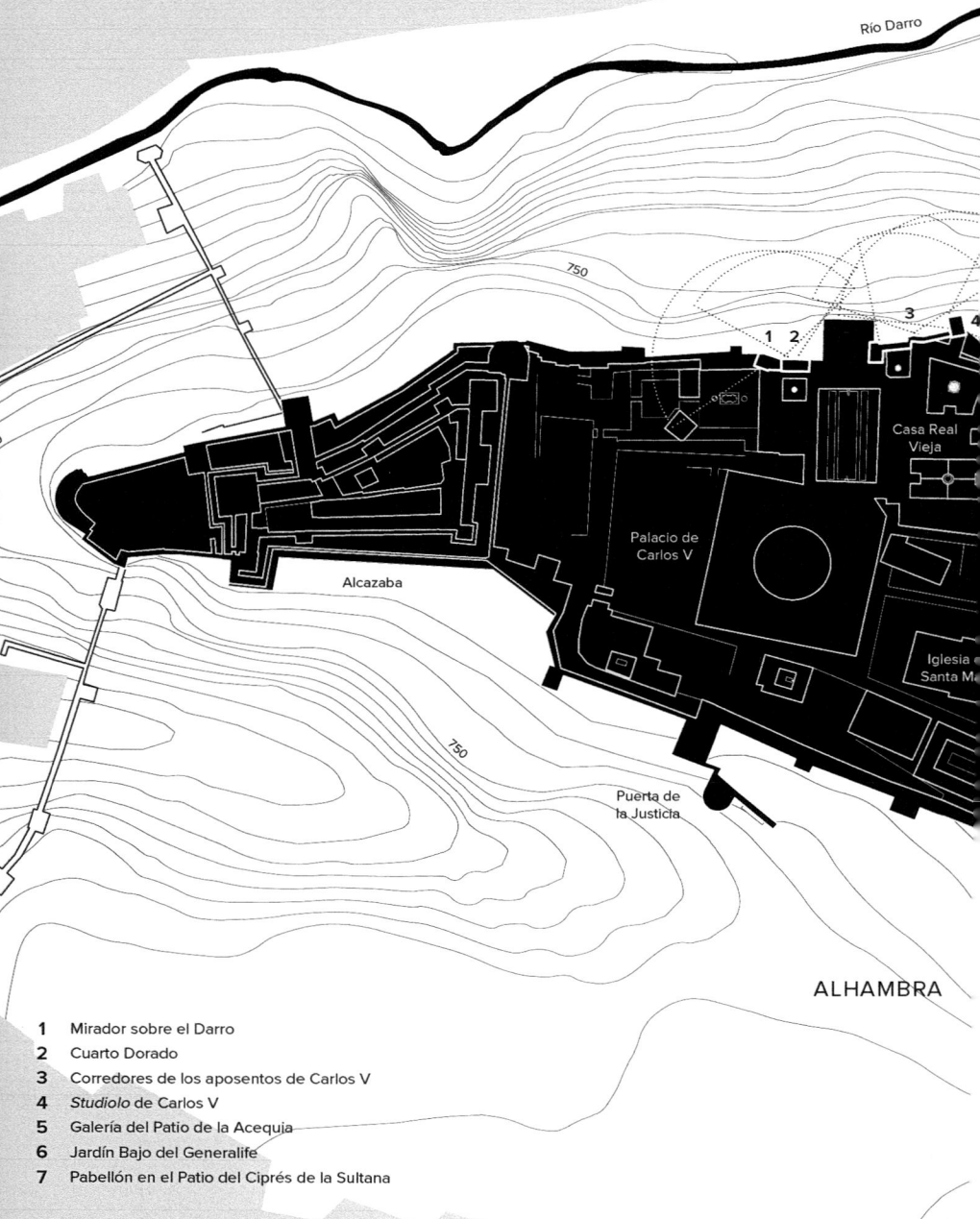

Barrio de Axares

Río Darro

750

3
1 2
4

Casa Real
Vieja

Palacio de
Carlos V

Alcazaba

750

Iglesia
Santa M

Puerta de
la Justicia

ALHAMBRA

1   Mirador sobre el Darro
2   Cuarto Dorado
3   Corredores de los aposentos de Carlos V
4   *Studiolo* de Carlos V
5   Galería del Patio de la Acequia
6   Jardín Bajo del Generalife
7   Pabellón en el Patio del Ciprés de la Sultana

Fig. 2.2.2 - Hipótesis gráfica de la Alhambra y el Generalife a principios del s. XVII, con indicación de los casos de estudio analizados en esta segunda parte. Dib. Autora del libro a partir de la *Planta general de estructuras nazaríes* de Almagro (EEA-CSIC), el plano *La Alhambra. Casa Real. Planta General* de Torres Balbás redibujado por la EEA, APAG, Colección de Planos, P-000426 y P-008892, la Planta Grande atribuida a Machuca y el *Plano General de la Fortaleza del Alhambra* de Hermosilla.

Cuesta de
los Chinos
750

Torre de los
Picos

750

800

800

6 7

5

GENERALIFE

Convento de
San Francisco

Puerta de los
Siete Suelos

0   20   50   100   200   300

potencial paisajístico, poniendo en práctica formas típicamente occidentales de solucionar un problema, el de la conectividad, que proporcionaban una experiencia dinámica del entorno. En la base de estas operaciones existe, casi siempre, una motivación funcional –la arquitectura islámica presentaba espacialidades consideradas exiguas e inadecuadas a los usos de la nueva corte–, pero en la resolución de la nueva necesidad se integró decididamente la dimensión paisajística, demostrando asimilación de la herencia nazarí y su interpretación bajo nuevas formas. Estas operaciones diacrónicas de reconversión, incremento de volumen e interconexión de zonas se plantearon, por tanto, como intervenciones quirúrgicas, tratando de dar respuesta a las nuevas necesidades en los puntos menos comprometidos y aprovechando para otorgarles impronta urbana. Abarcaron tanto la zona de la Alhambra destinada a Casa Real como la almunia del Generalife, careciendo visiblemente de un plan global (Gómez-Moreno Calera 2007, 38); sin embargo, consideradas conjuntamente, representan un episodio reconocible de 'exteriorización' arquitectónica que vino a enriquecer la imbricación de arquitectura y paisaje en los palacios de la colina. Interesa, en particular, destacar dos tipos de intervenciones: las que dieron como resultado lo que podemos llamar 'aposentos-tribuna' y aquellas que supusieron la introducción de nuevos 'recorridos, secuencias y panoramas'.

Aposentos-tribuna

Esta primera casuística la integran aquellos aposentos reales privados concebidos como 'palco de honor' o 'tribuna' arquitectónica sobre el valle del Darro y la ciudad. Se trataba de espacios liminales de carácter estancial y relacionados con otras dependencias reales íntimas como cámaras[5], recámaras[6] o 'retretes'[7]. En ellos estaba previsto que posaran los monarcas en sus momentos de retiro o evasión de los deberes cortesanos, oteando el panorama fuera del alcance de cualquier agresión rebelde. Eran, también, espacios que, aunque a distancia, dejaban adivinar al ciudadano de a pie el lujo y la elegancia que encerraban aquellos *quartos:* coloridas pinturas en los alfarjes, zaquizamíes y artesonados; dorados; columnas de mármol; tapices llamativos, o decoraciones murales se vislumbrarían a través de sus amplios y despejados, o despejables, vanos, en un mestizaje artístico percibido como natural. Sus formas de apertura al exterior, aunque hibridadas con la fábrica preexistente, no ocultaban la vinculación a la tradición tardogótica. No parece descabellado pensar que estos espacios de tan clara impronta urbana pudieran haberse ideado también para, llegado el caso, servir como balcón de apariciones de los soberanos ante el pueblo en ocasiones especiales.

Cuarto Dorado. El primer ejemplo, cronológicamente hablando, de esta casuística lo proporciona la sala conocida como el Cuarto Dorado. Ubicada en el límite norte de la Alhambra, se abre al patio del mismo nombre, de origen nazarí. Este patio debió de ser inicialmente más reducido y encontrarse abierto al panorama sobre la muralla, separado de esta por el camino de ronda y el adarve. Se cree que fue Muḥammad V quien decidió extenderlo en esta dirección, interrumpiendo el camino de ronda y erigiendo una estancia sobre el adarve, que prosiguió a cubierto. En el alzado hacia el bosque de la Alhambra se aprecian con claridad las primitivas almenas de este tramo. La sala nazarí, de unos 9 × 3,45 m y destino burocrático, se hizo preceder de un pórtico, con planta alta, que guarecía al visitante procedente del patio conocido como la 'alhacena de los perfumes'[8]. Tres vanos, en correspondencia con los del pórtico, permitían el ingreso a la sala, el central de mayores dimensiones y coronado por dos ventanas altas con celosías. El espacio interior se abría al panorama mediante tres grupos de huecos a eje de los anteriores: el central, un amplio ajimez de vano geminado, rematado por dos ventanas altas con celosías de yeso, y, a ambos lados, sendas parejas de ventanas altas de idénticas características, que pudieron haber estado acompañadas debajo por balcones de vano sencillo[9]. La sala contaba con zócalos de cerámica vidriada y se cubría con un artesonado pintado similares a los comentados en la primera parte de este libro.

Tras la conquista cristiana, esta zona –conocida como el *Quarto Nuevo del Mexuar* y, algo más tarde, como el *Quarto Dorado*– experimentó sensibles transformaciones. La *Capilla de la Casa Real* se instaló en el Mexuar, pudiendo ocupar desde el primer momento la antigua Sala de Sesiones (Galera Mendoza 2011) o bien, transitoriamente, el Oratorio del Mexuar (Domínguez Casas 1993, 72, 447), que pudo habilitarse como otro espacio de culto. En torno a este núcleo religioso se alojaron Isabel la Católica, Isabel de Portugal y Germana de Foix en sus estancias granadinas[10], como revelan tanto las fuentes escritas como la Planta Grande de la Alhambra atribuida a Pedro Machuca[11]. Las dos primeras reinas hay constancia de que ocuparon las dependencias situadas en la planta alta sobre el Mexuar y el Cuarto Dorado; planta que pudo disponerse en los primeros años tras la conquista adaptando preexistencias islámicas de menor envergadura[12]. Sobre el Cuarto Dorado, hacia 1500, se creó una estancia –rotulada en la Planta Grande como *aposento donde posava la emperatriz*[13]– comunicada con el pasaje preexistente sobre el pórtico nazarí; este pasaje se ensanchó hacia el patio, haciendo necesaria la construcción de un nuevo pórtico de sustentación, con un arco central apuntado y sobria decoración

de mocárabes (Bermúdez Pareja 1965b, 102), que se adelantó 1,15 m al nazarí y lo ocultó parcialmente. Adosada al muro occidental del Patio del Cuarto Dorado –aludido entonces como *patio de la pila cucharada* o, simplemente, 'la pila'–, se levantó por esas mismas fechas una *escalera que sube de la Capilla al Quarto Dorado* (Domínguez Casas 1993, 447), con su tramo final en 'caracol' (Vilar Sánchez 2007, 151)[14]. La puerta de comunicación entre la capilla y el patio se trasladó del testero del pórtico nazarí al arranque de la escalera, como evidencia la denominación de esta. Dicha operación pudo estar, a su vez, relacionada con la extensión de la capilla hasta el Oratorio del Mexuar, colmatando la antigua 'alhacena de los perfumes', y la inserción en ella de una tribuna, accesible desde el primer rellano de la nueva escalera (Redondo Cantera 2000b, 77). Al muro oriental del patio se adosó un corredor volado de madera, conocido entonces como el *corredor de cabe la Pila*[15], que ponía en contacto la planta alta del Cuarto Dorado con las habitaciones situadas tras la fachada interior del Palacio de Comares (Vilar Sánchez 2007, 151). En el extremo occidental de la Sala de la Barca, adyacente al Cuarto Dorado, se creó otro núcleo vertical de escalera (Bermúdez Pareja 1965b, 102) que permitía asimismo ascender hasta el piso alto, donde se ubicó la recámara de las habitaciones reales (Vilar Sánchez 2007, 105). Finalmente, entre la planta alta del Cuarto Dorado y la Torre de Comares se erigió un gran arco de descarga sobre el adarve, para sustentar un pasaje de comunicación, aludido en la documentación como

Fig. 2.2.3 - Interior del Patio del Cuarto Dorado. Fot. Autora del libro, 2021.
Fig. 2.2.4 - *Folkeliv i gård i Granada*. Heinrich Hansen, ca. 1850.

el arco o *el corredor cabe Comares* (Domínguez Casas 1993, 450)[16]. Todas estas comunicaciones permiten pensar en una estrecha relación funcional entre las dependencias situadas en torno al Patio del Cuarto Dorado, en ambos niveles.

La misma sala baja del Cuarto Dorado experimentó transformaciones en este proceso de readaptación funcional, probablemente en los últimos años del siglo XV (Domínguez Casas 1993, 448-449; Vilar Sánchez 2007, 81, 87, 146-147; Galera Mendoza 2011, n. 9). De los tres vanos de entrada con que originalmente contaba, se tapiaron los laterales y se dispuso una puerta en el central, con gorroneras y quicialeras[17] –hay constancia de que, en octubre de 1499, se asentaron nuevas *puertas en la cámara de la reyna* (Vilar Sánchez 2007, 149), quizás este mismo espacio[18]–. Si, como parece, hubo tacas en el umbral, estas se eliminaron en este momento (Bermúdez Pareja 1965b, 102). Dentro, si existieron balcones laterales, se cegaron entonces y se transformó el ajimez central en un mirador gótico con asientos individuales a ambos lados. Este hueco extendió verticalmente el del ajimez previo, incorporando en su trazado las dos ventanas superiores. El parteluz del nuevo vano lo constituyó una esbelta columna de mármol con capitel mudéjar (Bermúdez López 2010, 105). La ventana, de unos 2,15 m de luz, se dotó de un antepecho de unos 65 cm, ligeramente superior a los bancos laterales de fábrica. Antepecho y bancos se revistieron de cerámica vidriada, con piezas cuadradas a 45° en rectángulos de color concéntricos, dando continuidad al motivo de los zócalos de la sala. Una carpintería a haces interiores, seguramente practicable, hubo de matizar la permeabilidad de la ventana. El artesonado nazarí se repintó con motivos italianizantes y emblemas dorados, que terminaron por dar a la estancia su nombre moderno (Bermúdez Pareja 1965b, 102).

Por lo que respecta al mirador, la solución de ventana con doble asiento fue muy popular en los palacios urbanos del *Quattrocento* toscano[19] y en aquellos proyectados por arquitectos florentinos, como el Palazzetto della Jole, en el ala más antigua del Palazzo Ducale de Urbino. Pero este recurso cuenta también con representación abundante en territorio nacional, como se apuntó anteriormente: por citar sólo un caso pocos años anterior, es notable el parecido con aquellos del Castillo de Manzanares el Real, obra de Juan Guas. También la recopilación de las ordenanzas de Sevilla (1527, f. 150) recogería como característica de las 'casas reales' la presencia de *ventanas con sus asientos acordados y ventanas de tajon de diuersas maneras;* dato que demuestra lo naturalizado de este recurso arquitectónico y sus connotaciones palatinas.

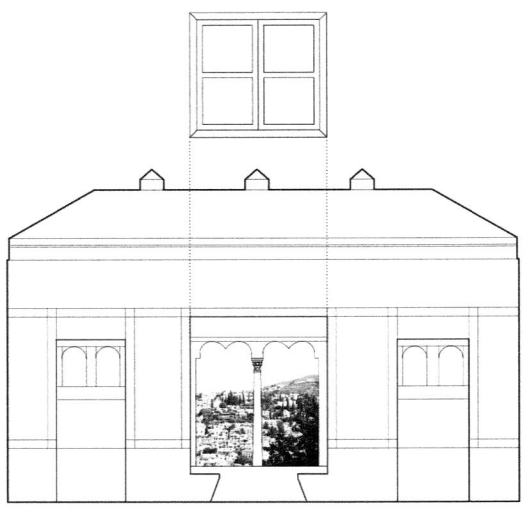

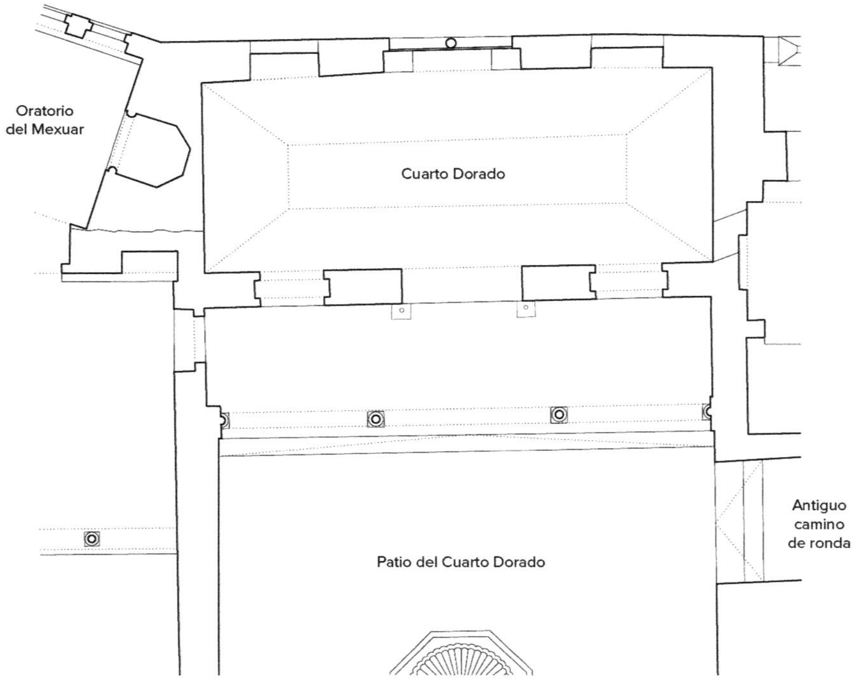

Oratorio
del Mexuar

Cuarto Dorado

Antiguo
camino
de ronda

Patio del Cuarto Dorado

Figs. 2.2.5 y 2.2.6 - Planta y sección del Cuarto Dorado, estado actual (izquierda) e hipotético a mediados del s. XVI (derecha). Dib. Autora del libro a partir del plano *La Alhambra. Casa Real. Planta General* de Torres Balbás redibujado por la EEA y las cartografías APAG, Colección de Planos, P-002479, P-002566, P-002568, P-002703, P-007901.

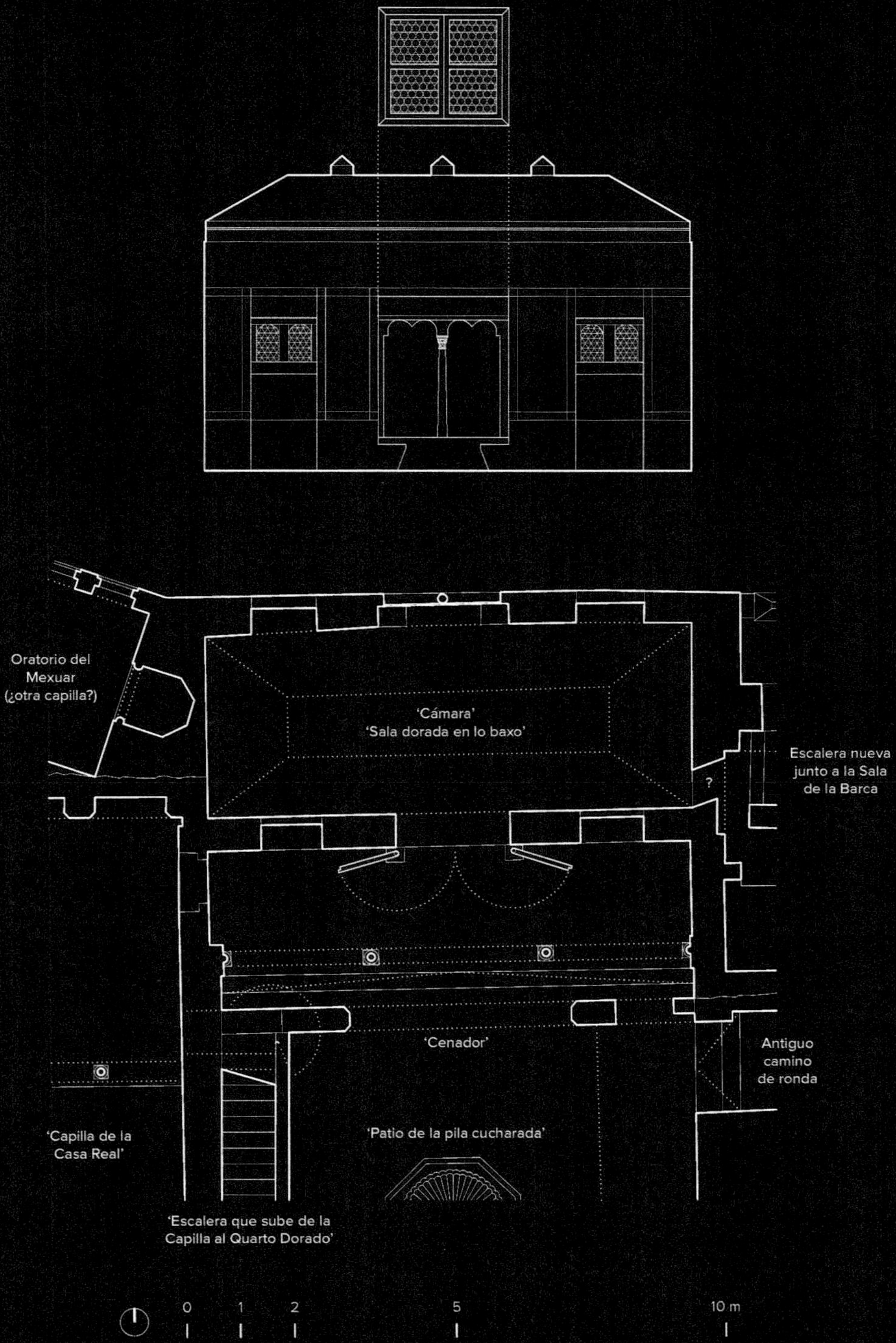

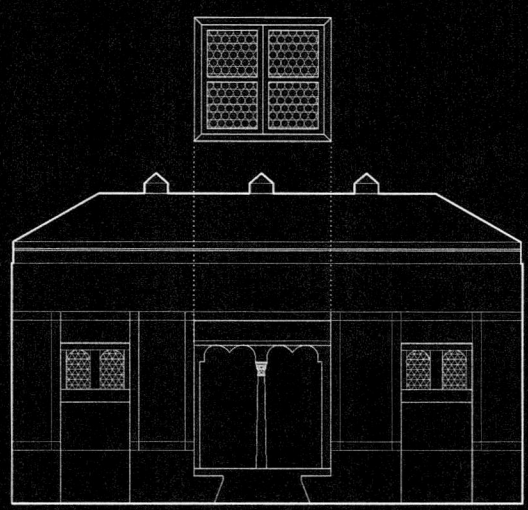

Oratorio del Mexuar (¿otra capilla?)

'Cámara'
'Sala dorada en lo baxo'

Escalera nueva junto a la Sala de la Barca

?

'Cenador'

Antiguo camino de ronda

'Capilla de la Casa Real'

'Patio de la pila cucharada'

'Escalera que sube de la Capilla al Quarto Dorado'

0 1 2 5 10 m

Dadas las fechas de la operación, el gótico tardío en que se materializa y el destino femenino de este sector, todo indica que el actual Cuarto Dorado pudo ser uno de los aposentos de Isabel la Católica, en cuya transformación ella misma pudo desempeñar un papel relevante, conocida su iniciativa en el adecentamiento de sus propias habitaciones tanto en la Alhambra como en otros palacios peninsulares. En este sentido, no deja de resultar llamativo –y atrevido– el recurso a una 'ventana de asiento', cuya utilización femenina era censurable aún a principios del s. XVI por el riesgo de ser visto desde el exterior que conllevaba, que implicaba indiscreción y exposición al cortejo (Arciniega García 2015; Lampérez y Romea 1922, 303; Vives 1528, f. 57r, 93r; Shepherd 2019). Tal vez la apertura al barranco del Darro y el alejamiento de otras construcciones se entendiesen garantías de privacidad suficientes, o tal vez el nivel social de la destinataria permitiese soslayar ciertos prejuicios e inercias tradicionales.

El mirador del Cuarto Dorado combinaba la percepción del entorno sedente y lateral, asociada a la conversación *vis-à-vis* o la lectura, en la que la mirada distraída escapa diagonalmente, con la frontalidad de la escena recortada que se verificaba al acceder a la sala por la única puerta entonces disponible. La primera experiencia situaba el cuerpo del usuario transversal al cerramiento, subrayando el límite entre interior y exterior. La segunda presentaba una vista individual y plana del panorama, como si de un lienzo caprichosamente recortado y colocado en el centro de la pared se tratase. La ventana encuadra un fragmento casual del frontero cerro de

Fig. 2.2.7 - Mirador del Cuarto Dorado desde el interior de la sala. Fot. Autora del libro, 2021.
Fig. 2.2.8 - Vista exterior del Cuarto Dorado, donde se aprecian las almenas previas a la construcción de la sala sobre el adarve, el mirador central y dos balcones laterales tapiados. Fot. Autora del libro, 2017.

San Miguel: aunque difícilmente se pueda hablar de 'artealización' (Roger 2007) o 'pictorialización' (Crandell 1993) del territorio a finales del s. XV en España, la proporción vertical de la vista y su presentación frontal y elevada sugieren conexiones con la pintura flamenca del momento, tan popular entre las élites y valorada por Isabel, donde el panorama lejano ambientaba las acciones humanas y divinas y solía encuadrarse mediante 'marcos' arquitectónicos. En este sentido, y siendo como es evidente que existía un deseo de contemplar este paraje por las razones anteriormente aducidas, puede plantearse la hipótesis de que los miembros de la corte tendiesen a proyectar mentalmente sobre este tipo de 'recortes' en las envolventes los contenidos simbólicos, conmemorativos o religiosos de su preferencia, completando virtualmente el tema –la 'historia'– en ausencia de figuras en primer plano. Varias de las tablas de la colección de la Reina Católica en la Capilla Real nos conducen a esta interpretación, que cabría explorar en detalle. Y es que, en vida de la soberana, no eran aún aparentes en la silueta urbana los profundos cambios operados desde 1492; las miradas que partían de la Alhambra se encargarían de verter esos contenidos sobre el panorama divisado. La resolución arquitectónica del límite desde parámetros inconfundiblemente occidentales alentaría, por otra parte, esa proyección de significados.

Mirador sobre el Darro. Nos ocupamos ahora de un espacio ya desaparecido pero que hubo de revestir un notable interés paisajístico: se trata del *mirador sobre darro* erigido sobre el Oratorio del Mexuar y así rotulado en la Planta Grande (fig. 2.2.9). Ya se dijo que la zona del Cuarto Dorado, en sus dos niveles, y la planta alta del Mexuar se destinaron tras la conquista a aposentos privados de las soberanas españolas. Bajo los Reyes Católicos las obras de adaptación comenzaron con prontitud, adquiriendo mayor celeridad en el segundo lustro de 1490 y primeros años de la centuria siguiente[20]. Isabel dispuso su cámara en este sector –quizás el propio Cuarto Dorado, como se ha indicado–, así como una recámara en el piso superior. Junto a esta última dependencia, la reina se hizo construir en el verano de 1500 –durante una de sus estancias en la Alhambra– un 'retrete' o lugar de retiro, así como un 'mirador'. El 11 de agosto mandaba retribuir al maestro de carpintería Jerónimo Palacios por *un Retrete que yo le mando faser sobre la Capilla* (Domínguez Casas 1993, 448), es decir, sobre la antigua Sala de Sesiones del Mexuar o sobre el Oratorio del Mexuar. Quince días después, Isabel ordenaba el pago a tres albañiles sevillanos por haber solado y revestido de azulejos los antepechos del 'mirador', en su 'retrete':

Sancho de Paredes mi camarero yo vos mando que de las trezientas e ochenta e siete mil e quinientos maravedíes que vos por mi mandado rescebistes del tesorero Morales enla cibdad de Sevilla deys luego a Cristóbal García e a Cristóbal de las Cuevas e a Joan Hurtado albanires vesinos de Sevilla diez mill maravedíes que ellos ovieron de aver por razon de un mirador que yo mande hazer en la mi Casa del Alfanbra de Granada en mi Retrete por le solar de azulejos e fazer las çanjas e verjas de antepecho delos dichos azulejos segund que con ellos por mi mandado lo asento el conde de Tendilla (Domínguez Casas 1993, 453).

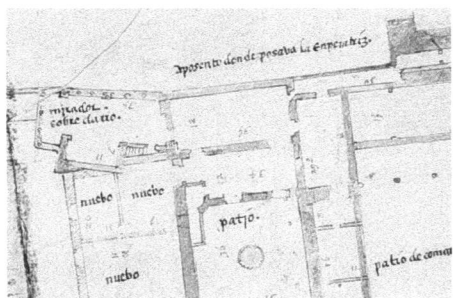

Esta contigüidad o identificación entre 'mirador' y 'retrete' guarda paralelismos con el Alcázar de Córdoba, donde el 'retrete' de Isabel también contaba con azulejos en sus paramentos, se cubría con zaquizamíes pintados y dorados y se abría a una terraza a la que la reina acostumbraba a salir por las tardes (Domínguez Casas 2017). Que este 'mirador' construido por Isabel se corresponde, con toda probabilidad, con el grafiado en la Planta Grande lo sugieren varios argumentos. El primero es, naturalmente, la identidad de la denominación –'mirador'– y la coincidencia de su localización –sobre el Oratorio del Mexuar, posible 'capilla'[21]–. El segundo es el diferente grafismo adoptado en la Planta Grande para representar este espacio y las otras *cuatro pieças buenas* que en 1535 el alcaide de la Alhambra se aprestaba a construir al sur, para Isabel de Portugal (Redondo Cantera 2000a, 86)[22]: estas últimas ostentan el rótulo *nuebo* y sus muros seccionados carecen del relleno negro que sí muestran los del *mirador sobre darro* y la planta alta sobre el Cuarto Dorado; además, el encuentro entre el mirador y las piezas proyectadas se grafía con una visible discontinuidad en los muros que sugiere que el primero ya estaría edificado antes de que se iniciase la construcción de las segundas, es decir, durante el reinado de los

Fig. 2.2.9 - Detalle del *mirador sobre darro* y el piso alto del Cuarto Dorado y el Mexuar en la Planta Grande. Pedro Machuca (atrib.), mediados del s. XVI.
Fig. 2.2.10 - Exterior del mirador y del corredor de conexión con la Torre de Comares a principios del s. XIX. J. C. Murphy, 1802.

Reyes Católicos. La tercera evidencia que apunta a una identificación entre el 'mirador' de Isabel y el *mirador sobre darro* es el informe del aparejador Juan de la Vega sobre los desperfectos ocasionados por la explosión de un polvorín cercano en 1590. En esta relación se detallan los daños sufridos por el Cuarto Dorado, su pórtico, la habitación alta sobre el Cuarto Dorado y *otra sala dorada y corredor dorado questá junto con la de arriba:*

> *Quarto Dorado encima del bosque aposento del alcaide.*
>
> *Asi mesmo en el dicho quarto en el cenador* [pórtico mudéjar en el patio][23] *y corredor* [en planta alta] *del dicho quarto todos los artesones de las cubiertas del dicho cenador y corredor se an quebrado por muchas partes* […].
>
> *Asi mesmo en una sala dorada questá junto del dicho corredor que cae al bosque* [habitación encima del Cuarto Dorado] *se han quitado muchas pieças de la cubierta de la dicha sala dorada[24] y todas las uentanas y puertas desta dicha ssala quebradas y hechas pedazos.*
>
> *Asi mesmo en otra sala dorada y corredor dorado questá junto con la de arriba dicha se lleuó y derriuó un marmol del dicho corredor y las puertas de la dicha sala y otras del dicho corredor las hiço pedazos y las uentanas y bedrieras questavan en estas dichas ssalas las hiço pedazos.*
>
> *Asi mesmo en otras quadras nueuas del dicho quarto dorado* [habitaciones nuevas de la emperatriz] *se an caydo y están para caerse todos los tauiques y deuidimientos de las dichas quadras con parte de la madera de las qubiertas dellas y en los çaquiçamís y en otras pieças altas de las dichas casas y quadras dichas ay muchas aberturas y sentimientos en las paredes y tauiques dellas –de suerte que quedó todo muy mal tratado.*
>
> *En este dicho quarto ay una sala dorada en lo baxo* [Cuarto Dorado] *y queró y derriuó las ventanas y una puerta prinçipal con un marmol que tenia la dicha uentana en el medio de suerte que se hiço todo pedaços sin quedar cossa de prouecho* (Bermúdez Pareja y Moreno Olmedo 1966).

Como se aprecia en la Planta Grande, el *mirador sobre darro* era contiguo y se encontraba comunicado con la habitación alta sobre el Cuarto Dorado, el *aposento donde posava la emperatriz*. En su cerramiento figuran fustes individuales y en tríos que sugieren esbeltas columnas de mármol y dos tirantes o vigas interiores de atado. Uno de estos 'mármoles' sería, probablemente, el derribado por la explosión en el *corredor dorado* de planta alta que Juan de la Vega diferencia del situado sobre el pórtico mudéjar y de la tribuna creada sobre la antigua Sala de Sesiones del Mexuar. En el informe de desperfectos no hay confusión posible con las dependencias del piso bajo y tampoco con las cuatro piezas erigidas para la emperatriz, ya que el mismo Juan de la Vega prosigue dando cuenta de los daños de las *otras quadras nueuas del dicho quarto dorado,* donde amenazaban con *caerse todos los tauiques y deuidimientos.* A estos argumentos deben unirse las vistas exteriores conservadas –particularmente útiles son los dibujos de James Cavanah Murphy (1802) (fig. 2.2.10), Alexandre Laborde (ca. 1806), William Gell (1808) (fig. 2.2.11) o Richard Ford (1830-1833)–, que muestran el corredor-mirador resuelto con una concatenación de arcos rebajados sobre columnillas de mármol. Si se rastrea la documentación de las obras realizadas por las mismas fechas que el 'mirador' referido por Isabel, se encuentran, en efecto, reiteradas alusiones a un *corredor de sobre la Capilla* o *corredor de sobre el Mexuar* (Domínguez Casas 1993, 72, 447-448, 489-490) posiblemente coincidente con este mismo espacio, pues contaba con columnas de mármol, 'arcos de yeso' y techumbre de lazo. No debe olvidarse tampoco que, como la propia reina precisa, el referido 'retrete' se ubicaba *sobre la Capilla* y el 'mirador' coincidía espacialmente con dicho 'retrete', lo que equivale a decir que se situaba, también, sobre el espacio de culto.

Fig. 2.2.11 - Exterior del mirador sobre el Darro a principios del s. XIX. William Gell, 1808.
Fig. 2.2.12 - Hipótesis gráfica del mirador sobre el Darro a mediados del s. XVI. Dib. Autora del libro
a partir del plano *La Alhambra. Casa Real. Planta General* de Torres Balbás redibujado por la EEA, la
Planta Grande atribuida a Machuca, el *Plano de la Casa Real Árabe* de Hermosilla, la *Planta General de los Reales Alcázares de la Alhambra* de Contreras y APAG, Colección de Planos, P-000416, P-000422 y P-005845.

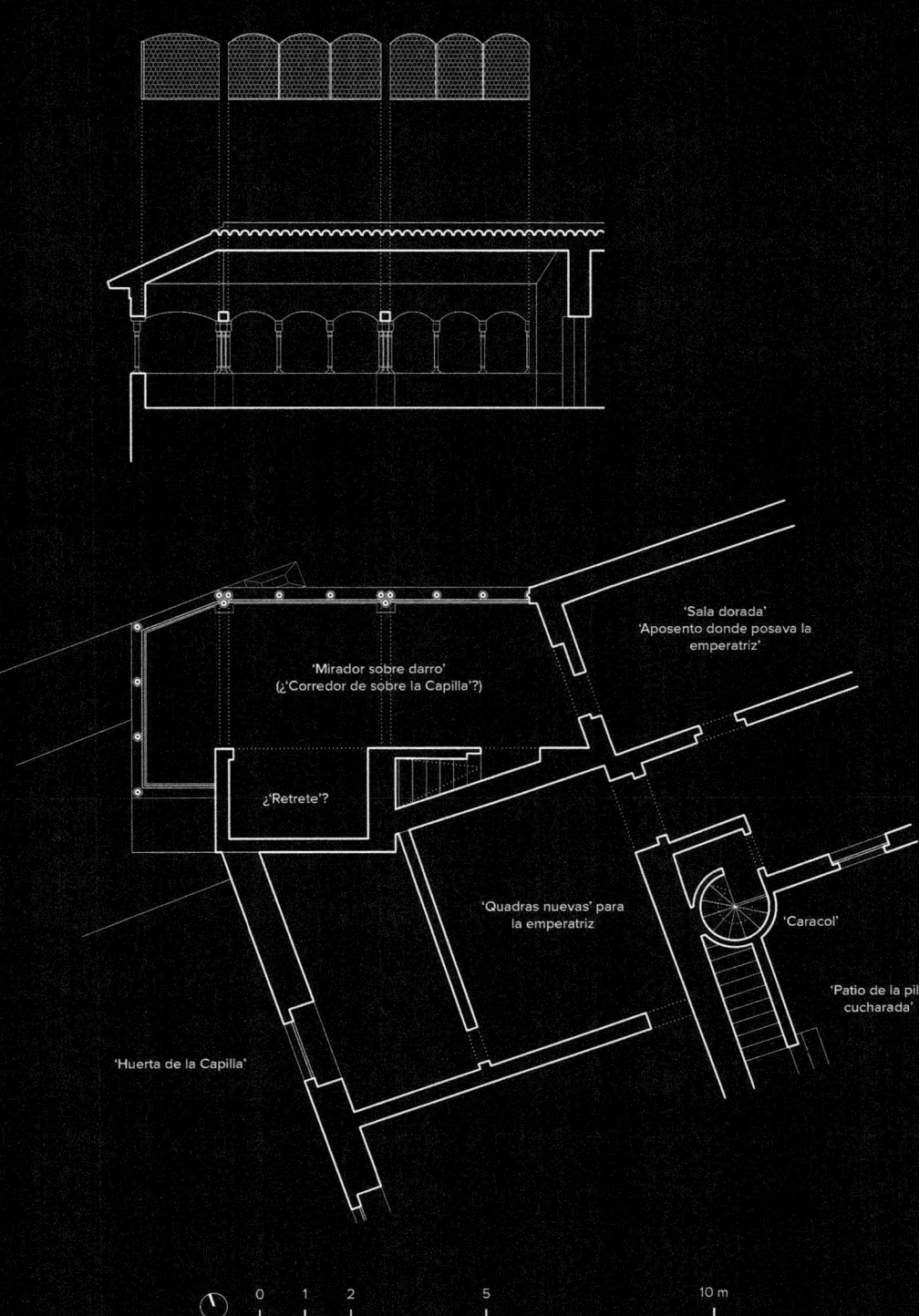

'Sala dorada'
'Aposento donde posava la
emperatriz'

'Mirador sobre darro'
(¿'Corredor de sobre la Capilla'?)

¿'Retrete'?

'Quadras nuevas' para
la emperatriz

'Caracol'

'Patio de la pil
cucharada'

'Huerta de la Capilla'

0   1   2   5   10 m

Estos datos permiten suponer que el *mirador sobre darro* no era otro que el promovido por Isabel la Católica y edificado en los primeros años del s. XVI. Gracias a ellos, es posible también efectuar una reconstrucción gráfica hipotética del espacio y aproximarse a la experiencia del entorno que ofrecía (fig. 2.2.12). De planta irregular aunque próxima al rectángulo, con dimensiones interiores medias de 9 × 3,30 m[25], al corredor-mirador se accedía desde la habitación creada sobre el Cuarto Dorado. Sus frentes norte y oeste se abrían casi por completo al entorno mediante una galería de arcos rebajados sobre columnas de mármol levantada sobre un antepecho de azulejos, mismo material del pavimento. El lienzo norte constaba originalmente de siete arcos de en torno a 1 m de luz, existiendo otros tres al oeste y uno al sur. El extremo occidental del mirador presentaba un saliente que cabalgaba sobre la galería norte del Patio de Machuca y se adaptaba al quiebro de la muralla en este punto, cargando sobre los muros nazaríes. En el muro meridional de la estancia se abría un recinto de 7 × 11 pies (1,95 × 3,06 m) –¿el 'retrete' de Isabel la Católica?[26]– y lo que parece ser una estrecha escalera descendente, que podría haber comunicado con una entreplanta o con la tribuna de la *Capilla de la Casa Real* (Valladar y Serrano 1890, 52; Redondo Cantera 2000b; Gallego Burín 1963, 66) y, en prolongación, con la galería norte del Patio de Machuca[27], aprovechando como zona de paso el recinto triangular remanente tras la edificación del Oratorio del Mexuar[28]. En la documentación de las obras se cita, en efecto, la *escalera del dicho corredor* (Domínguez Casas 1993, 447). La integración de estas conexiones espaciales, por otra parte, unida a la permeabilidad de los cerramientos, podría justificar la ocasional alusión al mirador como 'corredor', favorecida también por la simetría con *el otro corredor de Comares* (Domínguez Casas 1993, 489, n. 384) respecto al Cuarto Dorado.

Fig. 2.2.13 - Panorama desde las Habitaciones de los Gobernadores. Richard Ford, ca. 1830.

El corredor-mirador debió de ser –pues nada queda de él– un lugar destacado para la experiencia del entorno: con su apertura en ángulo, elevación
y ausencia de obstáculos delanteros, presentaría una amplia panorámica
del valle del Darro, el Albaicín, la ciudad baja y el Patio de Machuca sobre
el fondo de la Alcazaba. Una aproximación tardía pero bastante ajustada la
ofrece el apunte panorámico de Richard Ford, realizado desde este espacio
o desde alguna de las habitaciones contiguas –lo que entonces se conocía
como las Habitaciones de los Alcaides o de los Gobernadores– (fig. 2.2.13).
Esta clase de panorama, caracterizado por *lindos lugares como guertas Rios
montes con muchos Hedificios,* era ya a comienzos de la Edad Moderna
asociado con los 'miradores', como confirman el anónimo *Tratado de
Arquitectura* custodiado por la Biblioteca Nacional (BNE)[29] o la definición
de este concepto en el *Tesoro de la lengua castellana* como *lugar alto
de la casa que descubre campo y cielo; desde el qual se espacia la vista,
mirando a vna parte y a otra: propia recreacion de gente religiosa y recogida* (Covarrubias Orozco 1611, f. 550v). El término comenzaba entonces a
solapar, a su acepción escénica y pública original, la sugerencia paisajística.

Desde el punto de vista experiencial, se verificaba una desmaterialización
del límite construido con objeto de intensificar la exposición al entorno,
cuya visión aparecía filtrada y segmentada por una arcada de formas inconfundiblemente occidentales. La desmaterialización, sin embargo, no era
total: el ocupante quedaba protegido y separado del exterior y las percepciones aparecían seleccionadas, mediadas y controladas por los contornos
construidos. La sucesión de arcos y la apertura en distintos frentes incitarían
a la percepción dinámica del entorno, aproximándose a los huecos para
manipular sus carpinterías vidriadas, previsiblemente a haces interiores,
aludidas en el informe de Juan de la Vega. Merece la pena remarcar, por

último, el probable destino y promoción femenina de este espacio, en contraste con la asociación masculina de la apertura al panorama que prevaleciera en tiempos nazaríes: dicha restricción no parece haber regido para las soberanas españolas, quienes, como se ha visto, gozaron en la Alhambra, y en otros palacios peninsulares, de piezas propias de estas características[30].

El saliente occidental del mirador se derrumbó en fecha indeterminada, a lo que tal vez contribuyeran su insuficiente arriostramiento y la citada explosión de 1590. En la vista *Palais du roy d'espagne dans le chateau de laLambre de Grenade* de Louis Meunier (1668) aún figura, pero en las imágenes del s. XIX está ya ausente. En un apunte de Richard Ford realizado desde la Alcazaba (ca. 1830), el alzado oeste del mirador aparece recompuesto con solo dos arcos a imitación de los anteriores (Ford 2012, 32). Tampoco resulta posible precisar el momento, anterior a inicios del s. XIX, en el que el arco más oriental del lienzo norte se tapió, quedando visibles, entre ambas alteraciones, solo cinco en esta dirección (figs. 2.2.10, 2.2.11). Lo que restaba del mirador fue, finalmente, desmontado por Torres Balbás en 1929, quien descartó su conservación por considerar la fábrica moderna y en avanzado estado de deterioro (Torres Balbás 1929, 7; Vílchez Vílchez 1988, 188).

Studiolo de Carlos V. Si la zona del Mexuar y el Cuarto Dorado se escogió para albergar los aposentos de las reinas españolas, el área situada simétricamente respecto al Palacio de Comares, entre los patios de la Reja y Lindaraja, parece haber albergado la parte masculina de la Casa Real (Wilkinson-Zerner 1994, 128). En esta zona debió de localizarse el *quarto de los jardines* mandado edificar por los Reyes Católicos (Domínguez Casas 1993, 452; Szmolka Clares, Moreno Trujillo, y Osorio Pérez 1996, 1: 332, 334), que comprendería, con toda probabilidad, la crujía que avanza desde el Palacio de los Leones en dirección a la muralla, edificada sobre el callejón de los Leñadores, que conserva tres arcos apuntados hacia el Patio de Lindaraja (Bermúdez Pareja 1974; Redondo Cantera 2000b, 70). Durante el reinado de Carlos V, y tras su estancia en la Alhambra en 1526, esta construcción fue remozada y ampliada –como ocurriera con las dependencias destinadas a la emperatriz– para dar respuesta a las mayores necesidades de espacio de la etiqueta borgoñona. El viajero François Bertaut recogió en la relación de su visita (1659) que el piso bajo había sido enteramente reparado por el emperador, quien también hizo construir una galería y varias piezas de nueva planta (Bertaut 1669, 89).

Las obras de adecuación de este sector se iniciaron en 1528, según los libros de cuentas (Redondo Cantera 2000a, 81; Casares López 2008, 244). Las trazas se atribuyen generalmente a Luis de Vega, arquitecto conocido por su tendencia a priorizar la comodidad y la funcionalidad sobre la imagen y composición externas (Rosenthal 1988, 21-23, 47-49). La Planta Grande de la Alhambra, que secciona el piso alto en esta zona, incorpora las nuevas dependencias con los muros rellenos de aguada negra y el rótulo *nuebo,* lo que indica que, con toda probabilidad, en el momento de su dibujo ya habían sido edificadas o se encontraban en proceso de construcción. De hecho, se detallan los pormenores o pequeños accidentes como mochetas, chimeneas, rincones, puertas y ventanas y se incluyen las medidas longitudinales en pies castellanos, que coinciden sustancialmente con lo ejecutado[31]. Estas obras aventajaron en el tiempo a las nuevas habitaciones para la emperatriz: en 1535, el alcaide Luis Hurtado de Mendoza comunicaba que se habían habilitado *siete pieças medianas y pequeñas* a falta de los elementos decorativos (Redondo Cantera 2000a, 82; 2000b, 84). Dado que en la Planta Grande solo figuran seis rótulos con la palabra *nuebo* en este área –antecámara y despacho en la crujía norte-sur y cuatro piezas menores en la crujía este-oeste, cerrando el Jardín de Lindaraja– se especula con la posibilidad de que la séptima fuese la planta alta de la torre de Abū l-Ḥayyāy[32], el hoy llamado Peinador de la Reina (Redondo Cantera 2000b, 85): la ausencia del citado letrero en su interior podría venir justificada por el hecho de que la fábrica de la torre no era 'nueva', sino nazarí. Aparte, Carlos V contaba con las estancias del Palacio de los Leones, en cuya Sala de Dos Hermanas acostumbró a comer durante su estancia, según revela la misma traza. La articulación funcional entre estas edificaciones se efectuó, además de mediante núcleos verticales de escalera, por medio de corredores horizontales en torno al Jardín de Lindaraja y sobre la muralla.

Volviendo a la torre de Abū l-Ḥayyāy, su reutilización, creativa a la par que racional, aprovechó la construcción islámica y sus inigualables vistas para complementar a los claustrales e introvertidos aposentos en torno a Lindaraja (Gómez-Moreno Calera 2007, 40). La intervención consistió en la creación de una sala en el cuerpo de la linterna, introduciendo un forjado en su interior, y en el desmantelamiento de los faldones de cubierta perimetrales para disponer en su lugar una galería en U y una antesala. Esta última, de unos 3 × 5 m, se configura como un distribuidor que organiza los accesos y circulaciones: al oeste, recibe la entrada desde el corredor volado que comunicaba con la antecámara del emperador, del que hablaremos en breve; al sur, enlazaba con los aposentos imperiales más privados y con un núcleo de escalera, que permitía descender al camino de ronda (Redondo Cantera 2000b, 82), y, al norte, integra un clásico arco de medio punto, que daba paso a la sala creada en el cuerpo de la linterna, y dos salidas, una en cada extremo, a la galería en U que la rodea por el exterior. Junto al muro sur, el pavimento de esta antesala incorpora una losa perforada por la que ascendía el aire caldeado de la 'estufa'[33] que se dispuso en la planta inferior. Los paramentos se revistieron de pinturas que representan, en perspectiva caballera y desde un punto de vista elevado, diversos territorios vinculados a la campaña de Túnez (1535) (Gómez-Moreno González 1892, 90-91; Torres Balbás 1931; 1953, 83), enmarcados en cenefas de estuco a modo de cuadros murales. Realizados entre 1539 y 1546 por Julio Aquiles y Alejandro Mayner –italiano el primero y flamenco el segundo–, con imperfecto realismo pero gran atención a los detalles, componen un panóptico de 'paisajes de la victoria' en el que también se integra la vista 'real' del Generalife sobre las terrazas de sus huertas, a través de una ventana enmarcada de modo similar a las pinturas murales (fig. 2.2.14).

La sala principal creada en la linterna viene últimamente siendo interpretada como gabinete privado o *studiolo* del emperador, dependencia propia de un príncipe del Renacimiento (Redondo Cantera 2000b; Gómez-Moreno Calera 2007; Vilar Sánchez 2016, 227). Este tipo de ambiente se popularizó en la Italia del *Quattrocento* y tuvo gran continuidad posterior, siendo los más conocidos los *studioli* de Federico da Montefeltro en Urbino y Gubbio, de Piero di Cosimo de' Medici, en el Palazzo Medici de via Larga, o de

Fig. 2.2.14 - Interior de la antesala del *studiolo* de Carlos V a principios del s. XIX. William Gell, 1808.

Francesco I de' Medici, en el Palazzo Vecchio de Florencia. Ninguno de ellos introducía la visión del entorno y los dos últimos ni siquiera tenían ventanas, probablemente para favorecer la introspección y la intimidad de los ocupantes, que quedarían inmersos en una escenografía centrípeta y diseñada a su medida (Ramos Alderete y Santolaria Castellanos 2019). Pero el *studiolo* de Urbino poseía acceso directo –aunque oculto tras uno de los paneles de *intarsia*– a un balcón elevado entre dos torreones; elemento altamente representativo visto desde fuera y que proporcionaba vistas dominantes sobre el entorno de colinas y el camino procedente de Roma (Baldi 1590, 541). Esta conexión entre interior y exterior presenta paralelismos con el espacio que nos ocupa, pues también en él se verificaba la contigüidad entre un ámbito introvertido y central, proyección de la mente del emperador, y otro expansivo y extrovertido, con alta visibilidad y condición de palco urbano. Para sus aposentos en la Casa Real Vieja, por tanto, Carlos V aceptó dotarse tanto de unas estancias prácticas y confortables según la tradición castellana como de unas dependencias actualizadas y distinguidas al modo que se estilaban en Italia.

El vano de acceso al *studiolo,* profusamente ornamentado con pinturas, conserva restos de una solería cerámica en tonos azules y amarillos. El forjado que interrumpía la linterna fue desmontado por Torres Balbás para recuperar la espacialidad y luminosidad de la sala inferior (Torres Balbás 1969, 70); según el arquitecto conservador, su pavimento era de azulejos de lazo (Torres Balbás 1931). El *studiolo* presentaba planta cuadrada de 2,70 m de lado. La iluminación procedía de tres pequeñas ventanas de medio punto en cada uno de sus frentes exteriores (norte, este, oeste), ensanchadas las centrales, que reutilizaron los huecos de la linterna nazarí. En ellas, se colocaron vidrieras de grisalla con grutescos, realizadas en 1541, que se vieron reducidas a añicos con la mencionada explosión de 1590 (Bermúdez Pareja y Moreno Olmedo 1966; Galera Mendoza y Cambil Campaña 2010). Estas ventanas quedaban situadas a 1,20 m sobre la rasante interior, lo que facilitaría la colocación, en la zona baja de las paredes, de mesas, aparadores u otro mobiliario[34]. Todas las superficies murales estaban abigarradamente pintadas con motivos alegóricos, además de los emblemas imperiales y las iniciales K I (Karolvs Imperator); molduras de estuco recorrían igualmente las paredes, delimitando los temas pictóricos. La cubrición de la sala continuó siendo el mismo artesonado nazarí, que se repintó con motivos dorados.

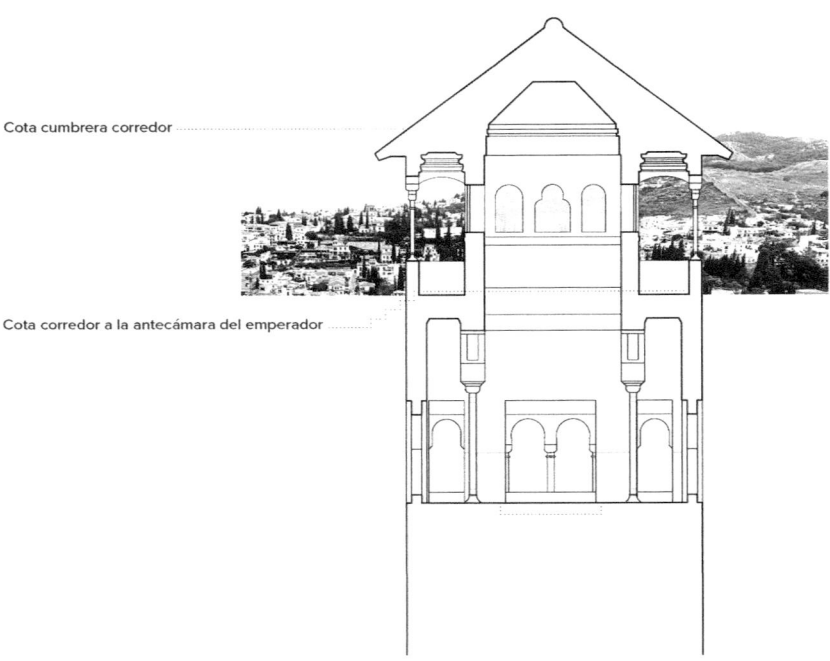

Cota cumbrera corredor

Cota corredor a la antecámara del emperador

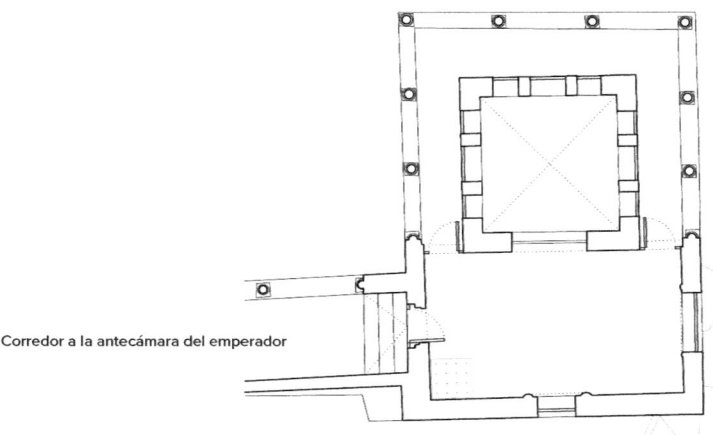

Corredor a la antecámara del emperador

Figs. 2.2.15 y 2.2.16 - Planta y sección del *studiolo* de Carlos V, estado actual (izquierda) e hipotético a mediados del s. XVI (derecha). Dib. Autora del libro a partir del plano *La Alhambra. Casa Real. Planta General* de Torres Balbás redibujado por la EEA, la Planta Grande atribuida a Machuca, el *Plano de la Casa Real Árabe* de Hermosilla y APAG, Colección de Planos, P-000201, P-000426 y P-000427.

Cota cumbrera corredor

Cota corredor a la antecámara del emperador

Corredor a la antecámara del emperador

Pasaje a las habitaciones
privadas del emperador

0 1 2 5 10 m

No es difícil imaginar que, debido a las reducidas dimensiones de las ventanas y a su velado con vidrieras emplomadas adornadas con grutescos, el panorama exterior tendría muy limitada su presencia en este espacio. Se reproduce, por tanto, la disposición típica de los *studioli* renacentistas, esencialmente fomentadores de la introspección. La abundante luminosidad proporcionaría un espacio cualificado para la lectura, la escritura, el estudio y otras actividades demandantes de concentración. Sin embargo, la salida a la galería en U a través de la antesala permitía una alta exposición al entorno circundante, por la desmaterialización de la arquitectura y el recorrido perimetral quebrado, que proporciona percepciones cambiantes según la posición del observador.

La galería, de apenas 85 cm de anchura libre, se compone de un antepecho bajo y arcos rebajados sobre columnas de mármol blanco, con capiteles nazaríes reutilizados. Los pavimentos, restaurados, son de ladrillo con olambrillas vidriadas. Si en el perfil de los arcos se ha visto cierta inercia arcaizante, las coloridas pinturas de los alfarjes y superficies murales –con motivos vegetales, guirnaldas, frutas y aves– se vinculan decididamente a las tendencias clasicistas (Hinojosa Canovaca 2007b; López Torrijos 2000)[35]. El hecho de que buena parte de los heterogéneos capiteles presenten su cara orientada al vacío sin labrar señala tanto el pragmatismo de la operación de 'reciclaje' como una precisa conciencia de lo que podía ser visto a distancia y una abierta priorización de la percepción del ocupante en lo que respecta a los detalles. Para mejorar el confort y la privacidad, la arcada parece haberse dotado, al menos durante un tiempo, de vidrieras

Figs. 2.2.17 y 2.2.18 - Galería en U en torno al *studiolo* de Carlos V (izquierda) y vano de acceso al espacio creado en el cuerpo de la linterna (derecha). Fot. Autora del libro, 2018.

practicables, arruinadas en 1590 y reemplazadas en 1625 por encerados provisionales (Torres Balbás 1931, 102; Gómez-Moreno Calera 2007, 48)[36].

Esta es, con toda probabilidad, la *vistosa galería, ventanaje a el bosque y Río dauro y puerta de Guadix* a la que se refiere el cronista Henríquez de Jorquera (1987, 56), que se asomaba a *una hermosa floresta de cármenes deleitosos* (1987, 22). La singularidad de la experiencia del entorno que ofrece reside en que posibilita la mirada panorámica en tres direcciones (norte, este, oeste), con todos sus gradientes intermedios, un amplio cono visual vertical y una permeabilidad casi total –solo segmentada por los delgados fustes de mármol–. El recorrido no conduce a ningún lugar más que a la misma habitación de partida, pero expande el 'espacio vivido' (Relph 1976, 8, 12) hasta el horizonte montañoso (fig. 2.2.17). Frente a la etapa nazarí, las vistas no se contienen y concentran, sino que invaden el espacio arquitectónico, confiriéndole su identidad y arrebatando el protagonismo a las superficies. Desde aquí se divisa una panorámica superior a los 180°, que comprende desde el Partal y el Generalife hasta el lienzo oriental de la Torre de Comares, barriendo buena parte del valle del Darro y la ciudad histórica y alcanzando a atisbar la vega en la lejanía. El bosque de la Alhambra delinea inferiormente el panorama, haciendo las veces de diafragma o barrera separadora. La silueta del Albaicín y el cerro de San Miguel presiden la perspectiva.

Si se complementan estas notas con las presentadas en la primera parte sobre la sala nazarí inferior, se comprende que la torre de Abū l-Ḥayŷāŷ constituya un lugar único en la Alhambra, por conservar una superposición en altura de espacios orientados a la experiencia del entorno ideados en dos momentos históricos y por dos culturas diferentes, tal y como advirtió Torres Balbás:

> *El emplazamiento y elevación de esta torre del Peinador, colgada a gran altura sobre el valle del Darro, hacen de ella uno de los lugares de más asombrosa vista de la Alhambra. Mirador espléndido, ricamente decorado, es la estancia árabe de abajo; los conquistadores dispusieron sobre él otro más alto y abierto, como queriendo señalar que no eran insensibles a la belleza del paisaje en torno, y lo alhajaron también con refinado arte* (Torres Balbás 1953b, 83-85).

El olvido del destino imperial de esta pieza puede explicarse por el hecho de que Carlos V nunca volviera a Granada ni la conociera terminada. Desde mediados del s. XVI la torre pasaría a conocerse como *la estufa de las casas reales* (Gómez-Moreno González 1919; Bermúdez Pareja y Moreno Olmedo 1966). Para mediados de la centuria siguiente, gozaba de amplia difusión su interpretación fantasiosa como *cuarto de la reina de los moros, en el que se sentaba la reina cuando se pintaba mientras la perfumaban con fragancias que se evaporaban* (Magalotti 2018, 242-243) y, ya en el s. XVIII, la imaginación popular la identificó con el tocador o 'tualeta' de las reinas cristianas, probablemente a partir de su uso en este sentido por parte de Isabel de Farnesio (1729) (Velázquez de Echeverría 1764, 1: 107).

Recorridos, secuencias y panoramas

Si en los casos anteriores prevalecía la componente estancial y contemplativa, unida a la singularización exterior del espacio como representación pública del soberano o soberana, un segundo grupo de intervenciones se caracteriza por ofrecer una experiencia dinámica y desjerarquizada del entorno, a través de formalizaciones lineales –panorámicas– con repetición de huecos en secuencia. Ya se indicó que la adaptación funcional de los palacios nazaríes, preservando las salas más suntuosas y reutilizando, en lo posible, las preexistencias materiales, se resolvió concentrando las intervenciones más contundentes en aquellas áreas ruinosas, monumentalmente secundarias o sin edificar. Las organizaciones espaciales resultantes presentaban, sin embargo, algunos problemas de conectividad para los usos de la nueva corte. Dichos problemas se saldaron con la construcción, allí donde fuese posible, de corredores o pasajes horizontales de comunicación a cubierto, que absorbían también ligeras diferencias de cota y permitían una mayor integración funcional. Estos elementos lineales, cuando se construyeron *ex novo,* se proyectaron casi siempre con un consumo mínimo de material en sus largos cerramientos, lo que los convirtió en espacios altamente permeables al entorno. Con estas soluciones no solo se abarataba en material y mano de obra y se reducía el tiempo de puesta en servicio, sino que se amenizaban también los recorridos con el aliciente de las percepciones, especialmente en localizaciones liminales. La linealidad y transparencia de las estructuras resultantes, aunque frecuentemente dotadas de encerados o carpinterías practicables, se traducía, al mismo tiempo, en imágenes fácilmente asociables con la edilicia civil occidental, en acusado contraste con la masividad de las construcciones islámicas. Otras operaciones optaron por la reutilización y/o reedificación de muros nazaríes introduciendo un alto porcentaje de huecos, lo que convirtió superficies ciegas o puntualmente horadadas en balconadas con amplios huecos seriados. De este modo, si los 'aposentos-tribuna' anteriormente tratados podían ser entendidos como 'palcos de honor' para la figura regia, estos otros 'palcos' extendidos y homogéneos sugieren una experiencia del panorama abierta y accesible a una mayor proporción de miembros de la corte.

Galería del Patio de la Acequia. Ya durante el reinado de los Reyes Católicos se levantaron algunos de estos 'corredores', 'galerías' o 'pasadizos', como aparecen referidos en la documentación. En páginas anteriores se mencionaron el *corredor de sobre la Capilla* o el *corredor cabe Comares,* sobre la muralla norte de la Alhambra. También se sabe que los monarcas levantaron una galería sobre la Sala de los Reyes en el Palacio de los Leones y un corredor con planta en Z comunicante con las casas del Partal, aunque su desaparición y la escasez de datos nos impiden pronunciarnos sobre su aspecto originario[37].

El Generalife no estaba tampoco exento de los problemas de conectividad y espacio que aquejaban a los palacios alhambreños. Tras la conquista quedó al cuidado de fray Juan de Hinestrosa, personaje de confianza de Isabel la Católica, hasta 1523. La reina desde un principio demostró aprecio e interés por la almunia, ordenando *hacer ciertos edificios y obras en la Güerta y casa de Generalife* y expresando su deseo de que estuviese *a mucho recaudo y todo lo á ella tocante muy bien tratado[38]*. Parece haber sido durante la alcaidía de Hinestrosa –o en todo caso, antes de 1526– cuando, entre otras intervenciones como la adición de una entreplanta y una azotea calada sobre el pabellón norte (Vílchez Vílchez 1991, 125), se llevó a cabo un rediseño completo del lienzo oeste del Patio de la Acequia, convirtiendo el mirador nazarí en capilla y la tapia que lo flanqueaba en galería-belvedere.

Al mirador nazarí, con su pequeña planta cuadrada y múltiples huecos, que además, quedaban sumamente bajos, no se le encontrarían funcionalidad ni monumentalidad suficientes y se optaría por su reacondicionamiento para albergar el culto cristiano, para lo cual inicialmente bastaría con cegar las ventanas y revestir, seguramente, las superficies interiores[39]. En 1526 el cambio de uso ya se había operado, pues un diario de obras alude a la reparación de la capilla (Vílchez Vílchez 1991, 106, 121, 170; Michot Roberto y Rodríguez Moreno 2017). Las vistas del mirador, a todas luces entendidas como impropias de un espacio religioso[40], demuestran, sin embargo, haber sido valoradas, pues se trasladaron al muro occidental del patio, cuyo hipotético desarrollo y superior opacidad –según se expuso en la primera parte– pudieron resultar poco comprensibles para los cristianos. Para ello, se habría hecho necesario el desmoche o demolición parcial del muro y su reedificación con menor altura, integrando los 17 arcos apuntados que hoy lo horadan[41]. De estos arcos se ha señalado su perfil mudéjar y los lemas *(Tanto Monta)* y emblemas (yugo y flechas) de los Reyes Católicos que figuran en algunos de los intradoses. El recurso al mudéjar, coherente con la estrategia de mimetismo, sugiere una operación temprana, de los últimos años del siglo XV o primeros del XVI, cuando esta tendencia gozó de mayor auge. Las pinturas, por su parte, pueden interpretarse como un 'sello' de autoría de la intervención –algo registrado en otros espacios de la Alhambra, como el Cuarto Dorado– pero también como un acto de 'actualización de la propiedad' (Fernández Aguilera 2015), pudiendo no ser coetáneas con la operación de perforación. Sea como fuere, interesa recalcar que, con esta actuación, pudieron invertirse los puntos y áreas de conexión con el entorno en el lienzo oeste del patio; inversión que, de verificarse, resultaría además bastante explicativa de las preferencias en este sentido de nazaríes y cristianos.

En esta posible inversión viene también a incidir la última de las operaciones transformadoras de la secuencia: el adosamiento, a la cara exterior del muro, de un corredor, conocido como la galería del Patio de la Acequia.

Fig. 2.2.19 - Galería del Patio de la Acequia desde el interior del patio. Fot. Autora del libro, 2021.
Fig. 2.2.20 - Planta y sección de la galería, estado actual (arriba) e hipotético a mediados del s. XVI (abajo). Dib. Autora del libro a partir del plano *La Alhambra. Casa Real. Planta General* de Torres Balbás redibujado por la EEA, el *Plano del Sitio de Generalife* de Hermosilla y APAG, Colección de Planos, P-002236.

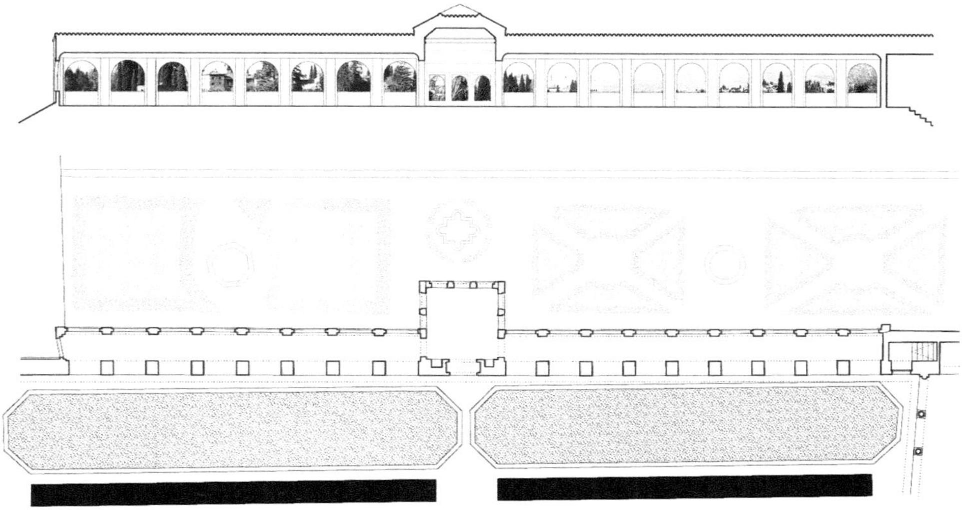

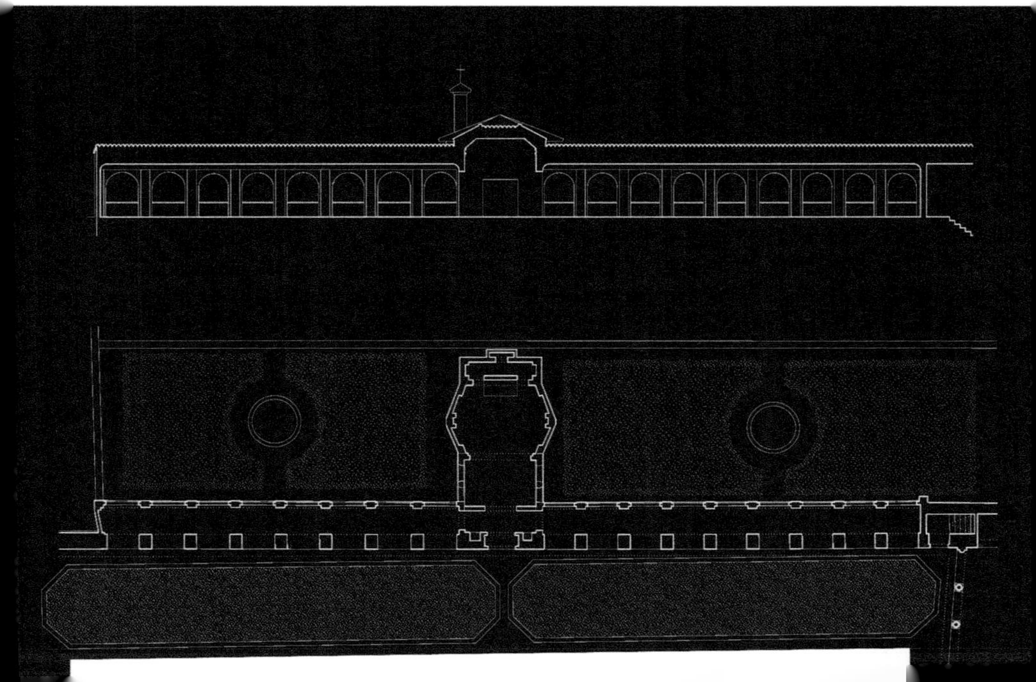

Este espacio, aludido por los visitantes italianos como *loggia*[42], ya existía también en 1526 (Navagero 1563, f. 19v; Tito Rojo y Casares Porcel 2011, 279-280; Marías Franco 2000), aunque posiblemente fragmentado en dos por el mirador convertido en capilla[43]. La galería, de 1,40 m de anchura libre, vino a dotar de 'espesor espacial' al muro perforado, permitiendo el recorrido y la contemplación a cubierto. En ello puede entreverse un propósito funcional, pues el palacio islámico, con su configuración en naves independientes, debió de plantear desde un principio el inconveniente de las circulaciones exteriores y desprotegidas a través del patio –resguardadas solo por el alero–. Y este objetivo práctico adquiere todo su sentido si se considera que, en algún momento entre 1526[44] y 1580[45], se amplió la capilla en dirección oeste[46], ocupando parte de la terraza ajardinada inferior y retrasando su acceso al muro exterior de la galería (Vílchez Vílchez 1991, 121). Con ello la circulación hubo de quedar unificada, protegiendo, además, el recorrido de aproximación y la entrada al espacio de culto.

La arcada exterior de la galería, de medio punto y desnuda en su humilde fábrica revocada, evidencia un incipiente clasicismo o, en todo caso, la renuncia a la imagen uniformemente islámica inicialmente perseguida en favor de las transformaciones que los nuevos tiempos hiciesen aconsejables[47]. La

Fig. 2.2.21 - Interior de la galería del Patio de la Acequia. Obsérvese la diferente formalización de los arcos de los lienzos exterior e interior. Fot. Autora del libro, 2021.

correspondencia de arcos internos y externos, teniendo en cuenta su diferente formalización y su diacronismo, subraya la intención de materializar un belvedere lineal sobre las huertas del Generalife, la Alhambra y la ciudad a lo lejos: un palco privilegiado y ostensible sobre la disputada escena del territorio. Esta sería la *vistosa galeria, mirando al Dauro, a la ciudad y a la vega y señoreando sus jardines más que deliciosos, diferenciados en bancales y alcatifas* ensalzada por el cronista Henríquez de Jorquera (1987, 58). Tras el bosquete de arrayán que crecía en la terraza inferior, se descubría, en palabras de un viajero italiano, *una ripa alta cascar in fondo del monte gratiosissima per la quantitate delli arboro uerdi et fonti che esciono de quella ripa* (Marías Franco 2000). Debido a la proporción de macizo –machones, arcos y antepechos–, las vistas encuadradas se caracterizan por su individualidad, de asociatividad pictórica o narrativa, como una serie de lunetos o escenas consecutivas. Las modestas dimensiones de la galería y su ausencia de pretensiones formales o decorativas sugieren un uso privado e íntimo, sin connotaciones representativas, en significativa continuidad con el Generalife nazarí. Merece la pena recordar aquella cédula de Carlos V en la que indicaba, al por entonces tenedor del Generalife: *la dicha casa y güertas* [...] *la tenemos para nuestra recreación* (Valladar y Serrano 1913). Juan Gómez de Mora también recogió que

> *... a un lado de la alambra esta una casita y jardines que se sube por una cuesta y que se llamo y llama Jenaralife desta gusto mucho el emperador carlos V* [...] *enella alcança muy buenas bistas* [...] (Gómez de Mora 1626)[48].

En definitiva, si el mirador nazarí había proporcionado percepciones multidireccionales desde un estatismo plácido y centrípeto, su relación con el panorama quedó clausurada por imperativos religiosos. El vínculo con el exterior, sin embargo, no desapareció, sino que quedó concentrado en el muro que lo flanqueaba, que pudo ser entonces rebajado y perforado, con más proporción de hueco que de macizo, y dotado del espacio liminal de la galería con sus vanos antepechados. Este, a diferencia del mirador, era un espacio para ser recorrido y desde el que experimentar el entorno de forma dinámica y despejada, sin tamices: una larga balconada a cobijo frente al sol y la lluvia y abierta tanto al ameno jardín en torno a la acequia como a una soberbia perspectiva de la Alhambra. La decisión trocó, por tanto, en reales y vivos, aquellos paisajes pintados con los que la tratadística renacentista aconsejaba amenizar los corredores en torno a jardines palaciegos. Al mismo tiempo, fomentó el escape diagonal de la mirada y la apertura transversal frente a la tensión longitudinal de la planta. La intensa exposición visual de la galería, su permeabilidad y líneas clásicas proclamaban asimismo a distancia la incorporación al legado islámico de nuevos patrones arquitectónicos.

Jardín Bajo del Generalife. Fue esta otra actuación temprana en la almunia real que guarda muchos paralelismos con la construcción de la galería del Patio de la Acequia. El estado primigenio de este recinto ajardinado, situado al norte y unos 6 m por debajo del Mirador del Salón Regio, es desconocido. Se trata de una superficie trapezoidal próxima al cuadrado, de unos 12,60 m de lado[49], cercada en sus tres lados exteriores y adosada a los sótanos del palacio. La irregularidad del perímetro y el esviaje compartido con el pabellón norte sugieren, también aquí, la reutilización de preexistencias, quizás sencillamente un sistema de muros de contención como el que se reconoce en buena parte de la ladera. De hecho, existe un resto de tapial más antiguo, de unos 2 m de altura, que parte del sótano del Salón Regio y cuya prolongación virtual es prácticamente coincidente con el actual cierre (Vílchez Vílchez 1991, 77)[50]. Este indicio sugiere que en tiempos nazaríes ya habría existido aquí algún tipo de recinto o plataforma accesible mediante la escalera del ángulo noroeste del Patio de la Acequia, seguramente con carácter utilitario: un diseño jardinero previo, con superficies duras conformando andenes, parterres rehundidos, fuentes o albercas, habría sido con toda probabilidad respetado (Checa Cremades 1984, 32).

Sea lo que fuere que existiese previamente en este espacio, en el primer cuarto del siglo XVI se reconfiguró para crear, en su lugar, un jardín pénsil abierto al panorama. Para ello, se levantó o reedificó en el perímetro exterior una tapia de fábrica de ladrillo, de unos 60 cm de espesor y 3 m de altura en su mayor parte, aunque los actuales quiebros y cambios de sección hablan de reconstrucciones superpuestas. La tapia se dotó de seis

Figs. 2.2.22 y 2.2.23 - Exterior del Jardín Bajo del Generalife a mediados del s. XVI. Detalles de la vista de la Alhambra desde el norte de Anton van den Wyngaerde, 1567 (izquierda) y de la vista de la Granada desde el este de Joris Hoefnagel, 1564 (derecha).

balcones con arcos de medio punto en el frente norte, orientado al valle del Darro, y uno en cada lienzo lateral, en la zona más próxima a dicho frente. Las vistas históricas conservadas –Hoefnagel (1564), Wyngaerde (1567), Meunier (ca. 1665)– no concuerdan, sin embargo, en el número de huecos, lo que podría apuntar a a imprecisiones y licencias de los dibujantes, quizás debidas a la visión del conjunto a distancia. En lo que sí coinciden las dos vistas más antiguas es en el remate almenado de la tapia, grafiado de modo similar al de otras torres y murallas de la Alhambra; remate enigmático por carecer de sentido práctico en ausencia de forjados o adarves interiores a su cota y que tal vez hable de una olvidada función militar[51]. También coinciden los dibujos de Wyngaerde y Hoefnagel en el alto caño de agua de la fuente que centraba el jardín: en el primer caso, representado como un ciprés, donde una 'A' se corresponde con la anotación en el margen izquierdo: *aquí sobe el agua mayor de 10 pies in altura* (fig. 2.2.22); en el segundo, el grafismo llevó a confundirlo con una exótica e improbable palmera (Tito Rojo y Casares Porcel 2011, 49, 391) (fig. 2.2.23). Se edificó asimismo un nuevo cuerpo de escaleras a occidente, con volumen cilíndrico perforado, que dio acceso tanto a este jardín como a la entreplanta y azotea añadidas sobre el pabellón norte (Gómez-Moreno González 1892, 172) y acompañaba el ascenso en espiral con vistas continuas sobre los alrededores[52]. Hacia 1570 se erigió otro cuerpo de escalera al este, de planta cuadrada, que permitió llegar tanto a este Jardín Bajo como a las dependencias superiores del palacio (Vílchez Vílchez 1991, 75; Michot Roberto y Rodríguez Moreno 2017).

La reconfiguración del recinto ajardinado ya estaba ultimada para 1526, según el testimonio de Navagero, quien señaló que su muro perimetral estaba perforado por *alcuni balconi che guardano de un scoglio doue è posta, giù in una bassezza per laqual passa il Darro, uista bizarra, & piaceuole,* y revestido interiormente por unas hiedras tan crecidas y espesas que casi no dejaban ver la fábrica. El anónimo italiano transcrito por Marías (2000) dejó constancia de las especies plantadas junto a los muros: *mortella et aragni* –mirtos y naranjos–; en 1572 crecían junto a estos mismos paramentos *naranjos, çidros y limoneros* (Tito Rojo y Casares Porcel 2011, 270) y el resto del recinto pudo haber presentado el aspecto informal de un prado[53]. Los testimonios del s. XVI refieren asimismo la existencia, en el centro del patio, de *una grande & bellissima fontana, con un uaso molto grande* y un caño grueso que lanzaba el agua a más de diez brazas de altura, dispersándola en gotas pulverizadas (Navagero 1563, f. 19v-20r). La fuente actual presenta 4,75 m de diámetro y tanto su ubicación como sus dimensiones coinciden con las representadas en el *Plano del Sitio de Generalife* de José de Hermosilla (ca. 1766). Se encuentra rehundida en el suelo y posee un borde liso de piedra y un surtidor central con forma de granada[54].

Si bien entre las luces de los huecos del lienzo norte existen leves diferencias, su disposición simétrica, ritmada y visualmente homogénea sugiere un proyecto unitario y una ejecución simultánea, cercana en el tiempo a la galería del Patio de la Acequia, con la que comparte el clasicismo incipiente de su modesta fábrica –independientemente de que haya podido ser intervenida con posterioridad–. Lo mismo puede decirse de los dos huecos enfrentados de los lienzos laterales, hacia su extremo septentrional, zona en la que los muros mantienen el espesor. Con estos ocho balcones figura la tapia en el citado *Plano del Sitio de Generalife* de Hermosilla. En cambio, el segundo hueco del lado occidental pertenece con seguridad a una intervención de 1928, en la que Torres Balbás reedificó buena parte de este lienzo[55], afectado por la demolición de uno de los cuerpos adosados al Mirador del Salón Regio (Torres Balbás 1970)[56]. El remate almenado de la tapia debió de perderse entre finales del XVI y mediados del XVII y pasó a ser horizontal con tejadillo cerámico, situación en la que figura ya en la copia del lienzo de Juan de Sabis y en los grabados de Meunier. Los antepechos de los balcones aparecen formalizados al menos desde finales del s. XIX como bancos con

Fig. 2.2.24 - Interior del Jardín Bajo del Generalife. Fot. Autora del libro, 2018.

respaldo de fábrica de ladrillo[57]; en origen, lo más probable es que fuesen sencillos petos de fábrica revocada.

La pronta transformación de este recinto con preexistencias murarias en jardín pénsil de tapias permeables reitera el inmediato reconocimiento y la alta valoración de este entorno por parte de los conquistadores. Este espacio representa un eslabón más en la gradación entre arquitectura palaciega y territorio circundante, que exalta la capacidad ordenadora de la naturaleza y su aproximación al arquetipo ambiental del vergel. Lo que se materializa, sin embargo, no es el *hortus conclusus* medieval: mediante la apertura horizontal, el dominio visual del valle del Darro se ofrece con carácter recreativo y dinámico, fomentando el recorrido y el asomo. Los cierres calados filtran y presentan secuencialmente el territorio como un 'retablo' desplegado al fondo del jardín; diafanidad, frontalidad y secuencialidad narrativa que evidencian la proyección de esta cultura en la experiencia del entorno.

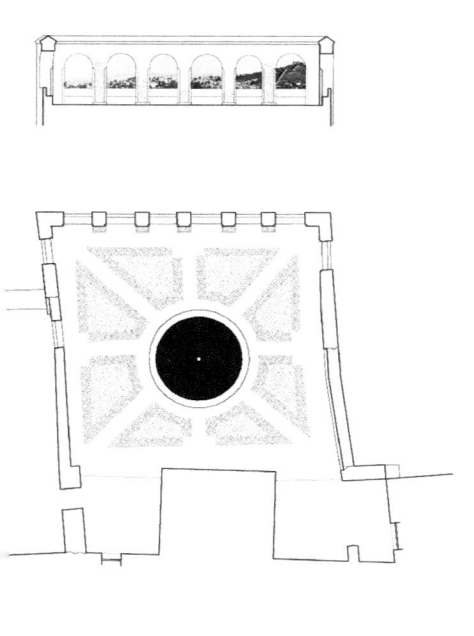

Fig. 2.2.25 - Planta y sección del Jardín Bajo del Generalife, estado actual (izquierda) e hipotético a mediados del s. XVI (derecha). Dib. Autora del libro a partir del plano *La Alhambra. Casa Real. Planta General* de Torres Balbás redibujado por la EEA, el *Plano del Sitio de Generalife* de Hermosilla y APAG, Colección de Planos, P-000292, P-000293 y P-000301.

Corredores de los aposentos de Carlos V. En páginas previas ya se hizo mención de las nuevas dependencias creadas en torno a los patios de la Reja y Lindaraja para albergar la 'casa' del emperador. Estas obras fueron ordenadas a raíz de la visita de 1526 e iniciadas en 1528, previendo futuras estancias en la ciudad palatina que, finalmente, nunca habrían de producirse. Con la sola adaptación de las preexistencias islámicas y de los Reyes Católicos, en este sector quedarían dos recorridos excesivamente largos y poco funcionales: el de enlace entre la zona de Mexuar-Cuarto Dorado-Comares y el despacho y la antecámara del emperador, por un lado, y el de estos últimos con el *studiolo* inscrito en la Torre de Abū l-Ḥayŷāŷ, por otro. El primero forzaría a atravesar el Baño de Comares, a dar un gran rodeo hasta la crujía norte del Palacio de los Leones o a descender hasta los sótanos de la torre, para luego volver a ascender; todo ello en estrechos y quebrados pasajes y escaleras impropios de una comunicación de este rango. El segundo obligaría a cruzar las salas más privadas del emperador en la crujía norte del Patio de Lindaraja, incluido el que parece haber sido su dormitorio, algo quizás no siempre pertinente[58]. Todo ello hubo de advertirse prontamente, integrando en la remodelación dos nuevos corredores o conexiones horizontales. Ambos aparecen grafiados en la Planta Grande con sus muros seccionados rellenos de aguada negra y el primero se rotula significativamente como *el corredor que mando hazer su magestad*[59] –el segundo figura simplemente como *corredor*– (fig. 2.2.26).

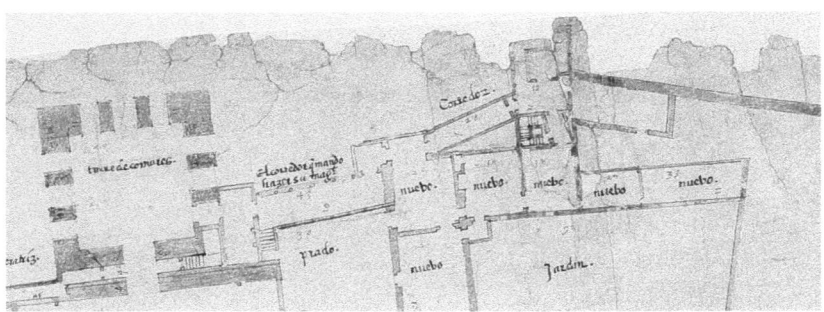

Si las habitaciones del emperador estuvieron listas, en lo arquitectónico, en 1535, y en 1537 los trabajos se desplazaron a los aposentos nuevos de la emperatriz, parece lógico que ambos corredores se completasen por esas mismas fechas (Gallego Burín 1963, 93; Casares López 2008, 245), lo que también concordaría con el grafismo empleado en la Planta Grande[60]. Los dos pasajes se edificaron, por tanto, aproximadamente al mismo tiempo y

Fig. 2.2.26 - Detalle de los corredores de los aposentos de Carlos V en la Planta Grande. Pedro Machuca (atrib.), mediados del s. XVI.

con propósitos similares. El conducente a Comares, de dos niveles, se edificó sobre la muralla, enlazando la antecámara de los aposentos carolinos con el Salón de Embajadores. En la Planta Grande se precisan sus medidas, 43 × 10 pies, lo que viene a significar que salvaba una distancia de 12 m con unos 2,50 m de anchura, como hoy en día. Lo más seguro es que se formalizase como una sencilla estructura de forjados de viguetas y pies derechos de madera, que en la traza atribuida a Machuca se grafían irregularmente dispuestos y desparejados, o dibujados con poca precisión. Wyngaerde en su vista de la Alhambra desde el norte (1567) sugiere que la galería se levantó inicialmente en voladizo sobre jabalcones (Galera Andreu 2010, 93) y que los pretiles estaban formados por barrotes de madera –posteriormente se macizarían hasta conformar un cerramiento de fábrica con ventanas[61]–. No obstante, tampoco debe atribuirse a este tipo de representaciones, mediadas por la lente cultural del dibujante, una absoluta fidelidad: Hoefnagel, apenas tres años antes, la dibujó de manera completamente diferente, con una serie de huecos o balcones puntuales. Con el tiempo los pies derechos debieron de deteriorarse –no se menciona, sin embargo, que sufrieran desperfectos con la explosión de 1590–, pues en 1618 fueron reemplazados por columnas y capiteles nazaríes (Bermúdez López 2010, 156).

El nivel inferior de la galería hubo de conectar los sótanos de la Torre de Comares con las dependencias bajas del *quarto de los jardines* y con el *prado*[62] que entonces ocupaba el actual Patio de la Reja, según la Planta Grande. En el nivel superior, las comunicaciones no se hicieron directas sino mediadas por piezas de transición, como revela la misma traza. El enlace con el Salón de Embajadores se efectuó mediante un distribuidor adosado al costado oriental de la torre, que facilitaba el acceso a través de uno de los nichos perimetrales del Salón. Este vestíbulo permitía también descender, por una escalera de 5 pies de ancho, hasta la planta baja del corredor. En el extremo opuesto, el enlace con los aposentos del emperador se resolvió con un voladizo en recodo que permitía el ingreso indirecto a la antecámara y, casi sin solución de continuidad, al corredor de comunicación con la caldeada torre del *studiolo*. Esta solución pudo tener por objetivo no perforar el muro de carga –quizás preexistente– que cerraba la antecámara al oeste, y evitar, al mismo tiempo, la interferencia de las circulaciones con el uso estancial del espacio[63]. De hecho, el frente norte de la antecámara que enlazaba tanto con el voladizo en recodo como con el corredor al *studiolo* posteriormente se independizó del ámbito de circulaciones, disponiendo con él un único hueco de comunicación (Redondo Cantera 2000b, 88).

Por su parte, el corredor que vino a conectar el voladizo en el frente norte de la antecámara con el *studiolo* presenta una directriz inclinada respecto a las alineaciones previas, con el fin de acortar los recorridos y procurar un enlace directo a la torre, lo que condenó una superficie triangular residual entre estas construcciones. El corredor se dotó de puertas en sus extremos, que independizaban la circulación; la oriental pudo haber sido doble, generando un mínimo vestíbulo de independencia. De 28 × 7 pies (7,80 × 1,95 m), la ubicación del corredor forzó su apertura unidireccional hacia el norte, resuelta en este caso con cinco vanos, hoy arcos escarzanos sobre columnas de mármol con antepecho macizo, pero que Wyngaerde (1567) grafió de modo similar a la galería del Patio de la Reja, es decir, con un sistema adintelado, en voladizo sobre jabalcones y con parapeto de balaustres. El voladizo sí hay constancia de que existió y se sustituyó en el s. XIX por un arco de descarga para mejorar la estabilidad del conjunto, mientras que a los cinco arcos se añadieron otros dos en dirección oeste con la absorción del voladizo en el frente norte de la antecámara. Las columnas de mármol blanco presentan capiteles nazaríes heterogéneos labrados en sus tres caras visibles desde el interior, como en la galería en torno al *studiolo* (Gómez-Moreno Calera 2007). Se han conservado los alfarjes originales, de viguetas pintadas con motivos vegetales, pero de las pinturas que, al parecer, decoraron los arcos no ha quedado rastro[64]. Estos últimos contaron también con vidrieras para mejorar el confort[65], sin duda practicables, al menos hasta la explosión de 1590, en que quedaron arruinadas[66]. Hoy en día la vista panorámica del valle del Darro aparece casi ininterrumpida por los delgados fustes de mármol, que la segmentan acompañando los pasos.

En estos dos corredores contemporáneos y prácticamente consecutivos, se pone de manifiesto la asociación, o compatibilidad reconocida, entre comunicación horizontal y experiencia del entorno; asociación en parte deudora de la recomendación vitruviana, redescubierta en el Renacimiento, de que los corredores palaciegos, debido a la longitud de sus paramentos, incorporasen pinturas panorámicas de lugares o se abriesen a un jardín deleitoso. En ambos pasajes la arquitectura se desmaterializó reduciéndose a lo esencial: una estructura para soportar forjados y cubierta, dejando el resto de superficies abiertas a la percepción del entorno. La ubicación liminal exponía al usuario al valle del Darro, al tiempo que, en el primero, contraponía dicha experiencia con la del más íntimo y doméstico Patio de la Reja, entonces *prado*[67]. Es conocida la afición de Carlos V a las plantaciones jardineras, consideradas 'buena vista' para sus aposentos (Ballarín Iribarren

Fig. 2.2.27 - Planta y sección de los corredores de los aposentos de Carlos V, estado actual (arriba) e hipotético a mediados del s. XVI (abajo). Dib. Autora del libro a partir del plano *La Alhambra. Casa Real. Planta General* de Torres Balbás redibujado por la EEA, la Planta Grande atribuida a Machuca, el *Plano de la Casa Real Árabe* de Hermosilla y APAG, Colección de Planos, P-000794, P-000795, P-001026 y P-002051.

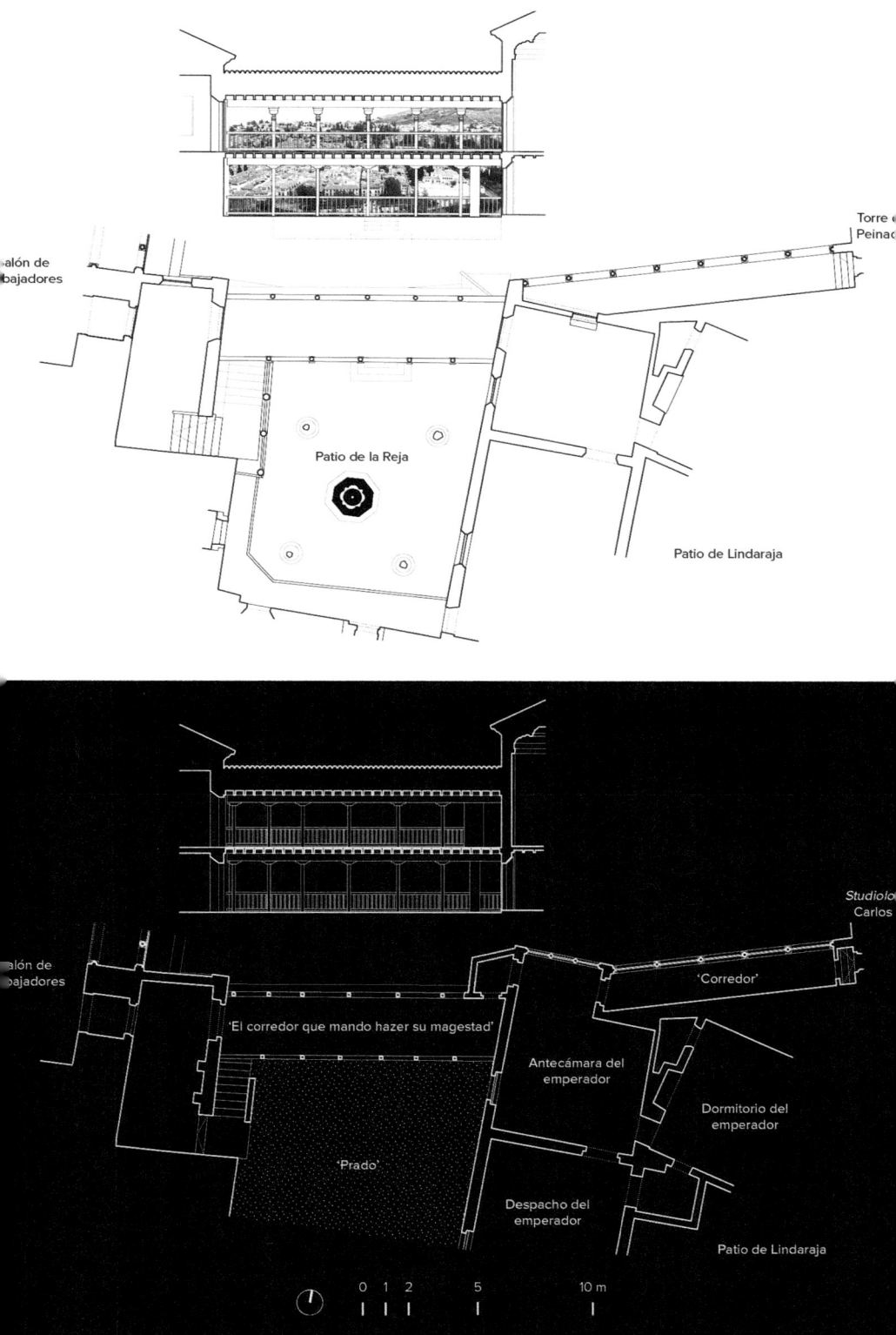

Salón de
Embajadores

Torre
Peinad

Patio de la Reja

Patio de Lindaraja

Studiolo
Carlos

Salón de
Embajadores

'El corredor que mando hazer su magestad'

'Corredor'

Antecámara del
emperador

Dormitorio del
emperador

'Prado'

Despacho del
emperador

Patio de Lindaraja

0 1 2   5   10 m

2000, 173-174). Con estos panoramas se amenizaban los desplazamientos de la corte y se enfatizaba, al mismo tiempo, el dominio visual sobre el territorio gobernado. La dualidad perceptiva entre espacio libre interior y territorio exterior, visibilizada por la ocupación del límite topográfico, enlaza con los espacios nazaríes analizados en la primera parte, pero el dinamismo y la permeabilidad de la experiencia se distancian claramente de lo preexistente. Se posibilitaba una experiencia del entorno caracterizada por una alta exposición del usuario, sin apenas barreras o interferencias materiales. La drástica diferenciación con respecto a las construcciones islámicas permite, por otra parte, un claro reconocimiento de la galería desde el exterior, especialmente desde el valle del Darro y la colina del Albaicín, entonces en proceso de forzosa cristianización. Estas operaciones, aunque puntuales y contenidas, comportaban una afirmación inequívoca del nuevo orden político y cultural, cuestión en la que vendría a incidir de manera rotunda la erección del flamante palacio imperial en el corazón mismo de la colina roja.

Pabellón en el Patio del Ciprés de la Sultana. Terminamos esta selección de corredores y belvederes panorámicos con una última edificación levantada en el Generalife en el s. XVI, en el patio conocido como del Ciprés de la Sultana. Ubicado a oriente y en un nivel superior al de la Acequia, este patio presenta escasos vestigios aparentes de tiempos nazaríes: las investigaciones realizadas a raíz del incendio de 1958 apuntaron que pudo haber sido solar de un baño real –del que, de otro modo, el

Fig. 2.2.28 - Exterior de los corredores de los aposentos de Carlos V en el s. XIX. En primer plano, el de conexión de la antecámara con el *studiolo;* en segundo término, el voladizo del frente norte de la antecámara; tras él y oculto por este, el corredor del Patio de la Reja. John Frederick Lewis, 1833.

Generalife habría carecido incomprensiblemente– que habría aprovechado el caudal de la Acequia Real en este punto (Bermúdez López 2010, 235). El acceso al baño se habría producido desde la crujía oriental del Patio de la Acequia, así como desde la calle de circulación y vigilancia que bordeaba la almunia a oriente y mediodía (Vílchez Vílchez 1991, 119); su cota habría quedado 3 m por debajo de la rasante del Patio de la Acequia y su aspecto habría sido, por tanto, el de un foso de grandes dimensiones, delimitado por muros de contención y cubierto por bóvedas perforadas. Este baño pudo alcanzar un alto grado de abandono durante la guerra de Granada, hallándolo ruinoso los conquistadores y optando entonces por su demolición; posibilidad que entendemos más verosímil que su destrucción deliberada por los tenedores del Generalife para evitar sospechas de maurofilia (Bermúdez Pareja 1965a; Bermúdez López 2010, 235)[68]. Lo cierto es que para 1526 del baño ya no quedaba rastro: Navagero se refirió a este espacio como *prado* (Torres Balbás 1953b, 151; Vílchez Vílchez 1991, 119)[69]:

> … *in un spatio tutto uerde, & fatto un prado con alcuni bellissimi arbori, si fan uenir l'acque di tal maneiera, che serrandosi alcuni canali senza che l'huomo se ne aueda, stando nel prato si sente crescer l'acqua sotto i piedi, si che si bagna tutto* […] (Navagero 1563, f. 19v).

El veneciano presenta el Patio del Ciprés de la Sultana como un recinto verde salpicado de árboles y surcado por canales de agua que permitían su inundación a voluntad[70]. Esta descripción la corrobora el anónimo del mismo año transcrito por Marías, que se refiere a este espacio como

> … *un altro cortile che per quadro puo esser tre tanto come e la corte dentro del castelo de Mantova*[71] *et questo cartile* [sic] *e incorinato parte da un alta ripa del monti et parte dalli mura del primo cortile* [Patio de la Acequia] *che uene ad restar luoco molto ombroso et siluestro atteso che per dentro ui sono de molti arbori grandi de razza de alberi e pioppe et cipressi alti j belli et in mezzo ui e una fonte bellissima et intorno per la terra ui correno certi riacioli de acqua chiara de fonti et poi tutte jl suolo e prato* […] (Marías Franco 2000).

Este texto reitera la condición de prado asilvestrado del recinto y añade los datos de las especies arbóreas en él predominantes –cipreses y álamos, de crecido porte y abundante sombra– y la fuente que lo centraba, rodeada por riachuelos de agua –el patio está atravesado por la Acequia Real en sentido transversal–. Algo más tarde, en este lugar se construyó un estanque de poca profundidad, denominado en la documentación escrita como *de los peçes* (Casares Porcel y Tito Rojo 2010, 445), que ha de ser el rectangular esbozado por Wyngaerde en su croquis en planta del Generalife (fig. 2.2.29). Como se desprende de la vista de la Alhambra desde el norte realizada por el dibujante flamenco (fig. 2.2.22), corroborada por otra de Hoefnagel pocos años anterior, a mediados del s. XVI el patio continuaba presentando altos cipreses y álamos, muy visibles desde el valle del Darro. Se lo ha conocido, por ello, como el Patio de los Cipreses (Contreras 1878, 325; Gómez-Moreno González 1892, 172; Torres Balbás 1953b, 149), de los Laureles (Bertaut 1669, 92) o del Estanque (Barrios Rozúa 2014; Lafuente Alcántara 1843, 195), aunque la denominación popular y más extendida sea la procedente de la leyenda amorosa de Ginés Pérez de Hita, difundida por el padre Echeverría (Velázquez de Echeverría 1764, 1: 257). En el paramento occidental del patio se hallaron restos de pinturas murales de jardines y paisajes y *costumbres árabes y cristianas* (Lafuente Alcántara 1843, 196), probablemente del s. XVII[72]. La ordenación actual integra una alberca en U que encierra dos cuarteles de vegetación y un estanque cuadrado central, posiblemente de finales del s. XVIII (Lafuente Alcántara 1843, 195-196; Torres Balbás 1953b, 151; Manzano Martos 1992, 72)[73], con fuente en el medio colocada en 1572 (Vílchez Vílchez 1991, 119, 173; Tito Rojo y Casares Porcel 2011, 393).

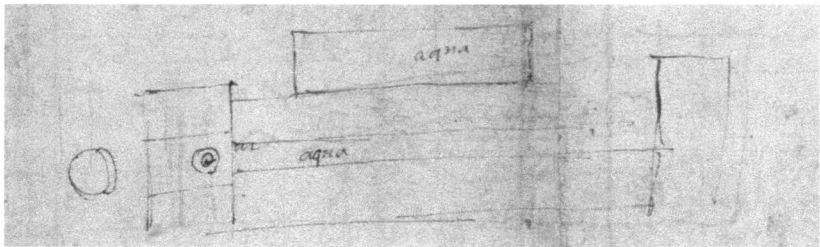

Hay, no obstante, un factor invariable e independiente del cambiante diseño jardinero del recinto: la diferencia de cota con las terrazas aledañas, especialmente con la inmediata a la Escalera del Agua, situada más de 4 m por encima. Este desnivel hubo de intentar resolverse desde un primer momento mediante construcciones auxiliares, en ausencia de las cuales la comunicación, tanto con fines prácticos como de paseo, implicaría largos rodeos. Prueba de ello la ofrece el mismo anónimo dado a conocer por

Fig. 2.2.29 - Esbozo del palacio del Generalife a mediados del s. XVI. El estanque rectangular superior se corresponde con el actual Patio del Ciprés de la Sultana. Anton van den Wyngaerde, 1567.

Marías, cuya lectura sugiere que ya en 1526 existiría una construcción para comunicar a cubierto *(per dentro della casa)* ambas terrazas, al término de la cual se descubría el arranque de la Escalera del Agua:

> *... montassi poi piu in alto per dentro della casa in un altro horto doue no li mancano le mortelle et lauri pergole di viti et gelsomini et attrouasi in capo di questo horto una strata quali ua ad ritrouare per el diritto della montagna uerso la cima [...] et la strata [...] e salegata tutta di sassetti o uogliamo dir giaroncelli ma tanto bene per ordine posti che fano la salegata di certi groppi di fogliami che compareno benissime et di ogni canto della strata vi sono muritelli alti da terra circa tre braccia et in cima delle mura ui sono canaletti di maiolica per li quali contino discorre al scoperto acqua [...]* (Marías Franco 2000).

Así pues, algún tipo de edificación existió en el lado norte del Patio del Ciprés de la Sultana, seguramente en prolongación del pabellón norte del Generalife, desde las primeras décadas del siglo XVI. Pudo tratarse de una construcción de fábrica o de una ligera estructura de madera, al parecer documentada en este lugar en 1568[74]. Más tarde, entre 1584 y 1586 según diversos autores (Gómez-Moreno González 1892, 172-173; Torres Balbás 1953b, 151; Gallego Burín 1995, 152; Bermúdez López 2010, 235), se erigió el actual pabellón o logia de dos niveles, abierto tanto al mencionado patio como al valle del Darro. En el Archivo de la Alhambra (APAG) consta un pago a un cantero que trajo al Generalife *doze pilares de piedra de Alfacar con sus vasas y capiteles [...] para los sigundos arcos de la galeria de las dichas casas* en abril de 1586 (López Guzmán 1993, 149), aunque el total de pilares del segundo piso de esta galería no es de 12, sino de 15. De cualquier modo, todo apunta a que el pabellón data de la época en que Felipe II respondió a las demandas del alcaide Granada Venegas y permitió retornar a los jardineros moriscos, consagrando cantidades importantes a la conservación de la almunia que, pese a todo, nunca habría de visitar (Cortés Peña y Vincent 1986, 42; Vílchez Vílchez 1991, 141-144; Galera Andreu, 2018, 106).

El pabellón presenta 20,60 × 3,80 m en planta. Se adosa a la crujía oriental del palacio nazarí por el oeste y, en su extremo opuesto, monta sobre la terraza de la que arranca la Escalera del Agua. A la planta baja se accede desde el Salón Regio mediante una escalera lineal de ocho peldaños ascendentes, al fondo de una de sus alhanías. Esta planta baja, abierta al Patio del Ciprés de la Sultana y a su mismo nivel, se sustenta sobre un muro de carga prácticamente macizo en dirección norte –solo se horada actualmente por un balcón abocinado a eje del patio[75]– y sobre seis pilares de piedra exentos y revocados, hacia el sur, sobre los que apean arcos de medio punto. En el extremo oriental y encastrada en la topografía existe una habitación cuadrada independizada. A la planta alta de la galería se accede mediante el núcleo vertical de escalera agregado al palacio nazarí hacia 1570 (Vílchez Vílchez 1991; Michot Roberto y Rodríguez Moreno 2017)[76]. Este nivel superior se encuentra perforado en sus frentes norte y sur de manera aproximadamente simétrica: a ambos lados se abre mediante arcadas rebajadas de fábrica de ladrillo sustentadas por pilares de piedra similares a los del nivel inferior, aunque en este caso sin revestir. También es de piedra vista la cornisa de separación entre ambas plantas. Los arcos, de 1,90 m de luz, conforman balcones con antepechos de en torno a 1 m de altura, rematados por perfiles de madera, al igual que en la galería del Patio de la Acequia. No conocemos indicios de que hayan contado nunca con carpinterías u otros elementos de cierre, por lo que es probable que desde el principio presentasen la actual situación permeable. En el extremo oriental de este nivel, en correspondencia con la habitación inferior, la fábrica se diferencia por su condición maciza, con muros más gruesos perforados por huecos dispares y, probablemente, diacrónicos. No se aprecia, sin embargo, discontinuidad alguna en los muros o forjados –de viguetas de madera y revoltón cerámico–, por lo que parece probable que toda la construcción se ejecutase en una sola fase. Una puerta adintelada al fondo da acceso a la Escalera del Agua.

Son significativos los paralelismos entre este pabellón y el volumen norte del palacio nazarí al cual se adosa: se presentan uno en prolongación del otro, con similar posición relativa respecto a la caída topográfica, al norte, y los patios ajardinados, al sur, y equivalentes soluciones de apertura hacia ambas situaciones. Hacia los patios, los dos se abren generosamente mediante arcadas, mientras que hacia el valle del Darro la apertura en planta baja es en ambos casos controlada, enfatizando los ejes centrales de los patios. En el Salón Regio, esta última apertura adquirió dimensión espacial en la forma de una torre-mirador saliente y perforada en múltiples direcciones, mientras que, en el pabellón cristiano, se materializó como un balcón contenido en el mismo plano del cerramiento, que individualizó una estampa frontal. Sin embargo, el estatismo de la concepción islámica contrasta con el dinamismo implícito en la nueva logia, acompañado, además, de una intensa permeabilidad en su nivel superior. La generosa anchura de esta galería, su soleamiento y situación entre jardines la vinculan tanto a

Fig. 2.2.30 - Planta y sección del pabellón en el Patio del Ciprés de la Sultana, estado actual. Dib. Autora del libro a partir del plano *La Alhambra. Casa Real. Planta General* de Torres Balbás redibujado por la EEA y APAG, Colección de Planos, P-000030, P-002132, P-003097, P-004623 y P-006115.

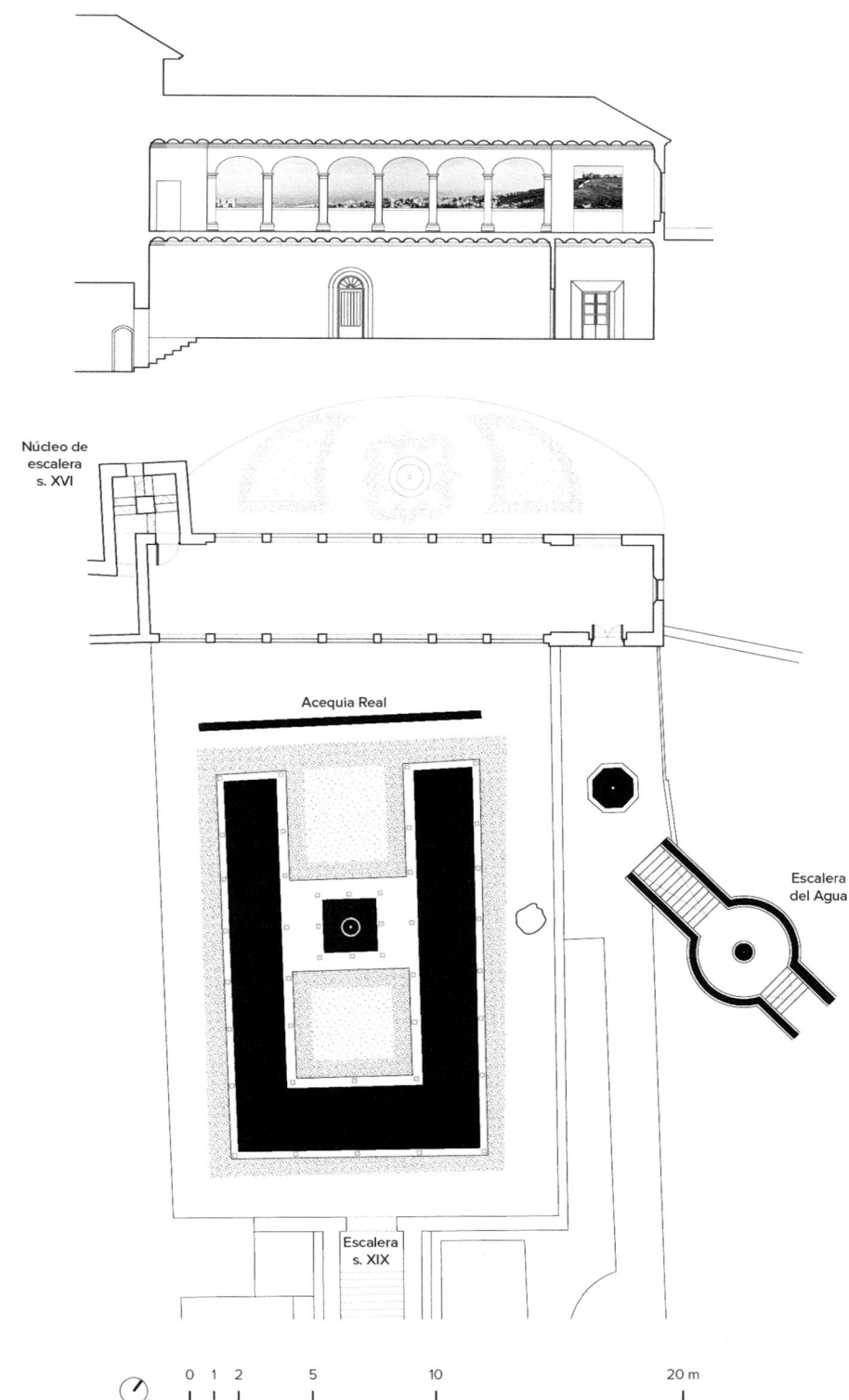

Núcleo de
escalera
s. XVI

Acequia Real

Escalera
del Agua

Escalera
s. XIX

0 1 2   5   10   20 m

las solanas y paseadores castellanos como con las *logge* encaramadas a las tapias de las villas italianas[77]. Su imagen exterior contribuiría, por la misma razón, a 'cristianizar' y 'occidentalizar' el palacio islámico, desde el respeto y la integración pero ya sin rastro de mudejarismos.

En planta alta, los frentes perforados presentan una permeabilidad visual casi total, solo segmentada por los pilares de piedra rugosa, que permiten la individuación de fragmentos y su percepción secuencial. El frente norte proporciona una vista elevada del Albaicín, el Sacromonte y la cima redondeada del cerro de San Miguel. La escena se identifica con el área de huertas y cármenes poetizada por Góngora en su romance *Ilustre ciudad famosa* (1586), donde queda asociada con la pintura practicada en el entorno flamenco, avanzando ya, claramente, hacia su 'artealización' (Roger 2007):

> *... y a ver los cármenes frescos*
> *que al Darro cenefa hacen*
> *de aguas, plantas y edificios,*
> *formando un lienzo de Flandes* [...] (Góngora y Argote 1586).

A poniente, la ciudad baja queda prácticamente oculta tras la colina del Albaicín con sus cipreses, campanarios y edificaciones. Tras este plano, se atisban Sierra Elvira y otras elevaciones montañosas más lejanas, en cuya

Fig. 2.2.31 - Interior del pabellón en el Patio del Ciprés de la Sultana. Fot. Autora del libro, 2018.

base se intuye la planicie de la vega. A los pies del pabellón, se aprecia un jardín moderno de contornos curvos que debió de trazarse en el s. XIX o a comienzos del XX[78]. En dirección opuesta, a través del frente sur, la galería se asoma al patio, donde el dominio acuático permite percibirlo casi como el gran estanque que antaño fuera. En su lado oriental se alza, inclinado y sostenido por una abrazadera de hierro, el tronco inerte y desmochado del legendario ciprés, inspirador de trágicas leyendas. Muy cerca de él se aprecia el arranque de la Escalera del Agua, envuelta en una frondosidad vegetal que no permite ver más allá de su primer tramo. Al fondo del patio, cerrando la perspectiva, asciende una escalinata decimonónica hacia los jardines modernos, remodelación monumental de otra previa[79]. El fondo arbolado no permite atisbar Sierra Nevada, que se sitúa en esta dirección; otras cimas más bajas perfilan el horizonte sobre la cubierta del ala oriental del palacio.

Notas

[1] Gaspar de León (1617) se refirió a *las casas reales viejas de los reyes moros que se hallaron hechas quando se gano esta ciudad y se an ydo conservando y reparando con ymitación de la obra mosaica de mocarabes de questan labrados* (Martín González 1947). Es conocido también el testimonio de Hyeronimus Münzer a su paso por el Generalife en 1494, donde observó a *muchos sarracenos adornando ya y restaurando las pinturas y las demás cosas con la finura propia suya* (Münzer 2008, 116).

[2] Texto que acompañaba a la vista de Granada desde poniente dibujada por Joris Hoefnagel (1563), basado en las notas del dibujante y de Marineo Sículo y publicado en el *Civitates Orbis Terrarum* (Luque Moreno 2013, 482).

[3] Bertaut (1669, 88) recoge también este dato.

[4] Se ha hablado, en este sentido, de los palacios reales hispánicos como 'escaparates' de la monarquía (Yarza Luaces 1993b, 65-68).

[5] Sobre este tipo de dependencia, señala Covarrubias: *Algunos quieren se aya dicho cámara, de cama; por ser el aposento donde se duerme ordinariamente en forma de alcoba, o alania. [...] comúnmente se toma por el aposento recogido, después de la sala y quadra, en que duerme el señor, y el que se sigue tiene por nombre recamara. En los palacios de los Reyes y Principes, sinifica todas las pieças que estan cerradas, y no entran a ellas sino los caualleros que tienen la llaue dorada [...]* (Covarrubias Orozco 1611, f. 179v).

[6] *RECÁMAR[A], el aposento que esta mas adentro de la quadra donde duerme el señor, y dizese recamara, o este aposento, u otro, donde el camarero le tiene sus vestidos y joyas* (Covarrubias Orozco 1611, f. 4r (segunda foliación)).

[7] Entiéndase como *el aposento pequeño, y recogido en la parte mas secreta de la casa, y mas apartada* (Covarrubias Orozco 1611, f. 11r (segunda foliación)). En su 'retrete' Isabel almacenaba parte de su colección de libros, que ha sido estudiada por Elisa Ruiz García (2000; 2005). Véase también: Fernández de Córdova Miralles 2002, 148; Domínguez Casas 1993, 452; Marías 1994.

[8] Remitimos al caso de estudio del Mirador de la Victoria, en la primera parte del libro.

[9] Jesús Bermúdez Pareja (1965b) y Antonio Orihuela (1996, 85) sí consideraban la existencia original de estos balcones laterales, documentados desde el s. XVIII, pero, en una más reciente publicación, Brazille, Orihuela y García Pulido (2023) no los suponen nazaríes.

[10] La tendencia a la separación de las 'casas' del rey y de la reina llevó con frecuencia a duplicar esquemas distributivos y estancias, configurando dos núcleos palaciegos diferenciados pero de similares características y con frecuencia articulados en torno a un eje de simetría, que en el caso de la Alhambra se ha identificado con el Palacio de Comares (Wilkinson-Zerner 1994, 128).

[11] Real Biblioteca, Patrimonio Nacional, IX/M/242/2(1). De cronología debatida entre los extremos de 1528, según Rosenthal, y posterior a 1545, según Delfín Rodríguez, aunque lo más probable es que se trate de un palimpsesto, con dibujos y rótulos de distintos momentos (Gómez-Moreno González 1885, 11; Rosenthal 1988; Redondo Cantera 2000a; Gámiz Gordo 2001; Villafranca y Bermúdez López 2016; Rodríguez Ruiz 2001).

[12] Gómez-Moreno (1892, 101) afirmó que hasta principios del s. XVI el Cuarto Dorado presentaba un solo piso. Torres Balbás (1929, 3), en cambio, dedujo de sus exploraciones que el palacio nazarí contó con planta alta sobre el Cuarto Dorado y sobre el Mexuar. Tras el derribo de la habitación creada sobre el Cuarto Dorado, se descubrió que este último había carecido de nivel superior en tiempos nazaríes, pero sí lo tuvo el pórtico que lo antecede (Bermúdez Pareja 1965b).

[13] Es importante notar que la Planta Grande en esta zona representa el piso alto en lugar del bajo. En esta habitación se halló un techo de época de los Reyes Católicos con friso dorado (Torres Balbás 1929, 8; Bermúdez Pareja 1965b, 103).

[14] La escalera aparece esquemáticamente representada en la Planta Grande; con algo más de detalle figura en el *Plano de la Casa Real Árabe* de José de Hermosilla (ca. 1766). En perspectiva, fue captada, por ejemplo, en un dibujo de J. F. Lewis de 1832 y en un lienzo de Heinrich Hansen de mediados del XIX, aquí reproducido. Se derribó en 1865. Gallego Burín entendió que su finalidad era dar acceso a la tribuna que posteriormente se construiría en la capilla y retrasó su construcción a 1539 (Gallego Burín 1963, 68, n. 110). Domínguez Casas tampoco identifica la escalera de caracol aludida en la documentación con esta del Patio del Cuarto Dorado y aventura que se ubicase junto a la Torre del Peinador (Domínguez Casas 1993, 452).

[15] Covarrubias (1611, f. 242v) define 'corredor' como *el paseo descubierto en la casa o bien el ambito que està sobre el patio.*

[16] Este arco aparece grafiado en el alzado norte de la Alhambra publicado por Murphy (1813, PL. X). El 30 de mayo de 1500 se pagó a un operario por abrir *a su costa la puerta que se hizo en la Torre de Comares al corredor* (Domínguez Casas 1993, 450). Rafael Domínguez Casas, sin embargo, localiza las obras aludidas en la zona de Lindaraja.

[17] Las actuales quicialeras de mármol son modernas, pero parecen haberse dispuesto por existir vestigios de otras antiguas (Bermúdez Pareja 1966, 140; Manzano Martos 1992, 104).

[18] En primavera se colocaron *2.583 panes de oro en la cámara del quarto nuevo del Mexuar* (Vilar Sánchez 2007, 148), seguramente el propio Cuarto Dorado.

[19] Los palacios Medici-Riccardi, Gianfigliazzi, Ricasoli o Lanfredini en Florencia son buenos ejemplos de ello.

[20] Los Reyes Católicos residieron en Granada fugazmente en la primavera de 1492 y no volvieron hasta el verano de 1499. Estuvieron en la Alhambra hasta finales de ese otoño y en el verano de 1500 regresaron, esta vez para quedarse hasta otoño del año siguiente.

[21] Con posterioridad a la redacción de estas líneas, se tuvo conocimiento de que esta identificación ya fue propuesta por Domínguez Casas en 2014.

[22] Las habitaciones de la emperatriz se terminaron en 1537 aunque, como sus homólogas del emperador, nunca fueron habitados por su destinataria.

[23] Según el DRAE, en su cuarta acepción, 'cenador' es *cada una de las galerías que hay en la planta baja de algunas casas de Granada, a los lados del patio, sin pared que de él las separe y con un techo correspondiente, que suele servir de piso a otra galería alta* (consultado 5 de diciembre de 2023).

[24] Para una justificación de la condición 'dorada' de la pieza, véase la nota 13.

[25] Las medidas son las deducidas de la reconstrucción gráfica efectuada (fig. 2.2.12).

[26] Recuérdese el pequeño 'retrete' en la esquina noroccidental del dormitorio de Carlos V, en la crujía norte del Patio de Lindaraja (Redondo Cantera 2000b, 89).

[27] Así lo sugiere la *Planta General de los Reales Alcázares de la Alhambra* dibujada por Rafael Contreras (ca. 1878) y publicada en *Monumentos Arquitectónicos de España*. También el croquis de Richard Ford de la planta de las Habitaciones de los Gobernadores (1831) parece representar esquemáticamente la posición de la escalera.

[28] Remitimos a dicho caso de estudio, en la primera parte del libro.

[29] Mss 9681, f. 105v.

[30] También los aposentos de la reina Juana en Tordesillas integraban una galería-mirador hacia el Duero (Zalama 2003, 137, 143-144; Hinojosa Canovaca 2007a, 236).

[31] La unidad de las medidas viene expresada en el mismo plano: *toda la quenta dela traça son pies de a terçia de vara cada pie*. Una vara castellana (0,8358 m) equivale a tres pies (0,2786 m). Los márgenes de error con las dimensiones actuales de las estancias rondan los 10 cm.

[32] Remitimos al caso de estudio correspondiente, abordado en la primera parte del libro.

[33] Entiéndase como el *aposento recogido y abrigado, que artificialmente le dan calor* (Covarrubias Orozco 1611, f. 389r). Sobre este tipo de espacio y su procedencia italiana,

véanse: López Torrijos 2000; Dacos 2007. Según Covarrubias, este recinto era también muy habitual en Flandes, *por ser tierra tan fría*.

³⁴ En el palacio de Carlos V en Yuste, el emperador disponía asimismo de una 'estufa' o cámara caldeada, que amuebló con una mesa pequeña y un aparador de libros (Martín González 1950).

³⁵ La profusión pictórica se extendía asimismo a los muros y antepechos de la galería, desintegrando ilusoriamente la masa construida, según Simón de Argote (1815, 2: 191-192). Cuando Torres Balbás intervino en la zona, las pinturas estaban ya totalmente perdidas (Torres Balbás 1953b, 83).

³⁶ El *Diccionario de la lengua castellana* de 1732 define 'encerado' como el *lienzo aderezado con cera, que sirve para resguardar del agua alguna cosa: como las ventanas, los coches, la ropa y otras semejantes. [...] Se llama asimismo el que se pone en las ventanas hecho de lienzo o papel, para resguardarse del aire, aunque no lleve cera para su compostura* (Real Academia Española 1732, 3: 442). Los vidrios se repusieron poco después, pues a ellos alude Bertaut (1669, 89).

³⁷ Representados, ambos, en un dibujo de Richard Ford *(Back of the Court of Lions)* reproducido en Ford 2012, 70. Véase también: Vilar Sánchez 2007, 105.

³⁸ Real Cédula de Isabel la Católica firmada el 17 de julio de 1494 en Segovia (Valladar y Serrano 1913).

³⁹ Según el padre Echeverría, en la capilla se veneraba una imagen mariana y en ella se decía misa todos los días festivos, excusándose de irla a buscar a la ciudad los residentes en las huertas (Velázquez de Echeverría 1764, 1: 257).

⁴⁰ La inadecuación de las vistas del entorno, por amenas que estas fueran, en espacios consagrados al culto se reconoce también en la iglesia del Convento de San Francisco de la Alhambra, construida sobre el llamado Palacio de los Infantes, cuyo mirador de época de Muḥammad V fue cegado para colocar un retablo (Rodríguez Iturriaga 2022, 210).

⁴¹ Remitimos al caso de estudio del Mirador del Patio de la Acequia tratado en la primera parte.

⁴² El *Tesoro della Lingua Italiana delle Origini* define *loggia* como *struttura architettonica indipendente o parte di un edificio più ampio, pubblica o privata, coperta in alto e aperta su uno o più lati tramite arcate sorrette da colonne o pilastri* (consultado en 2019).

⁴³ Existe documentación en el APAG, datada en 1526, que hace referencia a las *vistas de los arcos de los corredores que estan en el patyo con una quadra enmedyo*. El uso del plural en 'corredores' podría explicarse por la interrupción de la galería por el mirador nazarí –*la quadra enmedyo*–. La transcripción la tomamos de Tito Rojo y Casares Porcel 2011, 279.

⁴⁴ Se ha sugerido que la ampliación de la capilla hacia el oeste debió de tener de lugar más tarde de esta fecha, dado que Navagero parece describir el jardín inferior como uno solo, en lugar de los dos separados que resultarían tras esta operación (Rodríguez Moreno y Pérez Garrido 2017, 46).

[45] Para esta fecha la galería ya había sido unificada en sus dos tramos, o así lo sugiere la alusión a la misma como el *corredor largo* en un diario de obras del APAG (Vílchez Vílchez 1991, 170). Dicha unificación, para poder llevarse a cabo, hubo de requerir la ampliación previa de la capilla en dirección oeste, para mantener su entidad.

[46] Para ello se destruyó completamente el frente occidental del mirador. El actual se debe a una reconstrucción de Torres Balbás (1925-1936, 81).

[47] Aunque la galería parece haberse reconstruido desde sus cimientos en 1829, como ha advertido José Tito (en publicación en curso en el tiempo en que se redacta este libro), las imágenes de la misma anteriores a esa fecha la muestran con un aspecto y dimensiones similares a los actuales.

[48] Según Vilar Sánchez, que sigue a L. P. Gachard, el emperador incluso pernoctó y pasó varios días en el Generalife (Vilar Sánchez 2016, 77).

[49] El visitante anónimo de 1526 cuyo testimonio dio a conocer Fernando Marías (2000) alude a *uno quadro grande come sarebbe el cortile dentro del Castelo di Mantova*. La precisión de la estimación métrica del observador resulta sorprendente: el patio interior del castillo de Mantua tiene unos 12 m de lado.

[50] Los tramos de la tapia más próximos a los sótanos del palacio quedaron afectados por la construcción y posterior destrucción de los cuerpos adosados al Mirador del Salón Regio.

[51] Información transmitida personalmente por José Tito Rojo, a quien agradezco sus muchas y útiles observaciones.

[52] El anónimo italiano transcrito por Marías (2000) señala: *Montati poi in solaro sopra jl palatio et camera per una limaca quale e falla a mille strafori de maniera che contino montando la detta scla uedeti uerdura de arbori et acqui cascar de fonti per quelli montagnetta*. Esta descripción coincide con la vista de la Alhambra desde el norte realizada por Wyngaerde en 1567, que presenta una torre cilíndrica en este punto.

[53] Hipótesis de José Tito Rojo, transmitida personalmente por el investigador.

[54] El esbozo en planta de Wyngaerde presenta una especie de reborde en parte del arco de circunferencia. No queda claro si refleja un accidente real en el diseño de la fuente o si se trata de una corrección del trazo o de la sugestión esquemática de la profundidad de la taza.

[55] En esta zona reconstruida, el muro reduce su espesor a 45 cm.

[56] Este mirador saliente fue interpretado, al igual que el Mirador del Patio de la Acequia, como base para ampliaciones exteriores del palacio en el último cuarto del siglo XVI. En él y en las salas que se le adosaron, los alcaides Granada-Venegas dispusieron una colección de cuadros familiares, hecho que motivó que se las conociera como las Salas de los Retratos. Torres Balbás eliminó finalmente las adherencias entre 1926 y 1932 (Michot Roberto y Rodríguez Moreno 2017; García Luján 2019; Torres Balbás 1925-1936).

[57] Aparecen en el lienzo *El Generalife* de Santiago Rusiñol (1897).

[58] Hay quien ha sugerido una posible previsión de uso compartido del *studiolo* con la emperatriz, alojada, como se ha dicho, en la zona del Mexuar y Cuarto Dorado (Galera Mendoza 2021).

[59] Según Joseph Pérez, el tratamiento 'majestad' sustituyó definitivamente al de 'alteza' en España con la proclamación de Carlos V como emperador, en 1519 (Pérez 2000, 105).

[60] Domínguez Casas (1993, 450) considera que el nivel inferior de la galería del Patio de la Reja podría ser anterior. Por su parte, Carlos Vílchez (1985) acotó la operación al intervalo entre 1525 y 1537.

[61] Es posible que la operación se fundamentase en el deseo de una mayor privacidad o en el bloqueo de los vientos fríos, dado que el cerramiento no se ejecutó en el lado sur. La permeabilidad del corredor no se restauraría hasta el siglo XX.

[62] Para Carlos Vílchez (1991, 61), el término 'prado' se aplicaba entonces a áreas que habían quedado libres tras algunas demoliciones y sobre cuyos escombros aparecía espontáneamente un manto vegetal. Para José Tito y Manuel Casares (2011, 270), en cambio, era sinónimo de 'jardín'. Lo cierto es que Isabel la Católica había ordenado disponer en este lugar un 'jardín', también aludido como 'huerta' (Vilar Sánchez 2007, 102; Domínguez Casas 1993, 454). Todo apunta a que, a mediados del s. XVI, el Patio de la Reja sería un recinto verde blando, sin albercas ni fuentes, que de otro modo aparecerían representadas en la Planta Grande.

[63] Otro voladizo acodado, esta vez interior, se dispuso entre el despacho y el dormitorio carolino, evitando el paso por la antecámara. Ya no existe, pero queda visible su huella en la cara exterior de los cerramientos hacia el Patio de Lindaraja.

[64] Un detalle de sus motivos se recoge en Argote 1815, 2: 187.

[65] Esther Galera e Isabel Cambil citan una nómina de 1541 por asentar diez *ventanas altas de vidrieras al corredor pintado* (Galera Mendoza y Cambil Campaña 2010). Dado que en este corredor había cinco vanos, en cada uno de ellos pudieron colocarse dos de estas ventanas, quizás unas por encima de otras.

[66] Así lo indica Juan de la Vega: *Asi mesmo* [la explosión] *derribó* [...] *en los corredores y estufas todas las vedrieras y las quebró derribandolas con los bastidores haçiendolas pedaços que no son de prouecho* (Bermúdez Pareja y Moreno Olmedo 1966).

[67] Su configuración actual la adquirió en el s. XVII (Torres Balbás 1953b, 80; Bertaut 1669, 88; Gómez-Moreno González 1892, 92-93).

[68] El Baño de Comares suscitó amplia admiración, y tanto este como el hipotético del Generalife serían de propiedad real. Resulta difícil imaginar que, sin un motivo de peso, uno se destruyera mientras que el otro se conservase afanosamente.

[69] Hay autores que no asocian esta descripción con el Patio del Ciprés de la Sultana sino con el vecino de la Acequia. Pensamos, no obstante, que de la lectura completa del testimonio del veneciano se deduce que esta alusión es la más lógica, atendiendo al orden del recorrido y dado que el de la Acequia es mencionado inmediatamente antes.

[70] La condición inundable con fines ociosos y burlescos recuerda al patio principal del palacio de Poggioreale (inic. 1487), según la descripción que del mismo hace Serlio en su *Terzo Libro* (Villalpando 1552, f. 77v).

[71] Como se ha indicado en la nota 49, el patio interior del castillo de Mantua tiene unos 12 m de lado. El viajero indica que este patio del Generalife tenía una superficie equivalente a tres veces la de aquel castillo, es decir, unos 400 m², lo que nuevamente resulta bastante aproximado.

[72] Fecha en la que se intervino sobre el muro (Bermúdez López 2010, 234).

[73] Vílchez Vílchez (1991, 119, 173), en cambio, considera que ya existiría para 1572, cuando se colocó la fuente central.

[74] Según José Antonio García Luján (2006, 40), sus dimensiones en planta eran 55 × 11 pies. Estas medidas equivalen a unos 15 × 3 m, es decir, la dimensión del pabellón actual, si se omite la parte maciza del extremo oriental que monta sobre la terraza de la Escalera del Agua.

[75] Desde el exterior se aprecian dos más, cuadrangulares y a ambos lados del central, cegados. En la copia del lienzo de Juan de Sabis (1636) se sugieren imprecisamente varios huecos en este nivel. En los planos de Hermosilla (ca. 1766) y Laborde (ca. 1806) se grafían claramente tres, dos de los cuales debieron de clausurarse a mediados del siglo XX.

[76] Ya se hizo mención a este núcleo de comunicación vertical cuando se trató el Jardín Bajo del Generalife; remitimos a aquellas páginas.

[77] Puede verse un ejemplo en la *lunetta* de Utens que representa la villa medicea de La Petraia, en cuya segunda terraza ajardinada aparecen dos construcciones de estas características, si bien sólo hay garantías de la existencia de la occidental (Acidini Luchinat y Galletti 1992, 160).

[78] El primer plano en el que figura es el de Eladio Laredo (1922).

[79] Está presente en el *Plano del Sitio de Generalife* de José de Hermosilla.

Conclusiones

Esta breve incursión en la historia del paisaje de Granada a través de los palacios de la Alhambra y el Generalife ha evidenciado la trascendencia de la visión cultural del entorno en las decisiones arquitectónicas. En este periodo a caballo entre la Edad Media y la Moderna y en estas prominencias orográficas, se registra una riqueza y diversidad de aproximaciones arquitectónicas al panorama como difícilmente puedan hallarse en otro lugar. Bien es verdad que, aunque acotado, no se trata de un territorio cualquiera, ni tampoco de un intervalo cronológico casual, sino que confluyen, en las 'ventanas' inspeccionadas, varias singularidades: el apogeo del emirato nazarí, como canto de cisne de la cultura islámica medieval de Occidente, y la conquista de esta misma plaza por la monarquía hispánica, con todo el proceso de asimilación y aculturación que trajo consigo. Se solaparon e hibridaron, en estos palacios, la idealización del entorno y la aspiración de una utopía ambiental, fraguada por las élites musulmanas durante siglos y ensayada en construcciones precedentes, con la incipiente reconsideración del mundo sensible tras los 'velos' del pensamiento cristiano y bajo el influjo multicultural de otras sociedades, entre ellas, la andalusí.

Pero, incluso considerando estas singularidades históricas, salta a la vista que la realidad física del sitio y su visión cultural no fueron factores ajenos

Fig. 3.0 - Miradas diacrónicas al territorio de Granada. Fot. Autora del libro, 2017.

a esta riqueza de soluciones. Muchas otras ciudades de la Península tuvieron un largo pasado islámico y tarde o temprano fueron tomadas y experimentaron un proceso de transformación. Granada no era simplemente una más de esas ciudades: su geografía de contrastes, su ubicación periférica y poco accesible, su identificación con los modelos de 'entorno ideal', tanto islámicos como cristianos, y su excepcionalidad política la consolidaron como un paraje mítico y casi de ensueño; terreno fértil para ser abonado con deseos, ideologías, valores y referentes que sobre él se proyectaron. El paisaje de Granada para la corte nazarí era distinto que para la Corona hispánica, pero ambos suscitaron a sus colectivos de referencia una compleja fascinación. Y estas visiones paisajísticas se integraron, junto a los requerimientos funcionales y los alicientes de preexistencias y oportunidades del sitio, en la concepción y construcción de espacios palatinos en la Sabika y el cerro del Sol.

Así, en la primera parte se ha observado que los monarcas nazaríes comenzaron erigiendo sus residencias interiores a los recintos cercados pero a media ladera, lo que las dotó de vistas descendentes sobre los jardines y huertas reales y sobre el territorio circundante: las terrazas verdes de la dinastía se prolongaban visualmente en el horizonte con la planicie de la vega y las siluetas montuosas, sugiriendo una imagen sintética e idílica del reino. En la Alhambra, sin embargo, se advirtió pronto el potencial de los límites amurallados, acompañados de desniveles topográficos, para integrar de manera más enérgica la experiencia del entorno en el espacio arquitectónico; integración probablemente favorecida por la paulatina pérdida de importancia de las funciones de defensa del perímetro, la necesidad de preservar los jardines y huertas intramuros y los deseos tanto de intimidad, en un recinto crecientemente poblado, como de escapes seguros ante amenazas interiores. Todo ello dio como resultado un progresivo encabalgamiento de las construcciones áulicas sobre las cercas protectoras y una creciente permeabilidad y apertura al entorno de las edificaciones liminales. Liminalidad y permeabilidad, unidas a la condición estancial de las nuevas construcciones, se tradujeron en la modificación de patrones arquitectónicos asentados, con la perforación de los esquemas en 'T invertida', de los nichos o cámaras del trono y de los oratorios lateralmente exentos y con la disposición de tacas en torres, cuya tipología militar se transformó y horadó para asumir usos vivideros.

En general, la corte nazarí prefirió una mirada estática pero múltiple al mundo exterior, para reconocerlo comprehensivamente. La existencia de cierres y tamices en los huecos no solo constituía una necesidad funcional, sino también un filtro cultural que ponía de manifiesto la valoración de una experiencia del entorno ajena a los parámetros occidentales de diafanidad, explicitud y transparencia y que requería la aproximación individual y la manipulación de estos elementos. Esta búsqueda insistente del horizonte y su incorporación al espacio arquitectónico se complementaba con la representación abstracta del 'entorno ideal' mediante la espacialidad, formalización y materialidad de los interiores y con su plasmación a pequeña escala en los jardines y patios adyacentes, sugiriendo una unidad ambiental armónica que pivotaba en torno a la figura del sultán. En línea con la visión idealizada de Granada como 'jardín dichoso', se perseguía sugerir una utopía –pensada desde el interior, para ser 'vivida'– en la que arquitectura y naturaleza, mundo terrestre y orden celeste se fundiesen armónicamente y sin solución de continuidad. Se resolvía, de este modo, la tensión entre el cosmos vertical y concéntrico típicamente medieval y la expansión horizontal del mundo que preanunciaba la óptica moderna; también, entre la visión del territorio como conjunto de símbolos divinos y su valoración atendiendo a cánones puramente seculares.

En esta búsqueda de la utopía, la arquitectura se aproximó a la naturaleza y viceversa. El alto grado de permeabilidad de las envolventes procuraba una luminosidad superior a la convencional, enfatizada por reflexiones y juegos de luces altas de asociación astral y alusiva tanto a la imagen simbólicamente radiante del monarca como a la fuente de luz suprema de la divinidad. La masa inerte de las construcciones ansiaba su desintegración visual y el olvido de la gravedad mediante vistas, claridad, reflejos y tratamientos permeables, coloreados o que abrían la mirada a un mundo paralelo de apariencia bidimensional. Los jardines y patios que integraban el 'paraíso interior', a la inversa, se trazaron geométricamente como escenas privilegiando las visuales axiales y simétricas desde el espacio arquitectónico, guiadas por masas y líneas de agua, pautadas por vegetación perenne y simulando una rendición ordenada de las materias vivas e inertes a los pies del señor.

Estas características se encuentran en mayor o menor medida presentes en todas las situaciones individualizadas en la primera parte al margen de sus especificidades: los 'retiros íntimos' de miembros de la corte, la 'mirada triunfal' al territorio dominado y la 'proyección de la plegaria' al entorno circundante. En todos los casos, el panorama –al igual que la arquitectura y unido a ella– se presentaba como un atributo del gobernante altamente expresivo de su liderazgo, gestión o favor divino. En la construcción de estos espacios se fundieron, en variable proporción, las motivaciones representativas, recreativas, místicas y de protección personal; motivaciones siempre estrechamente ligadas a la figura del sultán, a quien las inscripciones epigráficas frecuentemente vinculan las intervenciones, señalándolas como una suerte de creación natural suya y sugiriendo una iconografía del poder permeada por referencias ambientales y cósmicas que cabría explorar en detalle.

En la segunda parte se ha comprobado que los cristianos reconocieron el valor simbólico y artístico de los palacios nazaríes como 'trofeo' de la victoria y, también, lo privilegiado de las experiencias del entorno que ofrecían. La concepción ambiental que condensaban, sin embargo, debió de resultar menos accesible. La Corona veló por la conservación activa de estos palacios mediante el uso y la adaptación a nuevas funciones. En dichas adaptaciones, se impusieron lógicas de aproximación al entorno propias de la tradición occidental y deudoras de los modelos entonces en boga. Así, los aposentos reales integraron 'tribunas', o espacios destacados en la fábrica para el oteo ostensible y dominante del territorio, con vocación de balcones de apariciones, y, también, nuevos 'recorridos, secuencias y panoramas', en espacios arquitectónicos lineales con alto índice de permeabilidad. A diferencia de las soluciones islámicas, estas operaciones priorizaron la visión focal y frontal o bien lineal, secuencial o panorámica; experiencias del entorno de asociatividad pictórica o narrativa, relacionables con la producción artística del momento y que, en el segundo caso, introdujeron además la componente dinámica, ofreciendo percepciones cambiantes que acompañaban los pasos.

Ambos tipos de espacios, producto de intervenciones casi quirúrgicas por sus atenciones a lo preexistente, exhibían su vocación de 'palcos', bien reservados a la figura regia, bien de uso general por los miembros de la corte, sobre la disputada escena del territorio. Se demostraba, con ello, una familiaridad con la exposición pública al panorama alejada de las concepciones islámicas; distancia igualmente reconocible en la adscripción femenina de varios de estos ambientes y que puede vincularse con la dimensión cívica y teatral, en sentido amplio, de las ciudades occidentales. En la interpretación propuesta de Granada como 'teatro de la memoria' dominaban las componentes históricas, políticas y religiosas, no detectándose una 'artealización' explícita hasta finales del siglo XVI y primeras décadas del XVII, cuando cronistas y literatos registran valoraciones estéticas y asociaciones con los ya populares 'lienzos de Flandes'. Fue precisamente en este periodo cuando el término 'mirador' transfirió su significado original, como palco o balconada para la contemplación de festejos y alardes, a la experiencia del panorama asociada al espacio arquitectónico, *propia recreacion de gente religiosa y recogida.*

Estas arquitecturas de la Corona no solo satisficieron los objetivos funcionales para los que se proyectaron, de carácter esencialmente privado y residencial, sino que, en conjunto, sirvieron para escenificar públicamente el dominio y disfrute de los palacios y de este territorio, introduciendo, a la vez, nuevos caracteres en el paisaje urbano. Con resoluciones pragmáticas que no eclipsaban a la herencia nazarí, y con tratamientos acordes a las cambiantes preferencias estilísticas y reflejo de un naturalizado mestizaje cultural, eran espacios para ser 'vividos' pero también para ser 'leídos' por la población local, aunque desde la distancia que imponía su emplazamiento.

Estas conclusiones se refieren al estudio realizado considerando sus limitaciones: no hay que olvidar que este se basa en lo que ha llegado hasta nosotros, tanto en construcciones como en evidencias documentales y, dentro de ello, en lo que ha sido posible conocer en el tiempo de realización de una tesis. Sin duda, un conocimiento completo de cuanto se proyectó en la Sabika y el cerro del Sol, así como de los correspondientes contextos culturales, llevaría a matizar algunas de las hipótesis aquí presentadas, que lo son, además, desde la perspectiva de arquitecta de la autora y, por ello, necesariamente parciales. Nuevos trabajos permitirán, a buen seguro, ahondar en la historia de este paisaje.

Esta exploración permite concluir, además, con dos constataciones. La primera es que la aplicación del CEP y su marco teórico derivado al estudio del entorno construido tiene una enorme capacidad para abrir nuevas perspectivas de análisis, cuestionando la rigidez y estanqueidad disciplinar de las vías de aproximación tradicionales y suscitando indagaciones específicas y localizadas que permitan revisar los 'grandes relatos' sobre la génesis del paisaje. La segunda es que, si la visión cultural del entorno ha repercutido directamente en las soluciones arquitectónicas adoptadas en el pasado, recíprocamente la arquitectura, como mediación material y mental del ser humano con el mundo, ha desempeñado un papel de primer orden en la elaboración cultural de todo paisaje: no debe quedar, por tanto, en los márgenes de aquellas historias del paisaje que esperan a ser escritas.

Bibliografía

ACIDINI LUCHINAT, Cristina y Giorgio Galletti. 1992. *Le ville e i giardini di Castello e Petraia a Firenze*. Ospedaletto: Pacini.

ACKERMAN, James S. 1997. *La villa: forma e ideología de las casas de campo*. Traducido por Isabel Balsinde. Madrid: Akal.

AKEF, Walid e Iñigo Almela. 2021. "Nueva lectura del capítulo 157 del tratado agrícola de Ibn Luyūn". *Al-Qanṭara* 42 (1): e02.

AKKACH, Samer. 2005. *Cosmology and Architecture in Premodern Islam: An Architectural Reading of Mystical Ideas*. Editado por Seyyed Hossein Nasr. Nueva York: State University of New York Press.

ALBERTI, Leon Battista. 1582. *Los diez libros de Architectura de Leon Baptista Alberto*. Traducido por Francisco Lozano. Madrid: Alonso Gomez Impressor de su Magestad.

ALBERTI, Leon Battista. 1991. *De Re Aedificatoria*. Editado por Javier Rivera Blanco y Javier Fresnillo Núñez. Madrid: Akal.

ALBERTI, Leon Battista. 2000. *I libri della famiglia*. Turín: Letteratura italiana Einaudi.

ALMAGRO GORBEA, Antonio, ed. 2015. *El legado de al-Ándalus: Las Antigüedades Árabes en los dibujos de la Academia*. Madrid: Patronato de la Alhambra y Generalife, Real Academia de Bellas Artes de San Fernando, Fundación Mapfre.

ALMAGRO GORBEA, Antonio. 1987. "La Aljafería". En *I Jornadas de cultura islámica: al-Andalus, ocho siglos de historia*, 129-133. Toledo: Instituto Occidental de Cultura Islámica.

ALMAGRO GORBEA, Antonio. 1996. "El color en la arquitectura nazarí". En *Revestimiento y color en la arquitectura. Conservación y Restauración*, editado por Javier Gallego Roca, 99-107. Granada: Universidad de Granada.

ALMAGRO GORBEA, Antonio. 2008. *Palacios medievales hispanos*. Madrid: Real Academia de Bellas Artes de San Fernando.

ALMAGRO GORBEA, Antonio. 2012. *Planimetría De Madīnat Al-Zahrā'*. Granada: Escuela de Estudios Árabes, CSIC.

ALMAGRO VIDAL, Ana. 2005. "El concepto de espacio en la arquitectura palatina andalusí. Un análisis perceptivo a través de la infografía". Tesis doctoral, Universidad de Granada.

ÁLVAREZ DE MORALES, Camilo. 2001. "De la conquista musulmana a la abolición del Califato Omeya (siglos VIII-XI)". En *Historia del reino de Granada. Vol. 1: De los orígenes a la época mudéjar (hasta 1502)*, editado por Manuel Barrios Aguilera y Rafael Peinado Santaella, 113-153. Granada: Editorial Universidad de Granada, Fundación El Legado Andalusí.

ÁLVAREZ LOPERA, José. 1977. "La Alhambra entre la conservación y la restauración (1905-1915)". *Cuadernos de Arte de la Universidad de Granada*, n.º 14: 7-238.

ANGULO ÍÑIGUEZ, Diego. 1940. "La ciudad de Granada vista por un pintor flamenco de hacia 1500". *Al-Andalus: revista de las Escuelas de Estudios Árabes de Madrid y Granada* 5 (2): 468-472.

ANTROP, Marc y Veerle Van Eetvelde. 2017. *Landscape Perspectives: The Holistic Nature of Landscapes*. Dordrecht: Springer.

AÑÓN FELIÚ, Carmen, ed. 1995. *Jardines y paisajes en el arte y en la historia*. Madrid: Editorial Complutense.

AÑÓN FELIÚ, Carmen, Mónica Luengo y Jorge Sierra. 2003. *Jardines de España*. Barcelona: Lunwerg.

APARICIO GUISADO, Jesús. 2006. *El muro, concepto esencial en el proyecto arquitectónico: la materialización de la idea y la idealización de la materia*. Buenos Aires: Nobuko.

APPLETON, Jay. 1975. *The Experience of Landscape*. Londres: John Wiley & Sons.

ARCINIEGA GARCÍA, Luis. 2015. "Los ojos de la arquitectura. Espacios para ver y ser visto". En *Mercados del lujo, mercados del arte: el gusto de las élites mediterráneas en los siglos XIV y XV*, editado por Sophie Brouquet y Juan Vicente García Marsilla, 241-270. Valencia: Universitat de València.

ARGOTE, Simón de. 1815. *Nuevos paseos históricos, artísticos, económico-políticos por Granada y sus contornos*. Vol. 2. Granada: Imprenta de D. Francisco Gomez Espinosa de los Monteros.

ARGULLOL, Rafael. 1985. *Tres miradas sobre el arte*. Barcelona: Icaria.

ARNOLD, Felix. 2017. *Islamic Palace Architecture in the Western Mediterranean: A History*. Nueva York: Oxford University Press.

ARNOLD, Felix. 2023. "The Patio de Machuca on the Alhambra. Documentation of the Entrance Area to the Nasrid Palace". *Madrider Mitteilungen*, n.º 64: 490-556.

ARNOLD, Felix, Alberto Canto García y Antonio Vallejo Triano. 2018. "Investigación en la almunia de al-Rummaniyya (Córdoba) 2006-2014". En *Almunias. Las fincas de las élites en el occidente islámico: poder, solaz y producción*, editado por Julio Navarro Palazón y Carmen Trillo San José, 47-54. Granada: CSIC, Editorial Universidad de Granada.

ASÍN PALACIOS, Miguel. 1919. *La escatología musulmana en la Divina Comedia*. Madrid: Imprenta de Estanislao Maestre.

BAEZA, Hernando de. 1868. *Relaciones de algunos sucesos de los últimos tiempos del reino de Granada*. Editado por Emilio Lafuente Alcántara. Madrid: Sociedad de Bibliófilos Españoles.

BALCELLS, José María. 1999. "El paisaje en la poesía castellana medieval". *Cuadernos del CEMYR*, n.º 7: 25-46.

BALDI, Bernardino. 1590. *Versi e prose di monsignor Bernardino Baldi da Vrbino abbate di Guastalla*. Venecia: Francesco de' Franceschi.

BALLARÍN IRIBARREN, Alberto. 2000. "Arquitectura y construcción del Monasterio y Palacio de Carlos V en Yuste". Tesis doctoral, Universidad Politécnica de Madrid.

BARRIOS ROZÚA, Juan Manuel. 2014. "El Generalife y las ruinas árabes de sus contornos. Un capítulo inédito de los "Nuevos Paseos" de Simón de Argote". *Al-Qanṭara* 35 (1): 29-59.

BARRIOS ROZÚA, Juan Manuel. 2017. "La plaza mayor de Granada, teatro barroco de la ciudad". *Goya*, n.º 361: 304-319.

BARROS, Carlos. 1999. "La humanización de la naturaleza en la Edad Media". *Edad Media. Revista de Historia*, n.º 2: 169-193.

BASCHET, Jérôme. 2009. *La civilización feudal: Europa del año mil a la colonización de América*. Traducido por Arturo Vázquez Barrón y Mariano Sánchez Ventura. México D. F.: Fondo de Cultura Económica.

BAXANDALL, Michael. 1978. *Pintura y vida cotidiana en el Renacimiento: arte y experiencia en el* Quattrocento. Traducido por Homero Alsina Thevenet. Barcelona: Gustavo Gili.

BEJARANO ESCANILLA, Ingrid. 2004. "Poesía: naturaleza y paisaje". En *Paisaje y naturaleza en al-Andalus*, editado por Fátima Roldán Castro, 115-138. Sevilla: Consejería de Cultura, Junta de Andalucía.

BENEVOLO, Leonardo. 1988. *Historia de la arquitectura del Renacimiento: la arquitectura clásica del siglo XV al siglo XVIII*. Traducido por María Teresa Weyler. 3ª ed. Barcelona: Gustavo Gili.

BERMÚDEZ DE PEDRAZA, Francisco. 1639. *Historia eclesiastica, principios y progressos de la ciudad, y religion catolica de Granada*. Granada: Imprenta Real.

BERMÚDEZ LÓPEZ, Jesús. 2002. "Estructura urbana de la Alhambra". *Cuadernos de la Alhambra*, n.º 38: 85-123.

BERMÚDEZ LÓPEZ, Jesús. 2010. *La Alhambra y el Generalife: guía oficial*. Granada: Patronato de la Alhambra y Generalife, TF Editores.

BERMÚDEZ PAREJA, Jesús y María Angustias Moreno Olmedo. 1966. "Documentos de una catástrofe en la Alhambra". *Cuadernos de la Alhambra*, n.º 2: 77-87.

BERMÚDEZ PAREJA, Jesús. 1965a. "El Generalife después del incendio de 1958". *Cuadernos de la Alhambra*, n.º 1: 9-39.

BERMÚDEZ PAREJA, Jesús. 1965b. "Obras en el Cuarto Dorado". *Cuadernos de la Alhambra*, n.º 1: 99-105.

BERMÚDEZ PAREJA, Jesús. 1966. "Nuevo portón para el Cuarto Dorado (Crónica de la Alhambra)". *Cuadernos de la Alhambra*, n.º 2: 140-141.

BERMÚDEZ PAREJA, Jesús. 1972. *Palacios de Comares y Leones*. Granada: Caja de Ahorros.

BERMÚDEZ PAREJA, Jesús. 1974. "El baño del Palacio de Comares en la Alhambra de Granada: disposición primitiva y alteraciones". *Cuadernos de la Alhambra*, n.º 10: 99-116.

BERMÚDEZ PAREJA, Jesús. 1976. "Identificación del Palacio de Comares y del Palacio de los Leones, en la Alhambra de Granada". En *España entre el Mediterráneo y el Atlántico, Actas XXIII Congreso Internacional Historia del Arte, 1973*, vol. 2: 55-57. Granada: Universidad de Granada.

BERQUE, Augustin. 1997. "En el origen del paisaje". *Revista de Occidente*, n.º 189: 7-21.

BERQUE, Augustin. 2009. *El pensamiento paisajero*. Editado por Javier Maderuelo. Traducido por Maysi Veuthey. Madrid: Biblioteca Nueva.

BERTAUT, François. 1669. *Iovrnal dv voyage d'Espagne*. París: Claude Barbin.

BLOCH, Marc. 2011. *La sociedad feudal*. Traducido por Eduardo Ripoll Perrelló. Madrid: Akal.

BONAVENTURA DE SENIS. 1996. *Libro de la escala de Mahoma, según la versión latina del siglo XIII de Buenaventura de Siena*. Traducido por José Luis Oliver Domingo. Madrid: Siruela.

BRAZILLE NAULETA, Virginie Claude, Antonio Orihuela Uzal y Luis José García-Pulido. 2023. "Evolución del frente murario más destacado y simbólico del recinto de la Alhambra: la muralla norte". En *Defensive Architecture of the Mediterranean*, editado por Marco Giorgio Bevilacqua y Denise Ulivieri, vol. 13: 409-416. Pisa: Pisa University Press.

BROTHERS, Cammy. 1994. "The Renaissance Reception of the Alhambra: The Letters of Andrea Navagero and the Palace of Charles V". *Muqarnas* 11 (1): 79-102.

BROTHERS, Cammy. 2015. "Un humanista italiano en Sevilla: Ciudades, Arquitectura y Paisaje". En *Los jardines del Real Alcázar de Sevilla. Historia y Arquitectura desde el Medievo islámico al siglo XX*, editado por Ana Marín Fidalgo y Carlos Plaza, 84-101. Sevilla: Patronato del Real Alcázar y de la Casa Consistorial.

BRUÑA CUEVAS, Manuel. 1999. "Apuntes sobre el paisaje y la naturaleza en la literatura medieval francesa". *Cuadernos del CEMYR*, n.º 7: 141-66.

BRUYNE, Edgar de. 1994. *La estética de la Edad Media*. Traducido por Carmen Santos y Carmen Gallardo. 2ª ed. Madrid: Visor.

BURCKHARDT, Jacob. 1992. *La cultura del Renacimiento en Italia: un ensayo*. Traducido por Teresa Blanco, Fernando Bouza y Juan Barja. Madrid: Akal.

BUSH, Olga. 2018. *Reframing the Alhambra: Architecture, Poetry, Textiles and Court Ceremonial*. Edimburgo: Edinburgh University Press.

CABANELAS RODRÍGUEZ, Darío y Antonio Fernández Puertas. 1978. "Inscripciones poéticas del Generalife". *Cuadernos de la Alhambra*, n.º 14: 3-86.

CABANELAS RODRÍGUEZ, Darío. 1988. *El techo del Salón de Comares en la Alhambra: decoración, policromía, simbolismo y etimología*. Granada: Patronato de la Alhambra y Generalife.

CABANELAS RODRÍGUEZ, Darío. 1992. "La Alhambra: introducción histórica". En *Al-Ándalus: las artes islámicas en España*, editado por Jerrilynn D. Dodds, 127-133. Nueva York: Metropolitan Museum of Art.

CABAÑERO SUBIZA, Bernabé. 2007. "La Aljafería de Zaragoza". *Artigrama*, n.º 22: 103-129.

CABRERA ORTI, María Angustias y Carlos Vílchez Vílchez. 2005. "El primitivo foso de la zona del Partal de la Alhambra". *Revista del Centro de Estudios Históricos de Granada y su Reino*, n.º 17: 159-168.

CACHORRO FERNÁNDEZ, Emilio. 2015. "Habitaciones con vistas. Pulsión escópica a través de la ventana". *Archivo Español de Arte* 88 (350): 157-172.

CALATRAVA ESCOBAR, Juan y Mario Ruiz Morales. 2005. *Los Planos de Granada 1500-1909: cartografía urbana e imagen de la ciudad*. Granada: Diputación de Granada.

CALATRAVA ESCOBAR, Juan. 2002. "Herencia islámica y arquitectura cristiana: la Granada del renacimiento". En *L'architettura come linguaggio di pace. Atti del II semjnario internazionale Identità e differenze in architettura: Spazi per l'incontro multiétnico*, editado por Donatella Mazzoleni, Giuseppe Anzani, Ashraf Salama, Marichela Sepe y Maria Maddalena Simeone, 33-42. Nápoles: Università di Napoli Federico II.

CALATRAVA ESCOBAR, Juan. 2011. "Ciudad y Contrarreforma: Granada como Christianopolis en la obra de Francisco Bermúdez de Pedraza". En *Il Mediterraneo delle Città*, editado por Enrico Iachello y Paolo Militello, 155-167. Milán: Franco Angeli.

CALVO CAPILLA, Susana. 2015. *Las mezquitas de al-Andalus*. Almería: Fundación Ibn Tufayl de Estudios Árabes.

CAMBIL CAMPAÑA, Isabel. 2016. *El vidrio en la Alhambra. Desde el periodo nazarí hasta el siglo XVII*. Granada: Patronato de la Alhambra y Generalife.

CASARES LÓPEZ, Matilde. 2008. "Las obras reales de la Alhambra en el siglo XVI: un estudio de los libros de cuentas de los pagadores Ceprián y Gaspar de León (1528-1627)". Tesis doctoral, Universidad de Granada.

CASARES PORCEL, Manuel y José Tito Rojo. 2010. "El Generalife después de la expulsión de los moriscos". En *Actas del simposio celebrado en Huéscar del 16 al 18 de septiembre de 2010*, editado por José Antonio García Luján, 429-453. Huéscar: Asociación Cultural Raigadas.

CASTILLA BRAZALES, Juan, Antonio Orihuela Uzal y Miguel Sobrino González. 2002. *En busca de la Granada andalusí*. Granada: Comares.

CAUQUELIN, Anne. 1989. *L'invention du paysage*. París: Plon.

CHECA CREMADES, Fernando. 1984. "El arte islámico y la imagen de la naturaleza en la España del siglo XVI". *Fragmentos*, n.º 1: 21-43.

CHUECA GOITIA, Fernando. 1965. *Historia de la arquitectura española, Edad Antigua y Edad Media*. Madrid: Dossat.

COLONNA, Francesco. 1999. *Sueño de Polífilo*. Editado por Pilar Pedraza. Barcelona: El Acantilado.

CONSEJO DE EUROPA. 2000. "Convenio Europeo del Paisaje". Florencia.

CONTRERAS, Rafael. 1878. *Estudio descriptivo de los monumentos árabes de Granada, Sevilla y Córdoba, ó sea, la Alhambra, el Alcázar y la Gran mezquita de occidente*. 2ª ed. Madrid: Imprenta y litografía de A. Rodero.

CORTÉS PEÑA, Antonio Luis y Bernard Vincent. 1986. *Historia de Granada. Vol. III: La época moderna: siglos XVI, XVII y XVIII*. Granada: Don Quijote.

COSGROVE, Denis. 1997. "Spectacle and Society: Landscape as Theater in Premodern and Postmodern Cities". En *Understanding Ordinary Landscapes*, editado por Paul Groth y Todd W. Bressi, 99-110. New Haven - Londres: Yale University Press.

COSGROVE, Denis. 1998. *Social Formation and Symbolic Landscape*. Madison: University of Wisconsin Press.

COSGROVE, Denis. 2002. "Observando la Naturaleza: El paisaje y el sentido europeo de la vista". *Boletín de la Asociación de Geógrafos Españoles*, n.° 34: 63-89.

COVARRUBIAS OROZCO, Sebastián de. 1611. *Tesoro de la lengua castellana, o española*. Madrid: Luis Sanchez.

CRANDELL, Gina. 1993. *Nature Pictorialized. 'The View' in Landscape History*. Baltimore - Londres: The Johns Hopkins University Press.

CRESWELL, Keppel Archibald Cameron. 1979. *Compendio de arquitectura paleoislámica*. Editado por Alfonso Jiménez Martín. Sevilla: Universidad de Sevilla.

CRUZ CABRERA, José Policarpo. 2009. "Desarrollo de la arquitectura en Granada". En *Arquitectura doméstica en la Granada Moderna*, editado por Rafael López Guzmán, 65-152. Granada: Fundación Albaicín.

CRUZ PÉREZ, Linarejos e Ignacio Español Echániz. 2009. *El paisaje: de la percepción a la gestión*. Madrid: Liteam.

D'OTTONE, Arianna. 2010. "Il manoscritto vaticano arabo 368 Ḥadīṯ Bayāḍ wa Riyāḍ. Il codice, il testo, le immagini". *Rivista di storia della miniatura*, n.° 14: 55-70.

DA VINCI, Leonardo y Leon Battista Alberti. 1827. *El tratado de la pintura por Leonardo de Vinci, y los tres Libros que sobre el mismo arte escribió Leon Bautista Alberti*. Traducido por Diego Antonio Rejón de Silva. Madrid: Imprenta Real.

DACOS, Nicole. 2007. "'Julio y Alejandro'. Grutescos italianos y cartografía flamenca en el Peinador de la Reina". *Cuadernos de la Alhambra*, n.° 42: 81-117.

DARDEL, Eric. 2013. *El hombre y la tierra: naturaleza de la realidad geográfica*. Editado por Joan Nogué. Traducido por María Beneyto. Madrid: Biblioteca Nueva.

DE LA TORRE BRAVO, Ángeles. 2015. "La estética de la luz en Al-Andalus". En *Al-Andalus hoy: siete estudios y un contexto*, editado por Inmaculada Camarero Castellano y María Mercedes Delgado Pérez, 61-90. Sevilla: Alfar.

DÍEZ JORGE, María Elena. 1998. *El palacio islámico de la Alhambra: propuestas para una lectura multicultural*. Granada: Universidad de Granada.

DODDS, Jerrilynn D., ed. 1992. *Al-Ándalus: las artes islámicas en España*. Nueva York: Metropolitan Museum of Art.

DOMÍNGUEZ CASAS, Rafael. 1993. *Arte y etiqueta de los Reyes Católicos: artistas, residencias, jardines y bosques*. Madrid: Alpuerto.

DOMÍNGUEZ CASAS, Rafael. 2017. "División de espacios hombres-mujeres en la Corte de los Reyes Católicos". En *La(s) casa(s) en la Edad Moderna*, editado por Margarita María Birriel Salcedo, 155-192. Zaragoza: Institución Fernando el Católico.

DOZY, Reinhart. 1881. *Supplément aux dictionnaires arabes*. Vol. 1. Leiden: E. J. Brill.

ECO, Umberto. 1999. *Arte y belleza en la estética medieval*. Traducido por Helena Lozano Miralles. Barcelona: Lumen.

EISLER, William. 1992. "Charles V and the Cathedral of Granada". *Journal of the Society of Architectural Historians* 51 (2): 174-181.

EL-FAHTI, Abderrahman. 2003. *Libro de la escala de Mahoma: relaciones y contextos españoles del Medioevo y del Renacimiento*. Tetuán: Universidad Abdelmalek Essaadi.

ELIADE, Mircea. 1998. *Lo sagrado y lo profano*. Traducido por Luis Gil Fernández y Ramón Alfonso Díez Aragón. Barcelona: Paidós.

EPALZA, Mikel de. 1987. "Funciones de enseñanza de las dos mezquitas sobre las murallas de la Alhambra". En *Homenaje al Prof. Darío Cabanelas Rodríguez, O. F. M., con motivo de su LXX aniversario*, vol. 2: 183-186. Granada: Universidad de Granada.

ESPINAR MORENO, Manuel. 2000. *Granada en el Siglo XI: ziríes y almorávides. Antología de textos para el estudio de la época*. Granada: Método Ediciones.

FAGHIH, Nasrine. 1983. "El jardín en la arquitectura islámica". En *Jardines de los países del Islam de Córdoba a la India*, 9-29. Madrid: Real Jardín Botánico.

FANJUL, Serafín y Federico Arbós. 2005. *A través del Islam*. Madrid: Alianza Editorial.

FERNÁNDEZ AGUILERA, Sebastián. 2015. "Origen del Palacio de Pedro I en el Alcázar de Sevilla: el mirador hoy llamado de los Reyes Católicos". *Archivo Español de Arte* 88 (352): 331-348.

FERNÁNDEZ ARTELL, Salvador. 2016. "Los oratorios privados hispanomusulmanes. Estudio comparativo de casos". Trabajo Fin de Grado, Universidad de Murcia.

FERNÁNDEZ DE CÓRDOVA MIRALLES, Álvaro. 2002. *La Corte de Isabel I: ritos y ceremonias de una reina (1474-1504)*. Madrid: Dykinson.

FERNÁNDEZ DE OVIEDO, Gonzalo. 2006. *Libro de la Cámara Real del Príncipe Don Juan, oficios de su casa y servicio ordinario*. Editado por Santiago Fabregat Barrios. 2ª ed. Valencia: Universitat de València.

FERNÁNDEZ PUERTAS, Antonio. 1976. "En torno a la cronología de la torre de Abu-l-Hayyay". En *España entre el Mediterráneo y el Atlántico, Actas XXIII Congreso Internacional Historia del Arte, 1973*, vol. 2: 76-87. Granada: Universidad de Granada.

FERNÁNDEZ PUERTAS, Antonio. 1980. *La fachada del Palacio de Comares*. Granada: Patronato de la Alhambra y Generalife.

FERNÁNDEZ PUERTAS, Antonio. 1982. "El trazado de dos pórticos protonazaríes: el del Exconvento de San Francisco y el del Patio de la Acequia del Generalife". *Miscelánea de Estudios Árabes y Hebraicos. Sección Árabe-Islam*, n.º 31: 127-142.

FERNÁNDEZ PUERTAS, Antonio. 2009. "Mirador de la Qubba Mayor (Lindaraja). Armadura apeinazada de cintas con vidrios de colores". *Archivo Español de Arte* 82 (328): 327-353.

FORD, Richard. 2012. *Granada: escritos con dibujos inéditos*. Traducido por Alfonso Gámir. Edición facsímil con estudio preliminar de Juan Manuel Barrios Rozúa. Granada: Editorial Universidad de Granada, Patronato de la Alhambra y Generalife.

FRANCASTEL, Pierre. 1970. *La realidad figurativa. Elementos estructurales de sociología del arte*. Traducido por Francisco Azamor. Buenos Aires: Emecé Editores.

GALERA ANDREU, Pedro A. 2010. *La Alhambra vivida*. Granada: Patronato de la Alhambra y Generalife, Tinta Blanca Editor, Editorial Almuzara.

GALERA ANDREU, Pedro A. 2018. "El Patio de las Doncellas y Leones. Uso y acomodo de la Monarquía Hispana en la Edad Moderna". En *Leones y doncellas: dos patios palaciegos andaluces en diálogo cultural (siglos XIV al XXI)*, editado por José A. González Alcantud, 97-123. Granada: Editorial Universidad de Granada.

GALERA MENDOZA, Esther e Isabel Cambil Campaña. 2010. "Vidrieras clasicistas en la Alhambra". *Locus amoenus*, n.º 10: 113-129.

GALERA MENDOZA, Esther. 2011. "Espacios religiosos en la Alhambra en los siglos XVI y XVII". En *Docta Minerva. Homenaje a la profesora Luz de Ulierte Vázquez*, 191-214. Jaén: Universidad de Jaén.

GALERA MENDOZA, Esther. 2021. "Arte, poder y patronazgo femenino en la residencia real de la Alhambra durante la Edad Moderna". En *El mundo cultural y artístico de las mujeres en la Edad Moderna (s. XVI)*, editado por Esther Alegre Carvajal, 63-89. Madrid: Universidad Nacional de Educación a Distancia.

GALLEGO BURÍN, Antonio. 1963. *La Alhambra*. Granada: Patronato de la Alhambra y Generalife.

GALLEGO BURÍN, Antonio. 1995. *Granada: guía artística e histórica de la ciudad*. Editado por Francisco Javier Gallego Roca. 10ª ed. Granada: Comares.

GÁMIZ GORDO, Antonio. 2001. "Notas sobre un gran plano sin firma con la Alhambra hacia 1532". *EGA: revista de expresión gráfica arquitectónica*, n.º 6: 95-105.

GARCÍA BUENO, Ana. 2015. "El color en la decoración arquitectónica andalusí". En *El legado de al-Ándalus: las Antigüedades Árabes en los dibujos de la Academia*, editado por Antonio Almagro Gorbea, 81-91. Madrid: Patronato de la Alhambra y Generalife, Real Academia de Bellas Artes de San Fernando, Fundación Mapfre.

GARCÍA GÓMEZ, Emilio y Evariste Lévi-Provençal. 1950. *Una crónica anónima de Àbd al-Raman III al-Nasir*. Madrid: Instituto Miguel Asín.

GARCÍA GÓMEZ, Emilio. 1934. *Al-Saqundi: Elogio del Islam español (Risala fi fadl al-Andalus)*. Madrid: Escuelas de Estudios Árabes de Madrid y Granada.

GARCÍA GÓMEZ, Emilio. 1988. *Foco de antigua luz sobre la Alhambra: desde un texto de Ibn al-Jatib en 1362*. Madrid: Instituto Egipcio de Estudios Islámicos.

GARCÍA LUJÁN, José Antonio. 2006. *El Generalife, jardín del paraíso*. Granada: Copartgraf.

GARCÍA LUJÁN, José Antonio. 2019. "La galería de retratos del Generalife y del linaje Granada Venegas (1643-1921)". *Pecia Complutense* 16 (31): 36-77.

GARCÍA MERCADAL, José. 1999. *Viajes de extranjeros por España y Portugal: desde los tiempos más remotos hasta comienzos del siglo XX*. Vol. 1. Valladolid: Consejería de Educación y Cultura, Junta de Castilla y León.

GARCÍA PULIDO, Luis José. 2008. "Análisis evolutivo del territorio de la Alhambra (Granada): el cerro del Sol en la antigüedad romana y en la Edad Media". Tesis doctoral, Universidad de Granada.

GARCÍA SÁNCHEZ, Expiración. 2018. "Terminología y funcionalidad de las almunias andalusíes a través de los textos agronómicos". En *Almunias. Las fincas de las élites en el Occidente islámico: poder, solaz y producción,* editado por Julio Navarro Palazón y Carmen Trillo San José, 17-26. Granada: CSIC, Editorial Universidad de Granada.

GARCÍA SANZ, Ángel. 2000. "El desarrollo social y económico de Castilla durante los siglos XV, XVI y principios del XVII". En *Encuentros en Flandes. Relaciones e intercambios hispanoflamencos a inicios de la Edad Moderna,* editado por Werner Thomas y Robert A. Verdonk, 89-102. Lovaina - Soria: Leuven University Press, Fundación Duques de Soria.

GARRIDO ATIENZA, Miguel. 1910. *Las capitulaciones para la entrega de Granada.* Granada: Tip. Lit. Paulino Ventura Traveset.

GLACKEN, Clarence J. 1967. *Traces on the Rhodian Shore: Nature and Culture in Western Thought from Ancient Times to the End of the Eighteenth Century.* Berkeley - Los Ángeles: University of California Press.

GLICK, Thomas F. 2007. *Paisajes de conquista: cambio cultural y geográfico en la España medieval.* Traducido por Josep Torró. Valencia: Universitat de València.

GOLVIN, Lucien. 1966. "Le Palais de Zīrī à Achîr". *Ars Orientalis,* n.º 6: 47-76.

GOMBRICH, E. H. 2000. *Norma y forma. Estudios sobre el arte del Renacimiento.* Traducido por Remigio Gómez Díaz. Madrid: Debate.

GÓMEZ DE MORA, Juan. 1626. *Relacion delas cassas que tiene el Rey en España.* BAV, Barberini Lat. 4372.

GÓMEZ-MORENO CALERA, José Manuel. 2007. "La torre de Abu-l-Hayyay o del Peinador en época nazarí: orígenes históricos y estudio arquitectónico". *Cuadernos de la Alhambra,* n.º 42: 8-35.

GÓMEZ-MORENO CALERA, José Manuel. 2007. "Transformaciones cristianas en la torre del Peinador entre los siglos XVI y XIX". *Cuadernos de la Alhambra,* n.º 42: 37-55.

GÓMEZ-MORENO GONZÁLEZ, Manuel. 1885. *Palacio del Emperador Carlos V en la Alhambra.* Madrid: Establecimiento tipográfico de *El Correo.*

GÓMEZ-MORENO GONZÁLEZ, Manuel. 1892. *Guía de Granada.* Granada: Indalecio Ventura.

GÓMEZ-MORENO GONZÁLEZ, Manuel. 1919. "Los pintores Julio y Alejandro y sus obras en la Casa Real de la Alhambra". *Boletín de la Sociedad Española de Excursiones,* n.º 27: 20-34.

GÓNGORA Y ARGOTE, Luis de. 1586. "Ilustre ciudad famosa". Disponible en: https://www.upf.edu/todogongora/poesia/romances/062/.

GRABAR, Oleg. 1980. *La Alhambra: Iconografía, formas y valores.* Traducido por José Luis López Muñoz. Madrid: Alianza Editorial.

GRUBE, Ernst J. 2000. "Introducción: ¿Qué es la arquitectura islámica?" En *La arquitectura del mundo islámico: su historia y significado social,* editado por Georges Michell, 10-14. Madrid: Alianza Editorial.

GUREVICH, A. J. 1985. *Categories of Medieval Culture.* Traducido por G. L. Campbell. Londres - Boston - Melbourne - Henley: Routledge & Kegan Paul.

HAGEN, Katrin y Rafael de la Cruz Márquez. 2010. "El agua y los bosques de la Alhambra". En *El agua domesticada. El paisaje de los regadíos de montaña en Andalucía*, 132-137. Sevilla: Agencia Andaluza del Agua.

HAKIM, Besim Selim. 2010. *Arabic-Islamic Cities. Building and Planning Principles*. Londres - Nueva York: Routledge.

HALL, Edward T. 2003. *La dimensión oculta*. Traducido por Félix Blanco. 21ª ed. México D. F.: Siglo Veintiuno Editores.

HAVERKAMP-BEGEMANN, Egbert. 1969. "The Spanish Views of Anton van den Wyngaerde". Master Drawings 7 (4): 375-399 + 438-450.

HENRÍQUEZ DE JORQUERA, Francisco. 1987. *Anales de Granada: descripción del Reino y Ciudad de Granada, crónica de la reconquista (1482-1492), sucesos de los años 1588 a 1646*. Editado por Antonio Marín Ocete. Granada: Universidad de Granada.

HERNÁNDEZ CASTELLÓ, María Cristina. 2016. *Poder y promoción artística: el conde de Tendilla, un Mendoza en tiempos de los Reyes Católicos*. Valladolid: Ediciones Universidad de Valladolid.

HERNANDEZ GIMÉNEZ, Félix. 1985. *Madinat Al-Zahra: arquitectura y decoración*. Granada: Patronato de la Alhambra y Generalife.

HIGUERA RODRÍGUEZ, Alicia y Antonio Morales Delgado. 1999. "La almunia de los Alijares según dos autores: Ibn Asim e Ibn Zamrak". *Cuadernos de la Alhambra*, n.º 35: 31-48.

HILLENBRAND, Robert. 1985. "The Mosque in the Medieval Islamic World". En *Architecture in Continuity*, editado por Sherban Cantacuzino, 33-51. Nueva York: Aperture.

HINOJOSA CANOVACA, Juan Carlos. 2007a. "Estética y paisajismo en la Alhambra clasicista". Tesis doctoral, Universidad de Granada.

HINOJOSA CANOVACA, Juan Carlos. 2007b. "La torre de la Estufa y la introducción del clasicismo en la Alhambra". *Cuadernos de la Alhambra*, n.º 42: 69-79.

IBÁÑEZ DE SEGOVIA PERALTA Y MENDOZA, Gaspar. s. XVIII. *Historia de la Casa de Mondéjar: escrita para el Marqués de Valhermoso / por el de Mondéjar su abuelo*. BNE MSS/10670.

IBN AL-JATIB. 2010. *Historia de los reyes de la Alhambra. El resplandor de la luna llena acerca de la dinastía nazarí (Al-Lamha al-badriyya fi l-dawlat al-Nasriyya)*. Traducido por Emilio Molina López. Granada: Editorial Universidad de Granada.

IBN ʿIDĀRĪ AL-MARRĀKUŠĪ. 1954. *Colección de crónicas árabes de la reconquista. Volumen III: Al-Bayān Al-Mugrib Fi Ijtiṣār Ajbār Muluk Al-Andalus Wa Al-Magrib por Ibn ʿIdārī al-Marrākušī. Los almohades*. Tomo 2. Editado por Ambrosio Huici Miranda. Tetuán: Editora Marroquí.

IBN JALDUN, ʾAbd al-Rahman ben Muhammad. 2008. *Introducción a la historia universal (Al-Muqaddimah)*. Biblioteca de literatura universal. Córdoba: Almuzara.

IBN LUYŪN AL-TUJĪBĪ, Saʾd ibn Ahmad. 2014. *Tratado de agricultura*. Traducido por Joaquina Eguaras Ibáñez. Almería: Universidad de Almería.

INSAUSTI MACHINANDIARENA, Pilar y Adolfo Vigil De Insausti. 2010. "Mito y naturaleza. Del paraíso al jardín medieval". *Arché*, n.º 4-5: 227-236.

JELLICOE, Geoffrey y Susan Jellicoe. 1995. *El paisaje del hombre: la conformación del entorno desde la prehistoria hasta nuestros días*. Barcelona: Gustavo Gili.

JUEZ JUARROS, Francisco. 2000. "Símbolos de poder en la arquitectura de Al-Andalus". Tesis doctoral, Universidad Complutense de Madrid.

KAGAN, Richard L. 1998. "Urbs and Civitas in Sixteenth- and Seventeenth-Century Spain". En *Envisioning the City: Six Studies in Urban Cartography*, editado por David Buisseret, 75-108. Chicago: University of Chicago Press.

KAGAN, Richard L. 2009. "Felipe II y el arte de la representación de paisajes urbanos". *Anuario IEHS*, n.º 24: 95-110.

KALAITZIDOU, Mariana. 2014. "Fuente de Lindaraja: la epigrafía y decoración". Editado por Purificación Marinetto Sánchez. *La Pieza del Mes en el Museo de la Alhambra*. Granada: Patronato de la Alhambra y Generalife.

KAY, Jeanne. 1989. "Human Dominion over Nature in the Hebrew Bible". *Annals of the Association of American Geographers* 79 (2): 214-232.

KENT, Francis William. 2004. *Lorenzo de' Medici & the Art of Magnificence*. Baltimore - Londres: The Johns Hopkins University Press.

KUGEL, Christiane E. 1992. "El agua de la Alhambra". *Cuadernos de la Alhambra*, n.º 28: 43-60.

LADERO QUESADA, Miguel Ángel. 2022. *Granada, historia de un país islámico (1232-1571)*. Granada: Editorial Universidad de Granada.

LAFUENTE ALCÁNTARA, Miguel. 1843. *El libro del viajero en Granada*. Granada: Imprenta y librería de Sanz.

LAMPÉREZ Y ROMEA, Vicente. 1922. *Arquitectura civil española. Tomo primero: Arquitectura privada*. Madrid: Saturnino Calleja.

LE GOFF, Jacques. 1999. *La civilización del Occidente medieval*. Traducido por Godofredo González. Barcelona: Paidós.

LE GOFF, Jacques. 2002. *Lo maravilloso y lo cotidiano en el Occidente medieval*. Traducido por Alberto L. Bixio. Barcelona: Gedisa.

LÉVI-PROVENÇAL, Evariste y Emilio García Gómez. 1980. *El siglo XI en 1ª persona: las "memorias" de 'Abd Allāh, último rey Zirí de Granada, destronado por los Almorávides (1090)*. Madrid: Alianza Editorial.

LILLEY, Keith D. 2009. *City and Cosmos: The Medieval World in Urban Form*. Londres: Reaktion Books.

LÓPEZ CUEVAS, Fernando. 2013. "La almunia cordobesa, entre las fuentes historiográficas y arqueológicas". *Onoba. Revista de Arqueología y Antigüedad*, n.º 1: 243-260.

LÓPEZ GUZMÁN, Rafael. 1987. *Tradición y clasicismo en la Granada del XVI: arquitectura civil y urbanismo*. Granada: Diputación Provincial de Granada.

LÓPEZ GUZMÁN, Rafael. 1993. *Colección de documentos para la historia del arte en Granada, siglo XVI*. Granada: Editorial Universidad de Granada.

LÓPEZ GUZMÁN, Rafael. 2005. *Los palacios del Renacimiento*. Granada: Diputación Provincial de Granada.

LÓPEZ LÓPEZ, Ángel C. y Antonio Orihuela Uzal. 1990. "Una nueva interpretación del texto de Ibn al-Jatib sobre la Alhambra en 1362". *Cuadernos de la Alhambra*, n.º 26: 121-144.

LÓPEZ PERTÍÑEZ, María del Carmen. 2006. *La carpintería en la arquitectura nazarí*. Granada: Instituto Gómez Moreno.

LÓPEZ PERTÍÑEZ, María del Carmen. 2011. "Una gorronera nazarí. Estudio, evolución e hipótesis sobre su cronología y procedencia". En *La Pieza del Mes en el Museo de la Alhambra*, editado por Purificación Marinetto Sánchez. Granada: Patronato de la Alhambra y Generalife.

LÓPEZ RÍOS, Santiago. 2006. "Sobre el bosque y el lobo en la literatura castellana del siglo XV". En *Nature et Paysages. L'emergence d'une nouvelle subjectivité à la Renaissance*, editado por Dominique de Courcelles y Jean-Pierre Bat, 11-28. París: École des Chartes.

LÓPEZ TORRIJOS, Rosa. 2000. "Las pinturas de la Torre de la Estufa o del Peinador". En *Carlos V y la Alhambra*, editado por Pedro Galera Andreu, 109-29. Granada: Patronato de la Alhambra y Generalife.

LUQUE MORENO, Jesús. 2013. *Granada en el siglo XVI: testimonios de la época*. Granada: Editorial Universidad de Granada.

MADERUELO, Javier. 2002. "Paisaje y villa en la Toscana". *Matèria. Revista internacional d'Art*, n.º 2: 59-74.

MADERUELO, Javier. 2007. *El paisaje: génesis de un concepto*. 2ª ed. Madrid: Abada Editores.

MADERUELO, Javier. 2020. *El espectáculo del mundo: una historia cultural del paisaje*. Madrid: Abada Editores.

MADOZ, Pascual. 1847. *Diccionario geográfico-estadístico-histórico de España y sus posesiones de ultramar*. Vol. 8. Madrid: La Ilustración: Est. Tipográfico-Literario Universal.

MAGALOTTI, Lorenzo. 2018. *Viaje de Cosme III de Médici por España y Portugal (1668-1669)*. Traducido por David Fermosel. Madrid: Miraguano.

MALPICA CUELLO, Antonio. 1999. "La Alhambra de los Reyes Católicos: Nuevos materiales para su estudio". *Aragón en la Edad Media*, n.º 14: 955-976.

MALPICA CUELLO, Antonio. 2002. *La Alhambra de Granada, un estudio arqueológico*. Granada: Editorial Universidad de Granada.

MANZANO MARTOS, Rafael. 1992. *La Alhambra: el universo mágico de la Granada islámica*. Madrid: Anaya.

MARÇAIS, Georges. 1952. "Salle, antisalle: Recherches sur l'évolution d'un thème de l'architecture domestique en pays d'Islam". *Annales de l'Institut d'Études Orientales*, n.º 10: 274-301.

MARÇAIS, Georges. 1991. *El arte musulmán*. Traducido por Pilar Calvo. 3ª ed. Madrid: Cátedra.

MARÍAS FRANCO, Fernando. 1994. "Arquitectura y vida cotidiana en los palacios nobiliarios españoles del siglo XVI". En *Architecture et vie sociale. L'organization interior of the grandes demeures à la fin du Moyen Âge et à la Renaissance. Actes du colloque tenu à Tours du 6 au 10 juin 1988*, editado por Jean Guillaume, 167-180. París: Picard.

MARÍAS FRANCO, Fernando. 1995. "Haz y envés de un legado: la imagen de lo islámico en la cultura del Renacimiento y el Barroco". En *La imagen romántica del legado andalusí*, editado por Mauricio Pastor, 105-113. Madrid: Lunwerg.

MARÍAS FRANCO, Fernando. 2000. "La Casa Real Nueva de Carlos V en la Alhambra: letras, armas y arquitectura entre Roma y Granada". En *Carlos V: las Armas y las letras*, 201-222. Madrid: Sociedad Estatal para la Conmemoración de los Centenarios de Felipe II y Carlos V.

MARÍN, Manuela. 2000. *Mujeres en al-Ándalus*. Madrid: CSIC.

MARINEO SÍCULO, Lucio. 1539. *Obra compuesta por Lucio Marineo Siculo coronista d[e] sus Majestades de las cosas memorables de España*. Alcalá de Henares: Casa de Juan de Brocar.

MÁRMOL CARVAJAL, Luis del. 1600. *Historia del rebelión y castigo de los moriscos del reyno de Granada*. Málaga: Juan Rene.

MARTÍN GONZÁLEZ, Juan José. 1947. "Relación de las obras de la Alhambra hecha a 7 de febrero de 1617". *Boletín del Seminario de Estudios de Arte y Arqueología*, n.º 14: 225-226.

MARTÍN GONZÁLEZ, Juan José. 1950. "El palacio de Carlos V en Yuste". *Archivo Español de Arte* 23 (89): 27-51.

MARTÍN SÁEZ, Daniel. 2020. "La Edad Moderna a través de la metáfora del *theatrum mundi*: cartografía, astronomía, ópera y filosofía de la historia". *Anales del Seminario de Historia de la Filosofía* 37 (2): 247-258.

MARTÍNEZ-BURGOS GARCÍA, Palma. 1986. "Los tópicos del paisaje en la pintura española del siglo XVI". *Fragmentos*, n.º 7: 66-83.

MARTÍNEZ DE PISÓN, Eduardo. 2002. "Reflexiones sobre el paisaje". En *Estudios sobre historia del paisaje español*, editado por Nicolás Ortega Cantero, 13-24. Madrid: Los Libros de la Catarata.

MATTEI, Luca. 2006. "Estudio de la Madraza de Granada a partir del registro arqueológico y de las metodologías utilizadas en la intervención del 2006". *Arqueología y Territorio*, n.º 5: 181-192.

MEDINA, Pedro de. 1548. "Reyno de Granada". En *Libro de grandezas y cosas memorables de España*. Sevilla: Casa de Dominico de Robertis.

MENÉNDEZ PIDAL, Ramón. 1937. "Idea imperial de Carlos V". *Revista Cubana* 10 (28-30): 5-31.

MICHOT ROBERTO, Ágata A. y Concepción Rodríguez Moreno. 2017. "El Generalife de la familia Granada Venegas (1537-1921)". En *El palacio del Generalife. Del levantamiento digital al proyecto de gestión*, editado por Sandro Parrinello, Antonio Gómez-Blanco Pontes y Francesca Picchio, 48-62. Pavia: Pavia University Press.

MUÑOZ SENDINO, José. 1949. *La escala de Mahoma*. Madrid: Ministerio de Asuntos Exteriores, Dirección General de Relaciones Culturales.

MÜNZER, Jerónimo. 2008. *Viaje por España y Portugal. Reino de Granada*. Editado por Manuel Espinar Moreno. Granada: Método Ediciones.

MURPHY, James Cavanah. 1813. *The Arabian Antiquities of Spain*. Londres: Cadell & Davies.

NAVAGERO, Andrea. 1563. *Il Viaggio fatto in Spagna et in Francia dal magnifico M. Andrea Navagiero, fu oratore dell'illustrissimo senato veneto alla Cesarea Maestà di Carlo V*. Venecia: Domenico Farri.

NAVARRO PALAZÓN, Julio y Pedro Jiménez Castillo. 1995. "El Castillejo de Monteagudo: Qasr ibn-Sa'd". En *Casas y palacios de al-Andalus, siglos XII y XIII*, editado por Julio Navarro Palazón, 63-103. Madrid: Fundación El Legado Andalusí, Lunwerg.

NAVARRO PALAZÓN, Julio y Pedro Jiménez Castillo. 2007. *Las ciudades de Alandalús: Nuevas perspectivas*. Zaragoza: Instituto de Estudios Islámicos y del Oriente Próximo.

NEBRIJA, Elio Antonio de. 1951. *Vocabulario español-latino*. Madrid: Real Academia Española.

NECIPOGLU, Gülru. 2015. "The Scrutinizing Gaze in the Aesthetics of Islamic Visual Cultures: Sight, Insight, and Desire". *Muqarnas* 32 (1): 23-61.

NIETO ALCAIDE, Víctor, Alfredo José Morales Martínez y Fernando Checa Cremades. 1993. *Arquitectura del Renacimiento en España, 1488-1599*. 2ª ed. Madrid: Cátedra.

NIETO ALCAIDE, Víctor. 1986. "El mito de la arquitectura árabe, lo imaginario y el sueño de la ciudad clásica". *Fragmentos*, n.º 8-9: 129-152.

NORBERG-SCHULZ, Christian. 1979. *Genius Loci: Towards a Phenomenology of Architecture*. Nueva York: Rizzoli.

NUERE MATAUCO, Enrique. 1986. "Sobre el pavimento del Patio de los Leones". *Cuadernos de la Alhambra*, n.º 22: 87-94.

NYKL, Alois Richard, ed. 1941. *Historia de los amores de Bayad y Riyad: una 'chantefable' oriental en estilo persa*. Nueva York: Hispanic Society of America.

OLWIG, Kenneth R. y Don Mitchell, eds. 2009. *Justice, Power and the Political Landscape*. Londres - Nueva York: Routledge.

ORIHUELA UZAL, Antonio. 1996. *Casas y palacios nazaríes: siglos XIII-XV*. Barcelona: El Legado Andalusí, Lunwerg.

ORIHUELA UZAL, Antonio. 2011. "Nuevas perspectivas sobre el Palacio del Partal Alto en la Alhambra y su posible antecedente, el Alcázar Menor de Murcia". En *La ciudad medieval: de la casa principal al palacio urbano: Actas del III Curso de Historia y Urbanismo Medieval*, editado por Jean Passini y Ricardo Izquierdo Benito, 129-143. Toledo: Universidad de Castilla-La Mancha.

OROZCO PARDO, José Luis. 1985. *Christianópolis: urbanismo y contrarreforma en la Granada del 600*. Granada: Diputación Provincial de Granada.

PALLASMAA, Juhani. 2006. *Los ojos de la piel: La arquitectura y los sentidos*. Traducido por Moisés Puente. Barcelona: Gustavo Gili.

PALOMINO VELASCO, Antonio. 1715. *El museo pictorico, y escala optica. Tomo I: Theorica de la pintura*. Madrid: Lucas Antonio de Bedmar, Impressor del Reyno, & c.

PALOMINO VELASCO, Antonio. 1724. *El museo pictorico, y escala optica. Tomo segundo: Practica de la pintura*. Madrid: Viuda de Juan Garcia Infançon.

PANOFSKY, Erwin. 2003. *La perspectiva como 'forma simbólica'*. Traducido por Virginia Careaga. Barcelona: Tusquets.

PASTORE, Christopher. 2003. "Expanding Antiquity: Andrea Navagero and Villa Culture in the Cinquecento Veneto". Tesis doctoral, University of Pennsylvania.

PAVÓN MALDONADO, Basilio. 1975. *Estudios sobre la Alhambra*. Vol. 1. Granada: Patronato de la Alhambra y Generalife.

PAVÓN MALDONADO, Basilio. 1977. *Estudios sobre la Alhambra*. Vol. 2. Granada: Patronato de la Alhambra y Generalife.

PAVÓN MALDONADO, Basilio. 1980. "La Torre de Abu-l-Hayyay de la Alhambra o del Peinador de la Reina". En *Actas de las II Jornadas de Cultura Árabe e Islámica*, 429-442. Madrid: Instituto Hispano-Árabe de Cultura.

PAVÓN MALDONADO, Basilio. 2004. *Tratado de arquitectura hispanomusulmana. Vol. 3: Palacios*. Madrid: CSIC.

PÉRÈS, Henri. 1983. *Esplendor de al-Andalus. La poesía andaluza en árabe clásico en el siglo XI. Sus aspectos generales, sus principales temas y su valor documental*. Traducido por Mercedes García Arenal. Madrid: Hiperión.

PÉREZ LÓPEZ, Héctor Julio. 2013. "La evolución de la naturaleza en el arte de la Alta Edad Media y las teorías escatológicas cristianas". *Alpha: revista de artes, letras y filosofía*, n.º 36: 135-157.

PÉREZ, Joseph. 2000. "El modelo flamenco en Castilla". En *Encuentros en Flandes. Relaciones e intercambios hispanoflamencos a inicios de la Edad Moderna*, editado por Werner Thomas y Robert A. Verdonk, 103-116. Lovaina - Soria: Leuven University Press, Fundación Duques de Soria.

PESCADOR DEL HOYO, María del Carmen. 1955. "Cómo fue de verdad la toma de Granada, a la luz de un documento inédito". *Al-Andalus: revista de las Escuelas de Estudios Árabes de Madrid y Granada* 20 (2): 283-344.

PETRARCA, Francesco. 2002. *La ascensión al Mont Ventoux. 26 de Abril de 1336*. Vitoria: ARTIUM, Centro-Museo Vasco de Arte Contemporáneo.

PETRUCCIOLI, Attilio. 1985. *Dar al Islam: Architetture del territorio nei paesi islamici*. Vol. 2. Roma: Carucci.

PRIETO-MORENO, Francisco. 1983. *Los jardines de Granada*. Madrid: Dirección General de Bellas Artes, Ministerio de Educación y Ciencia, Patronato Nacional de Museos.

PUERTA VÍLCHEZ, José Miguel. 1990. *Los códigos de utopía de la Alhambra de Granada*. Granada: Diputación Provincial de Granada.

PUERTA VÍLCHEZ, José Miguel. 1999. "Estética y teoría de la sensibilidad en el pensamiento andalusí". *Revista Española de Filosofía Medieval*, n.º 6: 105-129.

PUERTA VÍLCHEZ, José Miguel. 2004. "Estéticas de la luz, el tiempo y la apariencia en la arquitectura áulica andalusí". En *Seminario Internacional sobre la Aljafería y el arte del islam occidental en el siglo XI*, editado por Gonzalo Máximo Borrás Gualis y Bernabé Cabañero Subiza, 135-176. Zaragoza: Institución Fernando el Católico.

PUERTA VÍLCHEZ, José Miguel. 2011a. *La poética del agua en el islam*. Gijón: Trea.

PUERTA VÍLCHEZ, José Miguel. 2011b. *Leer la Alhambra: guía visual del monumento a través de sus inscripciones*. Granada: Edilux.

PUERTA VÍLCHEZ, José Miguel. 2013. "La construcción poética de la Alhambra". *Revista de poética medieval*, n.º 27: 263-285.

PUERTA VÍLCHEZ, José Miguel. 2018a. *Historia del pensamiento estético árabe: Al-Andalus y la estética árabe clásica*. Granada: Patronato de la Alhambra y Generalife, Editorial Universidad de Granada.

PUERTA VÍLCHEZ, José Miguel. 2018b. "La idealización de al-Andalus por los andalusíes". En *Paradigma Alhambra. Variación del mito de Al Ándalus: Aportaciones a un debate germinal*, editado por José Antonio González Alcantud, 53-106. Granada: Editorial Universidad de Granada.

RAMÍREZ DEL RÍO, José. 2004. "Notas acerca del paisaje en la cultura árabe clásica". En *Paisaje y naturaleza en al-Andalus*, editado por Fátima Roldán Castro, 67-82. Sevilla: Consejería de Cultura, Junta de Andalucía.

RAMOS ALDERETE, Jaime y Ana Isabel Santolaria Castellanos. 2019. "El *studiolo* como teatro de la mente". En *La casa: espacios domésticos, modos de habitar*, editado por Juan Calatrava, David Arredondo Garrido, Ana del Cid Mendoza, Francisco A. García Pérez, Agustín Gor Gómez, Marta Rodríguez Iturriaga y María Zurita Elizalde, 1632-1640. Madrid: Abada Editores.

RAPOPORT, Amos. 1969. *House Form and Culture*. Londres: Prentice-Hall Inc.

REAL ACADEMIA ESPAÑOLA. 1732. *Diccionario de la lengua castellana, en que se explica el verdadero sentido de las voces, su naturaleza y calidad, con las phrases o modos de hablar, los proverbios o refranes y otras cosas convenientes al uso de la lengua*. Vol. 3. Madrid: Imprenta de la Real Academia Española.

REDONDO CANTERA, María José. 2000a. "La arquitectura de Carlos V y la intervención de Isabel de Portugal: palacios y fortalezas". En *Carlos V y las artes: promoción artística y familia imperial*, 67-106. Valladolid: Ediciones Universidad de Valladolid.

REDONDO CANTERA, María José. 2000b. "La Casa Real Vieja de la Alhambra como residencia de Carlos V". En *Carlos V y la Alhambra*, editado por Pedro Galera Andreu, 53-129. Granada: Patronato de la Alhambra y Generalife.

REE, Paul van der, Gerrit Smienk y Clemens M. Steenbergen. 1992. *Italian Villas and Gardens: a corso di disegno*. Múnich: Prestel.

RELPH, Edward. 1976. *Place and Placelessness*. Londres: Pion.

RITTER, Joachim. 1986. *Subjetividad. Seis ensayos*. Traducido por Rafael de la Vega. Barcelona: Alfa.

ROBINSON, Cynthia. 2004. "Los idiomas del ornamento: la Aljafería y la Alhambra". En *Seminario Internacional sobre la Aljafería y el arte del islam occidental en el siglo XI*, editado por Gonzalo Máximo Borrás Gualis y Bernabé Cabañero Subiza, 177-200. Zaragoza: Institución Fernando el Católico.

ROBINSON, Cynthia. 2007. "El manuscrito *Bayad wa Riyad* y las relaciones con las distintas culturas mediterráneas, cristianas e islámicas en la Península Ibérica". En *El legado de Al-Andalus. El arte andalusí en los reinos de León y Castilla durante la Edad Media*, editado por Manuel Valdés Fernández, 159-204. Valladolid: Fundación del Patrimonio Histórico de Castilla y León.

ROBINSON, Cynthia. 2010. *Medieval Andalusian Courtly Culture in the Mediterranean: Hadîth Bayâd wa Riyâd*. Londres - Nueva York: Routledge.

ROBINSON, Cynthia. 2018. "Tents of Silk and Trees of Light in the Lands of Najd. The Aural and the Visual at a Mawlid Celebration in the Alhambra". En *Music, Sound, and Architecture in Islam*, editado por Michael Frishkopf y Federico Spinetti, 199-227. Texas: University of Texas Press.

RODRÍGUEZ BOTE, María Teresa. 2014. "La visión estética del paisaje en la Baja Edad Media". *Medievalismo: Sociedad Española de Estudios Medievales*, n.º 24: 371-397.

RODRÍGUEZ ITURRIAGA, Marta. 2022. "El paisaje interpretado. La conciencia paisajística en Granada a través del proyecto arquitectónico". Tesis doctoral, Universidad de Granada.

RODRÍGUEZ MORENO, Concepción y J. Pérez Garrido. 2017. "Los primeros años del Generalife cristiano (1492-1537)". En *El palacio del Generalife. Del levantamiento digital al proyecto de gestión*, editado por Sandro Parrinello, Antonio Gómez-Blanco Pontes y Francesca Picchio, 44-47. Pavia: Pavia University Press.

RODRÍGUEZ RUIZ, Delfín. 2001. "Las Trazas del Palacio de Carlos V en la Alhambra de Granada". En *Las trazas de Juan de Herrera y sus seguidores*, 417-448. Madrid: Patrimonio Nacional, Fundación Marcelino Botín.

ROGER, Alain. 2007. *Breve tratado del paisaje*. Editado por Javier Maderuelo. Traducido por Maysi Veuthey. Madrid: Biblioteca Nueva.

ROLDÁN CASTRO, Fátima e Isabel Hervás Jávega, eds. 2001. *El saber en al-Ándalus. Vol. III. Textos y estudios*. Sevilla: Universidad de Sevilla.

ROLDÁN CASTRO, Fátima. 1999. "La percepción del entorno en el mundo musulmán". *Cuadernos del CEMYR*, n.º 7: 47-68.

ROLDÁN CASTRO, Fátima. 2003. "La dimensión histórica del paisaje: la conciencia paisajística en la cultura andalusí". En *Territorio y Patrimonio: Los paisajes andaluces*, editado por Juan Fernández Lacomba, Fátima Roldán Castro y Florencio Zoido Naranjo, 115-133. Sevilla: Junta de Andalucía, Instituto Andaluz del Patrimonio Histórico.

ROLDÁN CASTRO, Fátima. 2004. "El paisaje Andalusí: realidad histórica y construcción cultural". En *Paisaje y naturaleza en al-Andalus*, editado por Fátima Roldán Castro, 19-65. Sevilla: Consejería de Cultura, Junta de Andalucía.

ROODENBURG, Herman. 2016. "Introduction: Entering the Sensory Worlds of the Renaissance". En *A Cultural History of the Senses in the Renaissance*, 1-17. Londres: Bloomsbury Academic.

ROSENTHAL, Earl E. 1988. *El Palacio de Carlos V en Granada*. Traducido por Pilar Vázquez Alvarez. Madrid: Alianza Editorial.

ROSENTHAL, Earl E. 2015. *La Catedral de Granada: un estudio sobre el Renacimiento español*. Traducido por Juan Santana Lario. 2ª ed. Granada: Editorial Universidad de Granada.

ROVETTA, Alessandro. 1990. "La Città Medioevale 'Quasi Hierusalem'". En *Il velo squarcito. Presenza del símbolo in alcune esperienze della pittura contemporánea*, 55-64. Milán: Jaca Book.

RUBIERA MATA, María Jesús. 1988. "La función estética del agua en la civilización arabigoislámica". En *Agua y poblamiento musulmán (Simposium de Benissa, abril 1987)*, editado por Mikel de Epalza, 11-12. Benissa: Ajuntament de Benissa.

RUBIERA MATA, María Jesús. 1994. *Ibn al-Yayyab: el otro poeta de la Alhambra*. Granada: Patronato de la Alhambra y Generalife.

RUGGLES, D. Fairchild. 1990. "The Mirador in Abbasid and Hispano-Umayyad Garden Typology". *Muqarnas* 7 (1): 73-82.

RUGGLES, D. Fairchild. 1997. "The Eye of Sovereignty: Poetry and Vision in the Alhambra's Lindaraja Mirador". *Gesta* 36 (2): 180-189.

RUGGLES, D. Fairchild. 2000. *Gardens, Landscape, and Vision in the Palaces of Islamic Spain.* State College: Pennsylvania State University Press.

RUGGLES, D. Fairchild. 2007. "Making Vision Manifest: Frame, Screen and View in Islamic Culture". En *Sites Unseen*, editado por Diane Harris y D. Fairchild Ruggles, 131-156. Pittsburgh: University of Pittsburgh Press.

RUGGLES, D. Fairchild. 2008. *Islamic Gardens and Landscapes.* Filadelfia: University of Pennsylvania Press.

RUGGLES, D. Fairchild. 2012. "Vision and power at the Qala Bani Hammad in Islamic North Africa". *The Journal of Garden History* 14 (1): 28-41.

RUIZ GARCÍA, Elisa. 2000. "Las lecturas preferidas de Isabel la Católica". En *Las mujeres y la ciudad de Granada en el siglo XVI*, 207-217. Granada: Ayuntamiento de Granada.

RUIZ GARCÍA, Elisa. 2005. "Entre la realidad y el mito: los auténticos libros de Isabel la Católica". En *El arte en la corte de los Reyes Católicos: rutas artísticas a principios de la Edad Moderna*, editado por Fernando Checa y Bernardo José García García, 355-371. Madrid: Fundación Carlos de Amberes.

RUIZ SOUZA, Juan Carlos. 2001. "El Palacio de los Leones de la Alhambra: ¿Madrasa, zāwiya y tumba de Muḥammad V? Estudio para un debate". *Al-Qanṭara* 22 (1): 77-120.

RUIZ SOUZA, Juan Carlos. 2007. "Al-Andalus y cultura visual. Santa María la Real de las Huelgas y Santa Clara de Tordesillas. Dos hitos en la asimilación de al-Andalus en la reinteriorización de la Corona de Castilla". En *El legado de Al-Andalus. El arte andalusí en los reinos de León y Castilla durante la Edad Media*, editado por Manuel Valdés Fernández, 205-242. Valladolid: Fundación del Patrimonio Histórico de Castilla y León.

RUIZ SOUZA, Juan Carlos. 2013a. "De la Alhambra de Granada al monasterio de El Escorial: *ribat* y castillo interior. Arquitectura y mística ante el desafío historiográfico de 1500". *Reales Sitios*, n.º 195: 4-27.

RUIZ SOUZA, Juan Carlos. 2013b. "Los espacios palatinos del rey en las cortes de Castilla y Granada. Los mensajes más allá de las formas". *Anales de la Historia del Arte*, n.º 23: 305-331.

RUSTOMJI, Nerina. 2009. *The Garden and the Fire: Heaven and Hell in Islamic Culture.* Nueva York: Columbia University Press.

SAGREDO, Diego de. 1526. *Medidas del Romano: necessarias alos oficiales que quieren seguir las formaciones delas Casas / Colunas / Capiteles / y otras pieças delos edificios antiguos.* Toledo: Remon de Petras.

SALMERÓN ESCOBAR, Pedro. 1997. *La Alhambra. Estructura y paisaje.* Granada: Caja General de Ahorros de Granada, Ayuntamiento de Granada.

SALVATIERRA, Vicente y Alberto Cano. 2008. *Al-Ándalus: De la invasión al Califato de Córdoba.* Madrid: Síntesis.

SAN AGUSTÍN. 2015. *Confesiones*. Madrid: Verbum.

SÁNCHEZ MARTÍNEZ, Andrés. 2014. "La imagen de Granada en la poesía española del Barroco". *Ángulo Recto. Revista de estudios sobre la ciudad como espacio plural*, n.º 6: 117-135.

SCAZZOSI, Lionella. 2004. "Reading and Assessing the Landscape as Cultural and Historical Heritage". *Landscape Research* 29 (4): 335-355.

SCULLY, Vincent. 1962. *The Earth, the Temple, and the Gods: Greek Sacred Architecture*. New Haven: Yale University Press.

SEVILLA. 1527. *Ordenanças de Seuilla: recopilacion de las ordenanças dela muy noble* [et] *muy leal cibdad de Seuilla...* Sevilla: Iuan Varela de Salamanca.

SHEPHERD, Hannah. 2019. "Women's Visibility and the 'Vocal Gaze' at Windows, Doors and Gates in Vitae from the Thirteenth-Century Low Countries". En *Gender in Medieval Places, Spaces and Thresholds*, editado por Victoria Blud, Diane Heath y Einat Klafter, 205-218. Londres: University of London Press, Institute of Historical Research.

SILVA SANTA-CRUZ, Noelia. 2005. "La Corte de los Reyes Católicos y el reino nazarí. Permeabilidad cultural e intercambios artísticos". En *El arte en la corte de los Reyes Católicos: rutas artísticas a principios de la Edad Moderna*, editado por Fernando Checa y Bernardo José García García, 267-286. Madrid: Fundación Carlos de Amberes.

SIMMEL, Georg. 2013. *Filosofía del paisaje*. Traducido por Mathias Andlau. Madrid: Casimiro.

SOLÀ-MORALES, Ignasi de. 2002. "Mediaciones en la arquitectura y en el paisaje urbano". En *Territorios*, editado por Saskia Sassen, 107-121. Barcelona: Gustavo Gili.

SUTTON, Peter C. y John Loughman. 1995. *El siglo de oro del paisaje holandés*. 3ª ed. Madrid: Fundación Colección Thyssen-Bornemisza.

SZMOLKA CLARES, José, María Amparo Moreno Trujillo y María José Osorio Pérez, eds. 1996. *Epistolario del Conde de Tendilla (1504-1506)*. Vol. 1. Granada: Editorial Universidad de Granada.

TERÁN TROYANO, Fernando de. 2009. *El pasado activo: del uso interesado de la historia para el entendimiento y la construcción de la ciudad*. Madrid: Akal.

TITO ROJO, José y Manuel Casares Porcel. 2000. *El Carmen de la Victoria: un jardín regionalista en el contexto de la historia de los cármenes de Granada*. Granada: Editorial Universidad de Granada.

TITO ROJO, José y Manuel Casares Porcel. 2011. *El jardín hispanomusulmán: los jardines de al-Andalus y su herencia*. Granada: Editorial Universidad de Granada.

TITO ROJO, José. 2004. "Jardín y naturaleza en Al-Andalus". En *Paisaje y naturaleza en al-Andalus*, editado por Fátima Roldán Castro, 291-312. Sevilla: Consejería de Cultura, Junta de Andalucía.

TITO ROJO, José. 2011. "El paraíso es un jardín". En *Jardín y paisaje. Miradas cruzadas*, editado por Juan Calatrava y José Tito Rojo, 71-87. Madrid: Abada Editores.

TITO ROJO, José. 2018. "Los estanques palatinos en el Occidente musulmán: la Favara de Palermo y el Albercón de Cartuja en Granada". En *Almunias. Las fincas de las élites en el occidente islámico: poder, solaz y producción*, editado por Julio Navarro Palazón y Carmen Trillo San José, 593-621. Granada: CSIC, Editorial Universidad de Granada.

TITO ROJO, José. 2023. *Los primeros jardines de la Alhambra (1238-1314). Una hipótesis paisajística.* Granada: Real Academia de Bellas Artes de Nuestra Señora de las Angustias.

TORRE Y DEL CERRO, Antonio de la. 1944. "Los Reyes Católicos y Granada". *Hispania* 4 (15): 244-307.

TORRES BALBÁS, Leopoldo. 1925-1936. "Generalife. Diario de obras y reparos: 1925-1936". APAG/Libro 481.

TORRES BALBÁS, Leopoldo. 1929. "Proyecto de reparación de las Habitaciones del Gobernador". APAG/002000/035.

TORRES BALBÁS, Leopoldo. 1931. "Paseo por la Alhambra: La Torre del Peinador de la Reina o de la Estufa". *Archivo Español de Arte y Arqueología* 7 (21): 193-212.

TORRES BALBÁS, Leopoldo. 1939. "Con motivo de unos planos del Generalife de Granada". *Al-Andalus: revista de las Escuelas de Estudios Árabes de Madrid y Granada* 4 (2): 436-445.

TORRES BALBÁS, Leopoldo. 1941. "Damasco y Granada". *Al-Andalus: revista de las Escuelas de Estudios Árabes de Madrid y Granada* 6 (2): 461-469.

TORRES BALBÁS, Leopoldo. 1942. "Los zócalos pintados en la arquitectura hispanomusulmana". *Al-Andalus: revista de las Escuelas de Estudios Árabes de Madrid y Granada* 7 (2): 395-417.

TORRES BALBÁS, Leopoldo. 1945. "El oratorio y la casa de Astasio de Bracamonte en el Partal de la Alhambra". *Al-Andalus: revista de las Escuelas de Estudios Árabes de Madrid y Granada* 10 (2): 440-449.

TORRES BALBÁS, Leopoldo. 1947a. "Ajimeces". *Al-Andalus: revista de las Escuelas de Estudios Árabes de Madrid y Granada* 12 (2): 415-427.

TORRES BALBÁS, Leopoldo. 1947b. "Plazas, zocos y tiendas de las ciudades hispanomusulmanas". *Al-Andalus: revista de las Escuelas de Estudios Árabes de Madrid y Granada* 12 (2): 437-486.

TORRES BALBÁS, Leopoldo. 1949. "Ventanas con vidrios de colores en los edificios hispanomusulmanes". *Al-Andalus: revista de las Escuelas de Estudios Árabes de Madrid y Granada* 14 (1): 197-201.

TORRES BALBÁS, Leopoldo. 1950. "Miniaturas medievales españolas de influjo islámico". *Al-Andalus: revista de las Escuelas de Estudios Árabes de Madrid y Granada* 15 (1): 258-271.

TORRES BALBÁS, Leopoldo. 1953a. "Estructura de las ciudades hispanomusulmanas: la medina, los arrabales y los barrios". *Al-Andalus: revista de las Escuelas de Estudios Árabes de Madrid y Granada* XXXII (1): 149-177.

TORRES BALBÁS, Leopoldo. 1953b. *La Alhambra y el Generalife de Granada.* Madrid: Plus-Ultra.

TORRES BALBÁS, Leopoldo. 1954. "La Edad Media". En *Resumen histórico del urbanismo en España*, 3-107. Madrid: Instituto de Estudios de Administración Local.

TORRES BALBÁS, Leopoldo. 1956. "Al-Madina al Zahira, la ciudad de Almanzor". *Al-Andalus: revista de las Escuelas de Estudios Árabes de Madrid y Granada* 21 (2): 353-358.

TORRES BALBÁS, Leopoldo. 1959. "Salas con linterna central en la arquitectura granadina". *Al-Andalus: revista de las Escuelas de Estudios Árabes de Madrid y Granada* 24 (1): 9-37.

TORRES BALBÁS, Leopoldo. 1962. "Ciudades hispanomusulmanas de nueva fundación". En *Études d'orientalisme dédiées a la memoire de Lévi-Provençal*, vol. 2: 781-803.

TORRES BALBÁS, Leopoldo. 1965. "Diario de obras en la Alhambra: 1923". *Cuadernos de la Alhambra*, n.º 1: 75-92.

TORRES BALBÁS, Leopoldo. 1966. "Diario de Obras en la Alhambra: 1924". *Cuadernos de la Alhambra*, n.º 2: 89-111.

TORRES BALBÁS, Leopoldo. 1967. "Diario de Obras en la Alhambra: 1925-1926". *Cuadernos de la Alhambra*, n.º 3: 125-152.

TORRES BALBÁS, Leopoldo. 1968. "Diario de obras en la Alhambra: 1927-1929". *Cuadernos de la Alhambra*, n.º 4: 99-128.

TORRES BALBÁS, Leopoldo. 1969. "Diario de obras en la Alhambra: 1930-1936". *Cuadernos de la Alhambra*, n.º 5: 69-94.

TORRES BALBÁS, Leopoldo. 1970. "Diario de obras y reparos en el Generalife: 1925-1936". *Cuadernos de la Alhambra*, n.º 6: 109-30.

TRILLO SAN JOSÉ, Carmen. 2003. *Agua y paisaje en Granada. Una herencia de al-Andalus*. Granada: Diputación Provincial de Granada.

TRILLO SAN JOSÉ, Carmen. 2004. *Agua, tierra y hombres en al-Andalus. La dimensión agrícola del mundo nazarí*. Granada: Ajbar.

TUAN, Yi-Fu. 2001. *Space and Place. The Perspective of Experience*. 8ª reimp. Minneapolis: University of Minnesota Press.

TUAN, Yi-Fu. 2007. *Topofilia: un estudio de las percepciones, actitudes y valores sobre el entorno*. Traducido por Flor Durán de Zapata. Santa Cruz de Tenerife: Melusina.

TURNER, A. Richard. 1993. "Del paraíso terrenal al paisaje planetario: Italia en el siglo XV". En *Los paisajes del Prado*, 53-68. Madrid: Nerea.

TURRI, Eugenio. 1998. *Il paesaggio come teatro: dal territorio vissuto al territorio rappresentato*. Venecia: Marsilio.

URQUÍZAR HERRERA, Antonio. 2014. "Teoría de la magnificencia y teoría de las señales en el pensamiento nobiliario español del siglo XVI". *Ars Longa*, n.º 23: 93-111.

VALLADAR Y SERRANO, Francisco de Paula. 1890. *Novísima guía de Granada*. Granada: Imp. y Lib. de la Viuda é Hijos de P. V. Sabatel.

VALLADAR Y SERRANO, Francisco de Paula. 1911. "El Generalife o 'Huerto del Rey'". *Por esos mundos*, n.º 202: 857-869.

VALLADAR Y SERRANO, Francisco de Paula. 1913. "El Generalife en los primeros años de la Reconquista - I". *La Alhambra. Revista quincenal de Artes y Letras*, n.º 357: 25-28.

VEGA CARPIO, Lope de. 1622. "El hidalgo bencerrage". En *Decimaseptima parte de las comedias de Lope de Vega Carpio*. Madrid: Viuda de Fernando Correa.

VELÁZQUEZ BASANTA, Fernando. 2011. "El Alcázar del Nayd y el Palacio de los Alijares". *Miscelánea de Estudios Árabes y Hebraicos. Sección Árabe-Islam*, n.º 60: 309-325.

VELÁZQUEZ DE ECHEVERRÍA, Juan. 1764. *Paseos por Granada y sus contornos o descripción de sus antigüedades y monumentos*. Vol. 1. Granada.

VIDAL CASTRO, Francisco. 2004. "Paisajes del agua en al-Andalus". En *Paisaje y naturaleza en al-Andalus*, editado por Fátima Roldán Castro, 139-158. Sevilla: Consejería de Cultura, Junta de Andalucía.

VIGUERA MOLINS, María Jesús. 2004. "El paisaje en las crónicas andalusíes". En *Paisaje y naturaleza en al-Andalus*, editado por Fátima Roldán Castro, 83-114. Sevilla: Consejería de Cultura, Junta de Andalucía.

VILAR SÁNCHEZ, Juan Antonio. 2007. *Los Reyes Católicos en la Alhambra*. Granada: Comares.

VILAR SÁNCHEZ, Juan Antonio. 2016. *1526, boda y luna de miel del emperador Carlos V: la visita imperial Andalucía y al Reino de Granada*. 2ª ed. Granada: Editorial Universidad de Granada.

VILAR SÁNCHEZ, Juan Antonio. 2016. *Murallas, torres y dependencias de la Alhambra: una revisión de los avatares sufridos por las estructuras poliorcéticas y militares de la Alhambra*. Granada: Comares.

VÍLCHEZ VÍLCHEZ, Carlos. 1985. "La disposición musulmana del Patio de la Reja de la Alhambra de Granada. Memoria de excavación". *Cuadernos de Arte de la Universidad de Granada*, n.º 17: 353-378.

VÍLCHEZ VÍLCHEZ, Carlos. 1988. *La Alhambra de Leopoldo Torres Balbás: obras de restauración y conservación. 1923-1936*. Granada: Comares.

VÍLCHEZ VÍLCHEZ, Carlos. 1991. *El Generalife*. Granada: Proyecto Sur.

VÍLCHEZ VÍLCHEZ, Carlos. 2001. *El Palacio del Partal Alto en la Alhambra*. Granada: Proyecto Sur.

VÍLCHEZ VÍLCHEZ, Carlos. 2018. "La almunia del Generalife (Ŷannat al-'Arīf)". En *Almunias. Las fincas de las élites en el Occidente islámico: poder, solaz y producción*, editado por Julio Navarro Palazón y Carmen Trillo San José, 521-538. Madrid: CSIC, Editorial Universidad de Granada.

VILLAFRANCA, María del Mar y Jesús Bermúdez López. 2016. "Adaptaciones arquitectónicas y relaciones de poder en La Alhambra de los Tendilla". En *Los Tendilla. Señores de la Alhambra*, editado por Rafael López Guzmán, 115-125. Granada: Patronato de la Alhambra y Generalife.

VILLALPANDO, Francisco de. 1552. *Tercero y quarto libro de architectura de Sebastiá Serlio Boloñés. En los quales se trata de las maneras de como se puede adornar los hedificios có los exemplos de las antiguedades*. Toledo: Casa de Iván de Ayala.

VIVES, Juan. 1528. *Instrucion dela muger Christiana*. Valencia: Jorge Costilla.

WILKINSON-ZERNER, Catherine. 1994. "Women's Quarters in Spanish Royal Palaces". En *Architecture et vie sociale: l'organisation intérieure des grandes demeures a la fin du Moyen Age et a la Renaissance: actes des colloques tenu à Tours du 6 au 10 juin 1988*, editado por Jean Guillaume, 127-136. París: Picard.

WULFF BARREIRO, Federico. 2012. "Proyecto de Ejecución de Restauración de la Armadura del Oratorio del Partal y Casa de Astasio de Bracamonte. Memoria y Anexos". Granada.

YARZA LUACES, Joaquín. 1993a. "Los "lejos" en la pintura tardogótica: De los Países Bajos a los reinos peninsulares". En *Los paisajes del Prado*, 29-51. Madrid: Nerea.

YARZA LUACES, Joaquín. 1993b. *Los Reyes Católicos: paisaje artístico de una monarquía*. Madrid: Nerea.

YATES, Frances A. 2005. *El arte de la memoria*. Traducido por Ignacio Gómez de Liaño. Madrid: Siruela.

ZALAMA, Miguel Ángel. 2003. *Vida cotidiana y arte en el palacio de la Reina Juana I en Tordesillas*. 2ª ed. Valladolid: Ediciones Universidad de Valladolid.

ZEVI, Bruno. 1981. *Saber ver la arquitectura: ensayo sobre la interpretación espacial de la arquitectura*. Traducido por Cino Calcaprina y Jesús Bemejo Godya. Barcelona: Poseidón.

ZOIDO NARANJO, Florencio. 2012. "El paisaje: un concepto útil para relacionar estética, ética y política". *Scripta Nova* 16 (407): 387-424.

ZUMTHOR, Paul. 1994. *La medida del mundo: representación del espacio en la Edad Media*. Traducido por Alicia Martorell. Madrid: Cátedra.

Abreviaturas

AMG - Archivo Municipal de Granada
APAG - Archivo del Patronato de la Alhambra y Generalife
BAV - Biblioteca Apostólica Vaticana
BNE - Biblioteca Nacional de España
CEP - Convenio Europeo del Paisaje
DRAE - Diccionario de la Real Academia Española
EEA - Escuela de Estudios Árabes

Créditos de las ilustraciones

0.1: Marta Rodríguez Iturriaga © Marta Rodríguez Iturriaga (archivo personal).

1.0, 1.1.1: Casa Moreno, Archivo de Arte Español (1893-1953) © Ministerio de Cultura y Deporte (Fototeca del Instituto del Patrimonio Cultural de España, Archivo Moreno, 03294_C).
1.1.2: Ferid ed-Din 'Attar (Bibliothèque nationale de France, Département des Manuscrits, Supplément turc 190).
1.1.3: © Biblioteca Apostolica Vaticana (Vat.ar.368, f. 19r).
1.2.1, 1.2.2, 1.2.3, 1.2.4, 1.2.5, 1.2.6, 1.2.7, 1.2.8, 1.2.9, 1.2.10, 1.2.11, 1.2.12, 1.2.13, 1.2.14, 1.2.15, 1.2.16, 1.2.17, 1.2.18, 1.2.19, 1.2.20, 1.2.21, 1.2.22, 1.2.23, 1.2.24, 1.2.25, 1.2.26, 1.2.27, 1.2.28, 1.2.29, 1.2.30, 1.2.31, 1.2.32, 1.2.33, 1.2.34, 1.2.35, 1.2.36, 1.2.37, 1.2.38, 1.2.39, 1.2.40, 1.2.41, 1.2.42, 1.2.43, 1.2.44, 1.2.45,

1.2.46, 1.2.47, 1.2.48, 1.2.49: Marta Rodríguez Iturriaga © Marta Rodríguez Iturriaga (archivo personal).

2.0, 2.1.1: Petrus Christus II (atrib.) / *La Virgen de Granada* © Museo del Castillo de Peralada.

2.1.2: J. M. Grimaldi © Junta de Andalucía (Flickr Junta Granada Informa, CC BY-SA 2.0).

2.2.1, 2.2.2, 2.2.3: Marta Rodríguez Iturriaga © Marta Rodríguez Iturriaga (archivo personal).

2.2.4: Heinrich Hansen / *Folkeliv i gård i Granada* (Wikimedia Commons).

2.2.5, 2.2.6, 2.2.7, 2.2.8: Marta Rodríguez Iturriaga © Marta Rodríguez Iturriaga (archivo personal).

2.2.9: Pedro Machuca (atrib.) © Patrimonio Nacional (Real Biblioteca de Palacio, Madrid, IX/M/242/2(1)).

2.2.10: James Cavanah Murphy / *The Royal Palace and Fortress of Alhambra* (HathiTrust Digital Library).

2.2.11: William Gell / *Alcacaba the most ancient Fort from the Sala de Comares* © The Trustees of the British Museum (1853,0307.679).

2.2.12: Marta Rodríguez Iturriaga © Marta Rodríguez Iturriaga (archivo personal).

2.2.13: Richard Ford / *A general view from the Alhambra* © Colección familia Ford (Ford 2012: anexo plegado).

2.2.14: William Gell / *Mirador De la Reyna* © The Trustees of the British Museum (1853,0307.685).

2.2.15, 2.2.16, 2.2.17, 2.2.18, 2.2.19, 2.2.20, 2.2.21: Marta Rodríguez Iturriaga © Marta Rodríguez Iturriaga (archivo personal).

2.2.22: Anton van den Wyngaerde © Viena, Österreichische Nationalbibliothek (Cod. Min. 41, f. 32ar).

2.2.23: Joris Hoefnagel / *Amoenissimus castri Granatensis, vulgo ALHAMBRE dicti, ab Oriente prospectus* (Princeton University Library, Special Collections - Rare Books Historic Map Collection, HMC01.5204).

2.2.24, 2.2.25: Marta Rodríguez Iturriaga © Marta Rodríguez Iturriaga (archivo personal).

2.2.26: Pedro Machuca (atrib.) © Patrimonio Nacional (Real Biblioteca de Palacio, Madrid, IX/M/242/2(1)).

2.2.27: Marta Rodríguez Iturriaga © Marta Rodríguez Iturriaga (archivo personal).

2.2.28: John Frederick Lewis / *Torre de Comares* © Ministerio de Cultura y Deporte (Biblioteca Virtual del Patrimonio Bibliográfico, CC BY 4.0).

2.2.29: Anton van den Wyngaerde © Viena, Österreichische Nationalbibliothek (Cod. Min. 41, f32av).

2.2.30, 2.2.31: Marta Rodríguez Iturriaga © Marta Rodríguez Iturriaga (archivo personal).

3.0: Marta Rodríguez Iturriaga © Marta Rodríguez Iturriaga (archivo personal).

Agradecimientos

La publicación de un libro es siempre un hito emocionante en la vida de una persona, y más cuando se trata del primero del que se es responsable único de todos sus contenidos. La redacción de este volumen para la Colección Textos de Doctorado de la Editorial Universidad de Sevilla ha constituido tanto un honor como un reto para esta reciente doctora y ha ofrecido una excusa magnífica para revisar a fondo el material de la tesis "El paisaje interpretado. La conciencia paisajística en Granada a través del proyecto arquitectónico", actualizarlo e incorporar multitud de pequeñas correcciones. Vaya, por tanto, mi más sincero agradecimiento para el Instituto Universitario de Arquitectura y Ciencias de la Construcción y para el comité científico de la Colección que analizó esta tesis y la juzgó merecedora del VIII Premio IUACC a la Mejor Tesis Doctoral en Arquitectura y Ciencias de la Construcción leída en universidades españolas 2023. Espero haber sabido sintetizar el contenido de sus dos partes principales tomando la necesaria distancia con respecto a ella y poniendo de relieve lo más relevante frente a lo accesorio o susceptible de segregarse en indagaciones independientes.

En este proceso investigador me han acompañado muchas personas sin las cuales esta indagación nunca habría podido llegar a buen puerto ni a su forma actual: han sido su apoyo, paciencia y ayuda durante años los que han permitido y permiten que estudie un tema que me apasiona. Ni la tesis ni el libro habrían sido en modo alguno posibles sin la confianza y el sabio y siempre generoso consejo de mi director, Juan Calatrava, y sin el continuo aprendizaje, personal y académico, de los compañeros y compañeras del Área de Composición Arquitectónica y del grupo de investigación HUM-813: 'Arquitectura y Cultura Contemporánea' que preside y a los que me siento inmensamente afortunada de pertenecer; tampoco, sin la comprensión y el apoyo incondicional de aquellas personas más cercanas que han tenido que disculpar incontables ausencias y rutinas solitarias, especialmente de mi madre y de Antonio, que me han prestado su ayuda y opinión a lo largo de todo este viaje. A todos ellos quiero transmitirles un profundo agradecimiento desde estas páginas.

He tenido la fortuna de desarrollar la tesis con una ayuda FPU del Ministerio de Universidades y de obtener otra complementaria de movilidad dentro del mismo programa, que me permitió realizar una estancia en Florencia para adentrarme en el contexto del Renacimiento italiano. Además, he recibido valiosos consejos, informaciones y referencias por parte de expertos como José Tito Rojo o José Miguel Puerta Vílchez y podido enriquecer la investigación doctoral con las observaciones del tribunal que evaluó la tesis, constituido por los profesores Pilar Chías, Juan Manuel Barrios, Annalisa Dameri, Javier Boned y Alejandro Muñoz Miranda, a quienes doy las gracias por la lucidez y utilidad de sus comentarios, que espero haber conseguido integrar. He disfrutado asimismo de numerosas facilidades por parte del Patronato de la Alhambra y Generalife para la inspección de espacios cerrados al público y la revisión de material de archivo, por lo que estoy muy agradecida a esta institución. No quiero dejar de mencionar tampoco el trato excelente que he recibido siempre por parte del personal de las bibliotecas, centros de documentación y edificios patrimoniales que he visitado, tanto en Italia como en España, y cuyo elevado número desaconseja enumerarlos.

A todos y todas deseo agradecer el apoyo y la ayuda prestados para desarrollar este trabajo.

Series de la colección Arquitectura Textos de Doctorado

- Diseño arquitectónico, ciudad, territorio y paisaje
- Tecnologías arquitectónicas
- Ensayos y reflexiones teóricas en arquitectura
- Textos sobre Andalucía

Títulos publicados

1. SENDRA SALAS, J. J. / NAVARRO CASAS, J. *La evolución de las condiciones acústicas en las iglesias: del Paleocristiano al Tardobarroco*. 1997.

2. ESCRIG PALLARÉS, F. *Las grandes estructuras de los edificios históricos: desde la antigüedad hasta el gótico*. 1997.

3. SENDRA SALAS, J. J. / ZAMARREÑO GARCÍA, T. / NAVARRO CASAS, J. / ALGABA ROLDÁN, J. *El problema e las condiciones acústicas en las iglesias: principios y propuestas para la rehabilitación*. 1997.

4. POZO BARAJAS, A. *Análisis urbano. Textos: Gianfranco Caniggia, Carlo Aymonino, Massimo Scolari*. 1997.

5. SIERRA DELGADO, J. R. *Manual de dibujo de la Arquitectura, etc.* 1997.

6. OLIVARES SANTIAGO, M. / LAFFARGA OSTERET, J. *Introducción al control de calidad en restauración. Limpieza y restauración de fachadas*. 1998.

7. GENTIL BALDRICH, J. M. *Traza y modelo en el Renacimiento*. 1998.

8. CALAMA RODRÍGUEZ, J. M. / GRACIANI GARCÍA, A. *La Restauración Decimonónica en España*. 1998.

9. RODRÍGUEZ SAUMELL, J. *Tipologías de muros, fachadas y valores de significación en la arquitectura*. 1998.

10. SENDRA SALAS, J. J. / ZAMARREÑO GARCÍA, T. / NAVARRO CASAS, J. *La acústica de las iglesias gótico-mudejares de Sevilla*. 1999.

11. FLORES ALES, V. *Estudio, caracterización y restauración de materiales cerámicos*. 1999.

12. RAMÍREZ DE ARELLANO AGUDO, A. *Aspectos económicos de la recuperación de edificios*. 2000.

13. GÓMEZ DE TERREROS GUARDIOLA, M. G. / ALCALDE MORENO M. *Metodología de estudio de la alteración y conservación de la piedra monumental*. 2000.

14. BRAVO-REMIS, R. *Una inducción a la arquitectura. Alejandro de la Sota y la arquitectónica realidad de algunos materiales y sistemas industriales (1956-1984)*. 2000.

15. CALAMA RODRÍGUEZ, J. M. / GRACIANI GARCÍA, A. *La restauración monumental en España de 1900 a 1936*. 2000.

16. RODRÍGUEZ LIÑAN, C. / RUBIO DE HITA. P. *Evaluación del estado de la madera, en obras de rehabilitación, mediante técnicas de ultrasonidos*. 2001.

17. JIMÉNEZ RAMÓN, J. M. *Cuatro ensayos en torno a la arquitectura racionalista en Sevilla*. 2001.

18. GÁMIZ GORDO, A. *La Alhambra nazarí. Apuntes sobre su paisaje y arquitectura*. 2001.

19. TRILLO DE LEYVA, J. L. *Argumentos sobre la contigüidad en la Arquitectura*. 2001.

20. RAYA ROMÁN, J.M. *Manual de soleamiento integral*. 2001.

21. AMPLIATO BRIONES, A. L. *El Proyecto Renacentista en el Tratado de Arquitectura de Hernán Ruiz*. 2002.

22. GRANERO MARTÍN, F. *Agua y ciudad. Análisis de estrategias y proceso de planificación*. 2002.

23. ESCRIG PALLARÉS, F. *Las grandes estructuras del Renacimiento y el Barroco*. 2002.

24. TABALES RODRÍGUEZ, M. A. *Sistemas de análisis arqueológico de edificios históricos*. 2002.

25. ALEJANDRE SÁNCHEZ, F. J. *Historia, caracterización y restauración de morteros*. 2002.

26. GRANERO MARTÍN, F. *Agua y territorio. Arquitectura y paisaje*. 2003.

27. BARRIONUEVO FERRER, A. *Sevilla. Formas de crecimiento y construcción de la ciudad*. 2003.

28. POZO Y BARAJAS, A. *Sevilla. Elementos de análisis urbano*. 2003.

29. GÁMIZ GORDO, A. *Ideas sobre análisis, dibujo y arquitectura*. 2003.

30. JIMÉNEZ MARTÍN, A. / PINTO PUERTO, F. *Levantamiento y análisis de edificios. Tradición y futuro*. 2003.

31. MONTERO FERNÁNDEZ, F. J. *El Panteón: Imagen, Tiempo y Espacio. Proyecto y Patrimonio*. 2003.

32. FERNÁNDEZ-VALDERRAMA, L. *La construcción de la mirada: tres distancias*. 2004.

33. GÓMEZ DE TERREROS GUARDIOLA, M. G. *Intervenciones en dólmenes, 1953-1964. Proyectos y obras de Félix Hernández Giménez*. 2005.

34. RIVERA GÓMEZ, C. A. / BARRIOS SEVILLA, J. / GARCÍA RODRÍGUEZ, R. *Las decoraciones pictóricas murales en el Monasterio de Santa María de las Cuevas de Sevilla. Análisis histórico y caracterización material*. 2007.

35. POZO Y BARAJAS, A. *La condición postmoderna. Ideas de ciudad*. 2009.

36. GÓMEZ DE COZAR, J. C. *Cul de lampe: adaptación y disolución del gótico en el reino de Sevilla*. 2009.

37. PARRA BAÑÓN, J. J. *Arquitecturas terminales. Teoría y práctica de la destrucción*. 2010.

38. ALBA DORADO, M. I. *Intersecciones en la creación arquitectónica. Reflexiones acerca del proyecto de arquitectura y su docencia.* 2010.

39. LÓPEZ FERNÁNDEZ, A. *La mirada atenta.* 2011.

40. MARTÍNEZ GARCÍA-POSADA, A. *Tiempos de Central Park.* 2011.

41. GARCÍA-PULIDO, L. *La dimensión territorial del entorno de La Alhambra.* 2011.

42. GENTIL BALDRICH, J. M. *Sobre la supuesta perspectiva antigua (y algunas consecuencias modernas).* 2011.

43. MUÑOZ HERAS, O. *Luces y sombras. Museos contemporáneos españoles.* 2012.

44. TERRADOS CEPEDA, F. J. *Prefabricación ligera de viviendas. Nuevas premisas.* 2012.

45. PICO VALIMAÑA, R. *Robert Smithson. Aerial Art.* 2013.

46. GÓMEZ DE CÓZAR, J. C. / VADILLO ROJAS, J. G. *Rampante Curvo: Evolución del Tardogótico en el Reino de Sevilla y Nueva España.* 2014.

47. OSUNA PÉREZ, F. *Córdoba y el Guadalquivir. Construcción de un ideario de futuro.* 2014.

48. LÓPEZ SANTANA, P. *Muerte en el bosque. Fenomenología espacial comparada de tres imágenes kinetoarquitectónicas.* 2014.

49. GIL DELGADO, O. *La arquitectura de Santa María la Blanca. Mezquita, Sinagoga e iglesia en Sevilla.* 2015.

50. LINARES GÓMEZ DEL PULGAR, M./TEJEDOR CABRERA, A. *Los palacios de los Duques de Montpensier. Arquitectura y metamorfosis urbana en Villamanrique, Sanlúcar de Barrameda y Castilleja de la Cuesta.* 2016.

51. COVA-MORILLO VELARDE, M. A. *Maquetas de Le Corbusier. Técnicas, objetos y sujetos.* 2016.

52. ESPINOSA MARTÍN, J. A. *Arquitectura y enfermedad en la obra de Thomas Bernhard.* 2017.

53. GARCÍA GARCÍA, T. *Cartografías del espacio oculto. Welbeck Estate en Inglaterra y otros espacios.* 2018.

54. BASCONES DE LA CRUZ, G. *Franceso Venezia, John Hejduk y el Arte de la Memoria.* 2018.

55. RODRÍGUEZ FERNÁNDEZ, C. *Topografías arquitectónicas en el paisaje contemporáneo.* 2019.

56. SUÁREZ RIESTRA, F. L. *La forma plástica de la estructura. Expresividad del hecho resistente.* 2019.

57. FERNÁNDEZ RAGA, S. *Paisajes patrimoniales en coexistencia.* 2020.

■ 58. CALLÍS FREIXAS, E. *Arquitectura de los pantanos en España*. 2021.

■ 59. PRIOR Y LLOMBART, J. *Un cliente y un arquitecto: Jan Antonín Bat'a y Le Corbusier*. 2022.

■ 60. LÓPEZ SÁNCHEZ, M. *Convergencias entre paisaje y patrimonio*. 2023.

■ 61. GARCÍA SÁNCHEZ, J.F. *El suelo hollado*. 2024.

■ 62. LÓPEZ DEL RÍO, A. *Naturalezas construidas en la arquitectura japonesa contemporánea*. 2025.

■ 63. RODRÍGUEZ ITURRIAGA, M. *Mirador del reino. Transferencias entre paisaje y espacio arquitectónico en la Alhambra y el Generalife*. 2025.